I0161235

El sendero de Cristo o Anticristo

Serie ESCALA LA MONTAÑA MÁS ALTA

El sendero de Cristo o Anticristo

Mark L. Prophet · Elizabeth Clare Prophet

El Evangelio Eterno

SUMMIT UNIVERSITY ☀ PRESS ESPAÑOL®

Gardiner, Montana

El sendero de Cristo o Anticristo
de Mark L. Prophet y Elizabeth Clare Prophet
Edición en español Copyright © 2024 The Summit Lighthouse, Inc.
Todos los derechos reservados.

Título original:
The Path of Christ or Antichrist
de Mark L. Prophet y Elizabeth Clare Prophet
Copyright © 2007 The Summit Lighthouse, Inc.
Todos los derechos reservados.

Ninguna parte de este libro puede reproducirse, traducirse o almacenarse, publicarse o transmitirse electrónicamente ni utilizarse en formato o medio alguno sin previo permiso por escrito del editor, excepto por críticos, quienes podrán hacer alguna breve reseña como análisis.

Para más información, contacte con Summit University Press,
63 Summit Way, Gardiner, MT 59030 USA.
Tel: 1-800-245-5445 o 406-848-9500.
Sitio web: www.SummitUniversityPress.com
E-mail: info@SummitUniversityPress.com

Library of Congress Control Number: 2024930924
(Número de Control de la Biblioteca del Congreso: 2024930924)
ISBN: 978-1-60988-467-3
ISBN: 978-1-60988-468-0 (libro digital)

SUMMIT UNIVERSITY 🐚 PRESS ESPAÑOL®

Summit University Press, Summit University Press Español, el logotipo de Summit University, The Summit Lighthouse, y Escala la montaña más alta (Climb the Highest Mountain) o sus equivalentes en inglés son marcas comerciales registradas en la Oficina de Patentes y Marcas de EE. UU., y en otros países. Quedan reservados todos los derechos sobre su uso.

Imagen de cubierta: *The Last Angel* (1942), pintura de Nicholas Roerich.

27   26   25   24   1   2   3   4

Vi volar por en medio del cielo a otro ángel, que tenía el
evangelio eterno para predicarlo a los moradores de la
tierra, a toda nación, tribu, lengua y pueblo,
diciendo a gran voz: Temed a Dios, y dadle gloria,
porque la hora de su juicio ha llegado; y adorad a aquel que
hizo el cielo y la tierra, el mar y las fuentes de las aguas.
APOCALIPSIS

Índice

CAPÍTULO 2 • Magia negra   65

CAPÍTULO 3 · Anticristo   121

NOTA IMPORTANTE

Summit University Press y Elizabeth Clare Prophet no garantizan a nadie, de ninguna forma, que puedan obtener resultados exitosos con el sistema espiritual de la ciencia de la Palabra hablada, que incluyen la meditación, la visualización, los decretos dinámicos y la curación espiritual descritos en este libro. El funcionamiento de la ley cósmica es una experiencia directa entre el individuo y su propia conciencia superior. En la época de Jesús, algunas personas se curaron y otras no, según su fe o su falta de fe (véase Mateo 8:13; 9:2, 22, 29; 15:28; 17:19-20; Marcos 6:6, etcétera). Las mismas leyes se aplican en la actualidad. El karma y la Providencia Divina deben ser el último juez con respecto a la aplicación que cada cual haga del fuego sagrado. Nosotros solo podemos ser testigos de nuestra curación personal, cuerpo, mente y alma, mediante el uso de los mantras y disciplinas espirituales que se sugieren. Cada hombre puede probar o refutar la Ley por sí mismo. La práctica y demostración de la ciencia del Ser descansa sobre el individuo. Nadie puede hacerlo en nombre de otro. Estas prácticas espirituales no sustituyen a los tratamientos o diagnósticos médicos.

Prefacio

EL SENDERO DE CRISTO O ANTICRISTO
es el octavo libro de la serie Escala la
montaña más alta. Este volumen explora algunos de los desafíos
del sendero espiritual y proporciona técnicas para afrontarlos.

El primer capítulo, «Oración, decretos y meditación», pudiera ser uno de los más importantes de toda la serie. En él se
explican los distintos medios de comunión con Dios y con el Yo
Superior, y se estudia especialmente el poder de la Palabra hablada para producir cambios dentro del hombre y en el mundo.

El Evangelio de Juan nos dice que «en el principio era el
Verbo [la Palabra]», y sin ese Verbo «nada de lo que ha sido
hecho, fue hecho». En las enseñanzas de Oriente, la Palabra
misma contiene el poder de crear o de revertir lo creado. Por
tanto, en la Palabra (en la ciencia de la Palabra hablada que
enseñan los Maestros) se encuentra el medio para afrontar los
desafíos de Luz y Oscuridad en el mundo. Esto es la clave para
deshacer la conspiración Anticristo.

El segundo capítulo, «Magia negra», y el tercero, «Anticristo», revelan los orígenes del Mal y la batalla entre la Luz y la
Oscuridad en el mundo. San Pablo hizo referencia a su batalla
contra los principados y los potestades de maldad espiritual en
regiones celestes.[1] Y así como Jesús y todos los Avatares han

tenido sus enfrentamientos contra los seres oscuros, nosotros también debemos aprender a lidiar hoy con estas fuerzas en nuestro sendero de la superación. El conocimiento del enemigo y su estrategia es un paso importante hacia la madurez en el Sendero. Esto puede abrir la puerta hacia una nueva liberación del alma.

El cuarto capítulo, «La cima», cuenta la historia del Maestro Ascendido El Morya y The Summit Lighthouse, la organización que él fundó en 1958. En esta empresa de cooperación entre los Maestros y sus estudiantes vemos un ejemplo de los planes de la Hermandad para traer Luz al mundo.

Si es la primera vez que exploras la serie Escala la montaña más alta, te damos la bienvenida al estudio de estas enseñanzas de los Maestros Ascendidos a las que hemos llamado el *Evangelio Eterno*,[2] las escrituras de la era de Acuario. A quienes hayan comenzado este libro después de haber leído volúmenes anteriores, les deseamos lo mejor en su viaje continuo para escalar la montaña más alta.

Los editores

Introducción

LOS MAESTROS ASCENDIDOS SON NUESTROS Hermanos Mayores y nuestros Instructores. Así ha sido siempre. Ellos, los guías del destino ígneo de nuestro espíritu, han mantenido desde el Principio la visión de las épocas de perfección que una vez conocimos.

Porque nosotros también estuvimos encarnados en la antigua Lemuria, una civilización y una Tierra Madre que produjo el mayor desarrollo en cultura, ciencia y tecnología jamás visto en este planeta. Sus eras de oro sobrepasaron a los más avanzados desarrollos del hombre moderno en todos los campos de actividad. Inscrito indeleblemente en los registros de nuestro subconsciente está el recuerdo de una era en que la duración de la vida de las personas se medía en siglos en vez de décadas, cuando nosotros también caminábamos y hablábamos con los Inmortales, sin estar nunca separados de nuestra llama gemela, y cuando contemplábamos a nuestros Instructores frente a frente.

Cuando la vida en el continente de Mu la corrompieron los extraterrestres y ángeles caídos con sus grotescas creaciones erróneas genéticas, mofándose de la Divinidad y violando la ciencia sagrada de la Madre al involucrar a los hombres en la guerra de los dioses, los Maestros se retiraron de las masas y reunieron a sus iniciados en Escuelas de Misterios para proteger la Luz de la llama de la Madre y su sabiduría.

Justo antes del fin climático, cuando la profanación de los santuarios sagrados y las abominaciones de la carne de hombre y bestia casi habían extinguido la chispa divina en su gente, los Jerarcas del Consejo Cósmico hicieron sonar la advertencia de que la Gran Ley devolvería completamente y con toda su fuerza la vileza de las obras de los hombres. Y los hijos de Mu, los pocos que hicieron caso a sus profetas y se marcharon a tiempo, contemplaron desde lejos cómo su Tierra Madre se hundía en medio del humo y el fuego en un cataclismo súbito y violento como el mundo jamás ha visto ni antes ni después.

En épocas más recientes, antes de la civilización egipcia, recordamos la tierra de Poseid, conocida también como Poseidón, Atla o Atlántida, partes de la cual se encontraban cerca de las islas Azores. Recordamos Caiphul, la capital, descrita por Phylos el tibetano en su libro *Un habitante de dos planetas:* «... la Ciudad Real, la más grande de aquellos tiempos, dentro de cuyos límites vivía una población de dos millones de almas». El autor dice que sus amplias avenidas recibían «la sombra de grandes árboles; sus colinas artificiales, la más grande dominada por palacios gubernamentales con avenidas que la atravesaban y formaban terrazas que originaban en el centro de la ciudad, formando radios como los de una rueda. Estas se extendían ochenta kilómetros en un sentido, mientras que, a ángulos rectos, cruzando la anchura de la península, salían de ellas las avenidas más cortas, de algo más de sesenta kilómetros. Así, como un sueño espléndido, yacía esta ciudad, la de más orgullo de ese antiguo mundo».[1]

Algunos de nosotros recordamos esas antiguas experiencias como si se tratara de ayer mismo. Hace doce mil años, la Atlántida formaba parte de nuestro mundo. En el Génesis consta que, antes del Diluvio que hundió al gran continente de Atla, «se corrompió la tierra delante de Dios, y estaba la tierra llena de violencia... Dijo, pues, Dios a Noé: He decidido el fin de todo ser, porque la tierra está llena de violencia a causa de ellos; y he aquí que yo los destruiré con la tierra».[2]

Los mismos ciclos de vileza y maldad que habían destruido Lemuria ahora se aproximaban a la titánica Atla, el continente, decían, que «ni Dios podía hundir», y que después materializarían el juicio a Sodoma y Gomorra, Pompeya y otras culturas corrompidas por el amor al placer antes que a Dios.

Con el deterioro del amor del hombre hacia Dios y el ejercicio devocional de su corazón hacia la Palabra viva, la llama de los templos se apagó y la llama del corazón de la gente parpadeó y menguó. Después llegó el día en el que todo quedó enterrado por el lodo. Así pasó la gloria de los dioses hechos con barro y con ellos su hombre mecanizado; polvo al polvo, lodo al lodo.

Las personas de ese continente han seguido reencarnando a través de los tiempos, algunas de ellas descendiendo al mismo grado de oscuridad, otras elevándose para conseguir su ascensión. Y el libre albedrío es el único superviviente de todos los cataclismos (del hombre); el libre albedrío de corregir las cosas y volver a construir en la siguiente ronda. ¿Qué más puede hacer uno cuando sus vidas pasadas yacen como escombros y cenizas a sus pies?

Por tanto, bajo la dirección de la Hermandad, surgieron las Escuelas de Misterios acá y allá: en la antigua China y la India y, más recientemente, con la aparición de los hebreos y sus profetas, la Sangha del Buda, la Academia de Crotona de Pitágoras, los druidas, los esenios, la comunidad de Cristo formada por los llamados y la Escuela del Sangreal en la corte del Rey Arturo.

Y así vemos que, en Lúxor y en varias Escuelas de Misterios por todo el planeta, la antorcha de la Madre y de la Tierra Madre ha sido transferida, pero no la ha asido la mayoría, aunque muchos se han beneficiado de las varias llamas que aún arden en las octavas etéricas, en los retiros de los Maestros por todo el mundo.

En estas llamas descubrimos que no estamos tan alejados unos de otros: cristianos y judíos, el hombre negro y el blanco, chinos e indios. Porque ellos también estuvieron allá, en la Atlántida, y otros que no tenían en ellos ninguna Vida. Sin embargo, todas las razas y los pueblos sobre la faz de la Tierra en quienes arde la chispa divina fueron creados por un Dios para un destino.

El destino debe ser grandioso, debe ser noble, debe ser digno. Y si queremos, podemos formar parte de ese destino o podemos negárnoslo permitiendo los conceptos enredadores de odio (que siempre es un odio hacia uno mismo de una forma u otra) dirigidos hacia nosotros mismos y otros y, más allá, contra el Gran Yo Creativo, sí, el objeto del desdén de los hombres. Porque muchos están unidos al *morador del umbral*, el yo sintético furioso y susceptible.

En la Atlántida, los retiros de la Hermandad se mantuvieron en medio de las ciudades geométricas marmóreas, escuelas de los misterios. Ahí también existió el pensamiento predominante que finalmente ocasionó el hundimiento de ese continente. Todo eso ha madurado hasta el momento presente. El continente fue destruido y, aproximadamente doce mil años más tarde, nosotros afrontamos las mismas iniciaciones. Todas las tradiciones de la Atlántida han vuelto completamente desarrolladas, estando ante nosotros, como decisiones que debemos tomar.

La gran mayoría de la gente del planeta no está tomando decisiones, es víctima de los sistemas intelectuales y filosóficos que se retrotraen a la Atlántida. Muy pocos, la élite intelectual, la élite de poder descendiente de los caídos de la Atlántida, están tomando decisiones bien definidas. Los pocos que siguen en contacto con las Escuelas de Misterios, los chelas de los Maestros Ascendidos, también están tomando decisiones. En medio están las personas dedicadas, religiosas, patriotas, que quisieran tomar decisiones, que están a favor de todo lo que está bien, pero a efectos prácticos son inefectivas. Sus creencias son correctas, pero no tienen dinamismo alguno del Espíritu ni la espada de la Verdad ni la interacción con las Huestes del SEÑOR para cambiar el curso de la historia, para cambiar la civilización.

Todo lo que han creado los caídos sin acceso a la Palabra viva es *maya*, es ilusión. Tiene la apariencia de un enorme monolito como civilización y el desarrollo de armas nucleares; nosotros tememos los consejos de guerra de los Nefilín, los ángeles caídos, y temblamos ante ellos. Y nos preguntamos que nos acontecerá.

Pero ante todo esto no tenemos motivos para temer, porque Dios está en nosotros y «mayor es el que está en vosotros, que el que está en el mundo»,[3] la conciencia mundanal. Debemos derrotar al enemigo como temor, como ausencia de autoestima y como una tradición ortodoxa que nos dice que Dios no está en nosotros y que solo estuvo en un hijo de Dios, Jesucristo.

Desde que los Nefilín fueron arrojados, la Tierra ha sido escenario de una épica batalla capturada por las escrituras y que vemos representada hasta el día de hoy. El poder de la Palabra es mayor que el poder de los ejércitos. Pero si no recordamos nuestra antigua herencia que Él nos dio en el Principio como hijos e hijas del Altísimo y del Todo poderoso del cielo y la tierra, si no recordamos la maldad de los malvados que consta con claridad en las tablas sumerias y en los registros de ákasha, si no recordamos a los innumerables Avatares que han venido a desenmascarar a los caídos a quienes estos últimos han asesinado una y otra vez, si no percibimos la actual masacre de los grupos santos, entonces seremos condenados como la generación de portadores de Luz que perdió una era, toda una evolución y quizá nuestra propia alma.

Quienes tienen la voluntad de decidir hacer algo con respecto a la persecución de la gente y la destrucción premeditada de todo un planeta, deben ponerse con rapidez a invocar el nombre del Señor, a invocar una ciencia superior y una ley superior. Este es el único medio por el cual la Tierra, sus evoluciones y sus almas pueden salvarse.

El Espíritu del Señor vino sobre el profeta Joel, y este escribió:

> Y después de esto derramaré mi Espíritu sobre toda carne, y profetizarán vuestros hijos y vuestras hijas; vuestros ancianos soñarán sueños, y vuestros jóvenes verán visiones...
>
> Y daré prodigios en el cielo y en la tierra, sangre, y fuego, y columnas de humo. El sol se convertirá en tinieblas, y la luna en sangre, antes que venga el día grande y espantoso del Señor.
>
> Y todo aquel que invocare el nombre del Señor será salvo; porque en el monte de Sion y en Jerusalén habrá salvación, como ha dicho el Señor, y entre el remanente al cual Él habrá llamado.[4]

Hoy el SEÑOR te llama a ti y me llama a mí a que seamos el remanente que utilice su nombre, el sagrado nombre de AUM, el sagrado nombre del YO SOY EL QUE YO SOY, el sagrado nombre de Jesucristo, de Gautama Buda y de todos los santos, para entonar la Palabra y emitir la Luz para la curación de las naciones.

Hermanos y hermanas, Dios nos ha dado la respuesta. Esta es el poder liberador de la Palabra. Os invitamos a que os unáis a nosotros para vivirlo y experimentar con ello, el mismísimo fuego sagrado de la creación.

Mark L. Prophet

Elizabeth Clare Prophet

MARK Y ELIZABETH PROPHET
Mensajeros de los Maestros

Capítulo 1

Oración, decretos y meditación

Así será mi palabra que sale de mi boca; no volverá a mí vacía, sino que hará lo que yo quiero, y será prosperada en aquello para lo que la envié.

Así dice el SEÑOR, el Santo de Israel, y su Formador: Preguntadme de las cosas por venir; mandadme acerca de mis hijos, y acerca de la obra de mis manos.

ISAÍAS

Oración, decretos y meditación

MUCHAS FRASES DE LAS SANTAS ESCRI-turas afirman el poder de la Palabra hablada. Lo que se nos ocurre enseguida es: «En el principio era el Verbo [la Palabra], y el Verbo era con Dios, y el Verbo era Dios. Este era en el principio con Dios. Todas las cosas por él fueron hechas, y sin él nada de lo que ha sido hecho, fue hecho».[1]

El poder de la Palabra hablada

Con estas palabras inmortales, Juan, el amado discípulo de Jesús, nos recuerda que el fíat del Señor fue lo que produjo el mundo de la forma a partir del vacío. La creación surgió de la Mente de Dios cuando él pronunció el mandamiento: «Sea la Luz».[2] Y la creación surgirá de la Mente de Cristo cuando el hombre como individuo pronuncie la misma orden en Su nombre: «¡Sea la Luz!». Mediante la Palabra se convocaron a los Elohim; y he aquí que nació la creación.

La Palabra, el Logos, es el principio del flujo de toda la energía. Decretos, fíats, oraciones, meditaciones, canciones y mantras te conectan con ese Principio, con esa Fuente. Se trata de palabras en combinación, palabras con ritmo, palabras con cadencia. Algunas se cantan, otras se entonan como un cántico. Algunas se pronuncian con suavidad como una lluvia de verano, otras se emiten como el trueno y el relámpago, que limpian el aire y vivifican la mente. Todas ellas invocan la Palabra sin la cual «nada de lo que ha sido hecho, fue hecho». Ser, YO SOY, es crear, YO SOY *el que* YO SOY. Para crear, invocamos la Palabra.

Todos sentimos el poder dentro del átomo del Ser trascendente. Muchos han querido liberarlo. Muchos han propuesto métodos. Pero solo la Palabra puede crear. Por ella se hicieron todas las cosas.

La ciencia del flujo energético

Los Maestros Ascendidos enseñan la ciencia del flujo energético como la emisión de la Palabra a través de todos los chakras. Pero para obtener el impulso creativo aquí y ahora, para desafiar a la Oscuridad y entonar la Luz, para conseguir logro, saldar karma y lograr la maestría del yo y de todo un cosmos, los Maestros Ascendidos preparan a sus chelas en el uso de la ciencia de la Palabra hablada.

La oración hablada es la esencia de todas las verdaderas religiones. Cristianos, judíos, musulmanes, hindúes, budistas y demás ofrecen devociones en forma de oraciones cotidianas, recitaciones de las escrituras y mantras dedicados a la Deidad, como el Padre Nuestro, el Ave María, el Shema y Amidah, el Shahadah, el Gayatri y el Sutra del Corazón.

Durante miles de años, la Palabra, como ritual sagrado, como ciencia, como matemática, ha sido la clave de la elevación de la conciencia y la materialización de la llama Divina. Las fórmulas de la Palabra han sido el puente entre lo finito y lo Infinito. El hombre se ha aproximado a su Dios por medio de la oración y los cantos de alabanza. Ha meditado en la Imagen, el nombre, la esencia del Ser, y así ha descubierto el mantra, la *forma de pensamiento*, del objeto de su culto.

Mantra

El mantra es la traducción de la Palabra original, un don del Legislador por el que las almas que evolucionan en el tiempo y el espacio pueden seguir el rastro del flujo de la Vida desde lo no permanente hasta lo permanente, desde la manifestación exterior hasta el modelo interior.

El mantra es una matriz verbal que transmite las frecuencias de la conciencia del Maestro a los chelas que se dirigen hacia la maestría de sí mismos. El mantra y la vibración del Maestro son in-separables. Quienes lo pronuncian con devoción al patrón original ígneo de la creación, se unen a la Presencia Electrónica del Maestro.

El mantra es el nexo de los mundos. Es el puente sobre el que pasamos desde el orden de cosas natural al espiritual. El mantra es el mediador: el Cristo. El mantra es el medio por el cual nos tras-cendemos a nosotros mismos y nos encontramos vivos en Dios.

Un mantra es una fórmula sagrada que el Maestro imparte a su discípulo. A través del mantra, el Gurú concede el don de la In-dividualidad a su chela. Los mantras sánscritos nos han llegado de los Manús de las primeras razas raíz, que entonaban la Palabra sa-grada en Lemuria. Y desde la Tierra Madre y la llama de la Madre, la Palabra emitió el origen de toda cultura, ciencia y religión.

Jesús dio a sus discípulos un mantra de Mu cuando pronunció el fíat: «YO SOY la resurrección y la vida».[3] Esta era una fórmula de la Palabra que Jesús recibió de su Gurú, el Señor Maitreya, quien contiene el foco del Cristo Cósmico. Al repetirlo realizarás la resurrección y la Vida de la llama Divina. Con este mantra y otras fórmulas sagradas de la Ley, Jesús demostró la victoria de la Vida sobre la muerte, y enseñó que nosotros podíamos hacer lo mismo, que debíamos hacer lo mismo.

En este capítulo exploraremos el mantra, las oraciones, los decretos y la meditación, así como las diferencias que existen entre ellos. Cada método tiene su lugar en la sintonización del alma con Dios y en la invocación de sus bendiciones, a las que tenemos derecho.

La autoridad de la similitud Divina

La advertencia de Pablo a los filipenses, «haya, pues, en vosotros esta mente que hubo también en Cristo Jesús»,[4] se dio porque él sabía que la Mente de Cristo adopta el poder, las for-mas puras, el amor omnisciente y los fuegos de la perfección que se requieren no solo para producir la creación, sino también para restaurar, para resucitar y para recargar el ser y la conciencia de aquellos en quienes la plenitud del Hijo de Dios se ha eclipsado temporalmente.

Pablo continúa con su explicación sobre por qué Jesús fue capaz de manifestar la plenitud de la Mente de Cristo y, por tanto, realizar su obra de curación: «El cual, siendo en forma de Dios, no estimó el ser igual a Dios como un robo».[5] Jesús se reconoció a sí mismo como un Hijo de Dios, y supo que el destino predestinado de cada hijo de Dios es *ser en forma de* su Hacedor, es decir, vivir según el modelo perfecto de la Imagen Divina según la cual fue creado.[6]

Jesús sabía que, si mantenía su unión con esa Imagen sin apartarse de la conciencia de Dios, *ser igual a Dios* no sería «un robo»,[7] ya que así expresaría solo aquello que Dios quería que tuviera y que fuera. El amado Hijo se convierte en un cocreador, un coheredero, porque es hallado en similitud a su Hacedor.

Jesús comprendió que, cuando el hombre recibió el libre albedrío, también recibió la responsabilidad total de sus palabras, sus pensamientos y sus actos, ya que todo ello es una consecuencia del uso o abuso por parte del hombre de su libre albedrío. Por tanto, dijo: «Porque por tus palabras serás justificado, y por tus palabras serás condenado».[8]

Jesús sabía que el hombre no podía ser ni justificado ni condenado en asuntos sobre los que no tenía responsabilidad alguna. También sabía que la responsabilidad que recibió no se le puede transferir a nadie, aunque el Ser Crístico lleva el peso de Luz que aligerará no solo su carga, sino también su camino. El Cristo que vive en el interior es quien lo capacita para terminar su curso y saldar su karma sin que se vea sobrecargado por un falso sentido de la responsabilidad.

Este falso sentido de la responsabilidad es lo que ve al hombre como el hacedor y rinde homenaje al yo inferior en vez de al Cristo. Busquemos un entendimiento más profundo de este misterio para poder establecer la autoridad del hombre a la hora de orar, decretar y meditar.

Tu herencia Divina

Los que comprenden de verdad el misterio del Cristo han visto que, igual que solo hay un Dios, un Padre, solo hay un Cristo, un Hijo. Forma parte de la naturaleza del *Ser Infinito* el multiplicar la Individualidad de forma infinita y seguir siendo uno solo. (Uno por uno por uno… hasta el infinito, siempre es igual a uno). Así, Dios Padre y Dios Hijo se pueden realizar en el hombre una y otra vez, permaneciendo intactos como Ser Divino.

Todos los hombres comparten esta unidad y tienen en sí mismos la esencia de la Naturaleza Divina, Dios individualizado como la Presencia YO SOY de todo hombre, y el Cristo, individualizado como el Ser Crístico de todo hombre. Sin Dios y la Palabra, el Cristo, que era con Dios en el Principio, no se hizo ninguna manifestación. Es decir, ningún hombre se creó sin que se lo dotara de una parte de Dios y una parte del Cristo.[9]

La Gráfica de tu Yo Divino (frente a la página 12) revela cómo se individualizan en ti estas manifestaciones de Dios como el Dios Padre-Madre, en la Presencia YO SOY (figura superior), como el Hijo, en el Santo Ser Crístico (figura media), y como el Espíritu Santo, el cual, cuando te hayas preparado, hará su morada en el templo corporal que Dios ha proporcionado para la estancia de tu alma en el planeta Tierra (figura inferior). La Gráfica muestra el cumplimiento de la confianza del salmista:

> El que habita [en conciencia] al abrigo del Altísimo Morará bajo la sombra del Omnipotente [la poderosa Presencia YO SOY].
>
> Diré yo al SEÑOR: Esperanza mía, y castillo mío; Mi Dios, en quien confiaré.[10]

Dios le dijo a Moisés que fuera a los hijos de Israel y les dijera que su nombre era YO SOY EL QUE YO SOY, y que les dijera: «YO SOY me envió a vosotros». Además, el SEÑOR dijo: «Así dirás a los hijos de Israel: el Señor, el Dios de vuestros padres, el Dios de Abraham, Dios de Isaac y Dios de Jacob, me ha enviado a vosotros. Este es mi nombre para siempre; con él se me recordará por todos los siglos».[11]

La Biblia de Jerusalén traduce la última frase así: «Este es mi nombre para siempre; con él seré invocado por todos los siglos».

Al invocar el nombre del SEÑOR, como los profetas nos dicen

que hagamos,[12] debemos decir el nombre YO SOY EL QUE YO SOY o simplemente YO SOY. Al dirigirnos a «nuestro Dios con nosotros» en oración, decimos: «Amada poderosa Presencia YO SOY...».

El Todopoderoso, el Hacedor del cielo y la tierra, se ha manifestado a cada uno de nosotros como el YO SOY EL QUE YO SOY, que va delante de nosotros como el Señor fue delante de los hijos de Israel, «de día en una columna de nube y de noche en una columna de fuego».[13]

La Presencia YO SOY y las siete esferas de Luz que la rodean (las franjas de colores) componen el cuerpo de Primera Causa o Cuerpo Causal. Estas esferas son las «muchas moradas» de la casa de nuestro Padre, donde nos hacemos «tesoros en el cielo».[14] Nuestros tesoros son nuestras palabras y obras dignas de nuestro Creador, pensamientos y sentimientos positivos, nuestras victorias por el bien y las virtudes que hemos encarnado por la gloria de Dios. Y como dijo Jesús, donde esté nuestro tesoro, allí estará también nuestro corazón[15] en ese mundo celestial.

Cuando ejercemos juiciosamente nuestro libre albedrío, las energías de Dios que hayamos cualificado de manera armoniosa ascenderán automáticamente a nuestro Cuerpo Causal. Estas energías se depositan en las esferas de Luz que corresponden a los siete chakras y a los siete rayos de colores que utilizamos en nuestras actividades creativas y se van acumulando en nuestra corriente de vida como *talentos*, que podemos aumentar al hacer buen uso de ellos vida tras vida.

Juan el Amado vio y describió la Presencia YO SOY, y la llamó como un ángel fuerte: «Vi descender del cielo a otro ángel fuerte, envuelto en una nube, con el arco iris sobre su cabeza; y su rostro era como el sol, y sus pies como columnas de fuego».[16]

El Santo Ser Crístico es el Mediador entre Dios y el hombre. El Cristo Universal es el único Unigénito del Padre, la emanación luminosa de la Primera Causa. Es el Cristo de Jesús, así como el tuyo y el mío. Sin embargo, solo hay un Señor y un Salvador.

Tu Santo Ser Crístico te acompaña estés donde estés y vayas donde vayas. Él te otorga la capacidad de ser *consciente en*

Cristo en todo momento o, por decirlo de otra forma, de tener la *conciencia Crística* siempre. Este amado Amigo, Instructor y Consolador es en realidad tu Yo Real, en quien te convertirás algún día si sigues los pasos de tu Salvador.

La figura inferior se muestra envuelta en la llama violeta dentro del tubo de luz, que desciende de la Presencia YO SOY en respuesta a tu llamado. Este cilindro de Luz blanca acerada mantiene un campo energético protector las veinticuatro horas del día, siempre que tú protejas tu armonía.

Tu yo inferior está formado por tu alma y tu espíritu compuestos con las vestiduras de los cuatro cuerpos inferiores. Tu alma es el aspecto no permanente del ser que está evolucionando a través de los planos de la Materia. El alma se vuelve permanente a través del ritual de la ascensión.

Tu espíritu es la esencia destilada de tu yo. Es la presencia difundida y predominante por la cual eres conocido. Es el principio animador o vital de tu Vida que conservas a lo largo de las encarnaciones de tu alma, moldeándolo a semejanza del Espíritu del Dios vivo.

Por medio de la ascensión, el alma se convierte en el Ser Incorruptible. Conocida en lo sucesivo como un *Maestro Ascendido*, el alma recibe la corona de la Vida eterna. Esta es la meta perfecta de la Vida que debe desearse grandemente. La ascensión significa libertad de los ciclos del karma y las rondas del renacimiento, es la entrada a la alegría del SEÑOR.

La Gráfica de tu Yo Divino es, por consiguiente, un diagrama del pasado, presente y futuro del peregrinaje de tu alma hacia el Gran Sol Central a medida que, años tras año, vas subiendo por las escalera de caracol iniciática, acercándote a Dios según Él se acerca a ti.[17]

El don de la Vida concedido por tus Padres Divinos

La llama trina es tu chispa divina, el don de Vida, libertad y conciencia concedido por tus Padres Divinos. También llamada

Santa Llama Crística, esta llama es la esencia de tu Realidad, tu potencial de lograr la Cristeidad. La llama trina está sellada en la cámara secreta de tu corazón.

La llama trina posee tres penachos, uno azul (a tu izquierda), otro amarillo (en el centro) y otro rosa (a tu derecha), los cuales corresponden a los atributos principales de poder, sabiduría y amor respectivamente. Mediante el poder (del Padre), la sabiduría (del Hijo) y el amor (del Espíritu Santo) afianzados en la llama trina, tu alma ejerce el libre albedrío que Dios le ha concedido para cumplir su razón de ser en el plano físico y a lo largo de todo los tiempos y la eternidad.

El cordón cristalino (o de plata)[18] es la corriente de Vida que fluye desde el corazón de la Presencia YO SOY hasta el Santo Ser Crístico para alimentar y sustentar al alma y sus vehículos de expresión en el tiempo y el espacio. Juan vio el cordón cristalino y lo describió como «un río limpio de agua de vida, resplandeciente como cristal, que salía del trono de Dios y del Cordero».[19]

Puedes imaginarte el cordón cristalino como un cordón *umbilical* a través del cual fluye la Luz/energía/conciencia de Dios, comenzando en el Gran Sol Central y llegando hasta el *niño-hombre* encarnado en planetas remotos. El cordón cristalino entra en el ser del hombre por la coronilla, dando ímpetu al latido de la llama trina, así como al del corazón físico y todas las funciones corporales.

En la Gráfica de tu Yo Divino, justo por encima de la cabeza del Santo Ser Crístico, se muestra la paloma del Espíritu Santo descendiendo desde el Padre. Esto significa que el Consolador asiste a cada corriente de vida hasta que el alma está preparada espiritualmente para recibir las lenguas hendidas de fuego y el bautismo del Espíritu Santo. Con ese fin el hijo del hombre, adoptando la voluntad de Dios, madura día a día en la percepción Crística de Sí mismo como un ser llenado por Cristo. A medida que adquiere un amor y una sabiduría mayor como base de la maestría sobre sí mismo, el hijo del hombre entra en la verdadera comunión con su Santo Ser Crístico.

La Madre Divina, el fuego sagrado y los chakras

El templo del hombre es donde está enfocada la Madre Divina y donde se la adora a través del fuego sagrado, que se eleva como una verdadera fuente de Luz, desde el chakra de la base de la columna hasta el de la coronilla. Los siete chakras son los centros espirituales del cuerpo que distribuyen la Luz de la Madre, que asciende desde la base de la columna, y la Luz del Padre, que desciende desde la Presencia YO SOY.

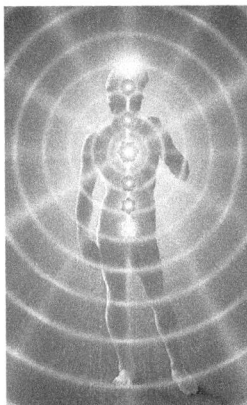

El encuentro de estas dos corrientes radiantes de Luz-energía, latiendo desde arriba y abajo, establece la unión y el equilibrio de las fuerzas más-menos (yang-yin) en los chakras. Así, cada chakra se convierte en un centro de emisión de la Luz del Dios Padre-Madre. Cada uno de ellos concentra uno de los rayos de colores y uno de los siete planos del Ser.

En las personas con cierto desarrollo espiritual, el fuego sagrado de la Madre (conocido en Oriente como *Kundalini*) se eleva por la columna vertebral para vivificar al alma y despertar al Cristo Interior y al Buda Interior. Nuestra Madre Divina, siempre presente con nosotros, protege y guía nuestros pasos, enseñándonos cómo lograr la maestría sobre nosotros mismos asumiendo el control de nuestra alma y nuestro espíritu, nuestros cuatro cuerpos inferiores y el fuego sagrado que emitimos por nuestros chakras.

Los cuatro cuerpos inferiores

Los cuatro cuerpos inferiores son cuatro campos energéticos. Son fundas de conciencia, unas dentro de otras, que vibran en su propia dimensión. Por tanto, tienes un cuerpo de carne y hueso, el cuerpo físico; tienes una mente que reflexiona, el cuerpo mental; tienes emociones y sentimientos, que se expresan a través del cuerpo astral o de los deseos (también llamado *cuerpo*

emocional); y tienes una memoria alojada en tu cuerpo etérico o cuerpo de la memoria, el de vibración más alta de los cuatro, que también sirve como *la funda del alma*.

Estos cuatro cuerpos inferiores rodean al alma y son sus vehículos de expresión en el mundo material de la forma. Los planetas también tienen cuatro *cuerpos* inferiores que demarcan el plano etérico, el mental, el astral y el físico, en los cuales sus evoluciones viven y evolucionan. Estos cuatro cuadrantes del ser corresponden al fuego, el aire, el agua y la tierra de los antiguos alquimistas.

Nuestros cuatro cuerpos inferiores tienen la función de ser una unidad integrada como *ruedas dentro de otras ruedas*; o se puede pensar en ellos como coladores unos dentro de otros. Cuando los *agujeros* coinciden, tus cuatro cuerpos inferiores están sincronizados. Ello significa que están alineados con el patrón original de tu corriente de vida sostenido por tu Santo Ser Crístico, lo cual te da la capacidad de dirigir Luz a través de sus chakras sin obstrucción para bendecir y curar todo lo que tiene Vida.

Pero la mayoría de nosotros no tenemos los *agujeros* bien alineados. Estamos desalineados con nuestro Yo Real y, por tanto, no experimentamos el beneficio total de nuestra justa parte de Luz que desciende por el cordón cristalino desde nuestra Presencia YO SOY.

El problema con el que debemos lidiar si hemos de salir de la escuela de la Tierra como una personalidad integrada en Dios, es que durante nuestra estancia en este planeta los poros espirituales se nos han atorado con mucho karma humano y efluvios astrales (es decir, el polvo y los desechos de la energía mal cualificada de los siglos). Además, cada uno de nosotros lleva un porcentaje de todo el karma planetario en nuestros cuatro cuerpos inferiores.

Al haber cualificado mal la pura corriente de Vida de Dios que fluye perpetuamente desde nuestra Presencia YO SOY para que la usemos aquí abajo, esta se ha acumulado en el subconsciente como anillos en nuestro árbol de la Vida y en el subconsciente colectivo de la raza. Nos guste o no, cargamos con el peso kármico unos de otros, simplemente porque formamos parte de esta evolución.

¿Qué es un decreto?

Con el fin de ayudar a Jesús y a los Maestros de Oriente, la Jerarquía de Maestros Ascendidos que constituyen la Gran Hermandad Blanca* ha establecido para los chelas occidentales en el sendero de la Cristeidad unas fórmulas sagradas llamadas *decretos*.

Así como los mantras de Oriente, estas formas de pensamiento son fórmulas específicas que tienen un propósito concreto. Cada una de ellas te conecta con la fuente de toda la Vida y la energía, tu Presencia YO SOY. Cada una de ellas está basada en la ley del amor y el principio del Cristo y está formulada en base a la voluntad de Dios para cada alma: libertad, iluminación, maestría sobre uno mismo, pureza, armonía, amor.

Los decretos escritos por Maestros Ascendidos —quienes han dominado el tiempo y el espacio, como Jesús y Gautama, y han entrado en el centro del AUM, el YO SOY EL QUE YO SOY— son matrices de conciencia cósmica. Los Maestros los llaman *cálices de Luz*. Estos cálices transmiten las aguas de la Vida eterna, la energía del Ser vital y ascendente.

Esta es el agua a la que se refirió Jesús cuando dijo: «Mas el que bebiere del agua que yo le daré, no tendrá sed jamás; sino que el agua que yo le daré será en él una fuente de agua que salte para vida eterna».[20]

En primer lugar, definamos el término que utilizamos: *decreto*. El *Diccionario Oxford English* da la siguiente definición de *decreto*:

> *Decreto, nombre*: ordenanza o edicto establecido por la autoridad civil o por otra autoridad; una decisión acreditada

---

*Los Maestros Ascendidos de la Gran Hermandad Blanca, unidos por los propósitos más grandes de la hermandad del hombre y bajo la Paternidad de Dios, han surgido en todas las épocas de todas las culturas y religiones para inspirar el logro creativo en la educación, las artes y las ciencias, el gobierno Divino y la Vida abundante mediante las economías de las naciones. La palabra «blanca» no se refiere a la raza, sino al aura (halo) de luz blanca que rodea su forma. La Hermandad también incluye entre sus filas a ciertos chelas no ascendidos de los Maestros Ascendidos. Jesucristo reveló este orden celestial de santos «vestidos de blanco» a su siervo Juan en el Apocalipsis.

que posee la fuerza de la ley. En teología, uno de los propósitos eternos de Dios con el que los eventos se predeterminan.

Decreto, verbo: Ordenar (algo) por decreto; ordenar, nombrar o asignar de forma acreditada; ordenar por asignación divina, o por destino. Decidir o determinar de forma acreditada; pronunciar por decreto. Determinar, resolver, decidir hacer algo, obsoleto o arcaico. Decidir, determinar, ordenar.

El decreto, tal como lo usamos nosotros, es la aplicación más poderosa de la Divinidad. Es la orden del hijo o la hija de Dios, pronunciada en el nombre de la poderosa Presencia YO SOY y el Santo Ser Crístico, para que la Luz descienda desde lo Informe hacia lo formado, desde el mundo del Espíritu hacia el mundo de la Materia. El decreto es el medio por el cual el reino de Dios se convierte en una Realidad aquí y ahora a través del poder de la Palabra hablada.

Las meditaciones y visualizaciones son parte importante de las devociones diarias, pero los decretos dinámicos son el método más poderoso de dirigir la Luz de Dios hacia la manifestación para producir la acción individual y mundial. Los decretos con frecuencia van acompañados de oraciones, invocaciones, mantras, cantos, fíats, afirmaciones y llamados al Dios único y a los santos, a quienes nos referimos como los *Maestros Ascendidos* y las *Huestes Celestiales*.

Los decretos que enseñamos se han dictado a partir de la geometrización del Cuerpo Causal de los Maestros Ascendidos. En su afirmación de la Verdad y su negación del error, son la expresión más elevada de la Ciencia divina y todas las ramas de la metafísica que proceden de ella.

Los decretos de la Madre Divina cristalizan su fuego sagrado para la transmutación y el perfeccionamiento de nuestro mundo. Son las herramientas con las que los hijos de Dios podrían volver a *levantar* la llama de la Madre (el fuego sagrado, desde el chakra de la base de la columna) y *bajar* la Luz del Padre (desde la Presencia YO SOY). Cuando su práctica está acompañada de un servicio lleno de amor a las Leyes de Dios, el practicante puede lograr la purificación del alma, el equilibrio del karma y la unión con Dios mediante la Palabra viva.

¿Quién puede decretar?

Decretar significa literalmente «decidir». ¿Quién tiene la autoridad en este mundo de decidir, de tomar decisiones? Solo quien tenga en sus manos el poder de implementar la Voluntad Universal y aquellos a quienes él ha dado la autoridad de su voluntad a través del don del libre albedrío.

El hombre que pueda decir «Toda potestad me es dada en el cielo y en la tierra»[21] tendrá la autoridad de tomar decisiones porque tendrá el poder de implementarlas. Quien decreta está ordenado por Dios para mandar, para dar órdenes, para predeterminar y asignar los límites de Su creación. Solo existe un hombre así: el Cristo.

Teniendo el don del libre albedrío, pero habiendo sido confinado en el tiempo y el espacio y habiendo recibido un potencial creativo limitado, el hombre (el yo inferior) también puede tomar decisiones, pero estas solo pueden ser efectivas dentro del marco limitado de su karma personal.

«Determinarás asimismo una cosa, y te será firme, y sobre tus caminos resplandecerá luz».[22] La promesa sigue en pie independientemente del nivel de conciencia individual del hombre. Porque como dijo El Morya: «A cada momento, cada hombre y mujer crea su propio futuro. La Vida, que es un don de Dios, actúa continuamente para cumplir los deseos expresos y tácitos del hombre. Los pensamientos y sentimientos humanos son decretos en sí mismos y de hecho producen con certeza y justicia según su clase, ya se trate de alegría o de dolor».[23]

Las decisiones o decretos producidos desde el nivel de la conciencia humana están limitados en su efecto porque proceden de la mente finita, pero los que se hacen desde el nivel del Cristo, el Santo Ser Crístico de cada hombre, son ilimitados 1. porque proceden de la Mente infinita de Dios, que se expresa a través del Cristo, y 2. porque el Cristo que vive en cada hombre fue ordenado por Dios como cocreador junto con Él.

Decretar o dar órdenes a las energías de la Vida es una prerrogativa de la identidad Crística, o Yo Superior, de todo hombre. El yo humano, siendo imperfecto y estando incompleto, aún no ha recibido la autoridad de pronunciar fíats de dirección creativa; así, siempre deberá introducir sus decretos diciendo «En el nombre de la amada, poderosa, victoriosa Presencia de Dios YO SOY en mí y mi amado Santo Ser Crístico...».

El decreto o fíat divino, el decretador y la respuesta al decreto forman una manifestación triple de Dios mismo. El decretador debe reconocer que «Dios en mí está pronunciando este decreto; la energía de Dios es lo que fluye para obedecer su mandato y Él es quien cumple la Ley por el poder de la Palabra hablada que se está manifestando en mí».

El hombre (el yo inferior) es de este modo el instrumento de la Luz que procede del corazón de Dios para formar una perfección manifiesta. Él no es la fuente de la Luz ni es el que dicta la creación; y no tiene ningún poder propio que haga que esa Luz obedezca sus órdenes.

Por tanto, si el discípulo decidiera elevar su conciencia hasta el nivel de su Ser Crístico y supiera que en realidad él es ese amado Hijo, él, unido a Dios, podría presentarse como un sacrificio vivo, consagrado a la pureza para que la Luz de Dios, la Palabra de Dios y el decreto de Dios puedan fluir a través de él a fin de manifestar la obra perfecta del Creador.

Así, al haber establecido en mente la comprensión de quién es el *hacedor* (la *puerta*),* el discípulo puede comenzar el ritual sagrado de ofrecer decretos en el hombre del Padre (la Presencia de Dios o la Presencia YO SOY), el Hijo (el Cristo Universal, que se manifiesta en todo hombre como su propia identidad Crística o Santo Ser Crístico) y el Espíritu Santo (las energías del fuego sagrado que dotan a la forma y la conciencia de la esencia de Dios que es Vida).

La palabra *decreto* se define en el diccionario como una orden que tiene la fuerza o la autoridad de la ley. Según nuestro

---

* «YO SOY (Dios en mí es) la puerta abierta que ningún hombre puede cerrar» (Juan 10:9; Apocalipsis 3:8).

uso, *la Ley* es la voluntad de Dios, y la autoridad o *fuerza* de la Ley está en el poder de la Palabra hablada.

Un decreto implica una voluntad predeterminante. En el uso que hacemos nosotros de los decretos, entendemos que el poder predeterminante de la Palabra hablada es la voluntad de Dios. Sobre todo, los decretos son la afirmación de la alianza entre Dios y el hombre que ha estado en efecto desde *el Principio*.

Oración y meditación

Examinemos ahora la oración y la meditación, comprendiendo que ambas también son una forma de decreto, porque son consecuencia de la decisión del hombre de buscar ayuda de su Creador y realinear sus energías con su Fuente. La oración y la meditación pueden o no hacer uso del poder de la Palabra hablada, mientas que los decretos están basados de manera científica en este principio.

Los Maestros Ascendidos Jesús y Kuthumi han escrito una serie de enseñanzas sobre el tema de la oración y la meditación.[24] Estas enseñanzas, junto con *La ciencia de la Palabra hablada*,[25] deberían ser objeto de estudio por parte de todos aquellos que deseen adquirir una mayor comprensión sobre la relación entre la oración, los decretos y la meditación.

El amado El Morya ha explicado que estas tres formas de adoración, cuando se utilizan correctamente, forman una actividad equilibrada de la llama trina. La oración que no está basada en un temor al castigo o un deseo de obtener favores personales de la Deidad quiere concentrar en el corazón del suplicante la pureza del amor de Dios hacia él, igual que, mediante la adoración, él construye una escalera de amor hacia Dios.

La meditación, cuando se realiza adecuadamente, abre la puerta de la mente hacia la sabiduría de Dios que permite que el hombre comprenda y aplique el amor de Dios. Y los decretos invocan el poder y la fe que activan la llama de la sabiduría de Dios y su amor, convirtiéndolos en algo práctico en nuestro vivir diario.

Así, la oración atrae el rayo del amor, la meditación establece el rayo de la sabiduría y los decretos concentran el rayo del poder.

La utilización habitual y rítmica de estas tres vías de comunión con el Espíritu Santo combina las energías del individuo con la Luz blanca del Cristo, en el cual aquel podrá entrar en contacto con todos los aspectos de la conciencia de Dios. El amado Kuthumi dio las siguientes definiciones de *oración* y *meditación* en la serie mencionada con anterioridad:

> La oración y la meditación son como gemelos, que estructuran la senda hacia la santidad y el deleite. Tal como la oración o la súplica entra en contacto con Dios, al atraer hacia el mundo del buscador los rayos de la intercesión divina, la meditación eleva al Hijo del hombre para que pueda bañarse en el resplandor de lo Eterno.
>
> La meditación es un airear la mente, una limpieza del sedimento y el concepto erróneo. La meditación sirve para purificar. Es el pensamiento del hombre acerca de su Creador. El polvo del mundo debe limpiarse, el umbral del corazón del hombre debe barrerse. Al orar, el hombre hace intercesión ante Dios para recibir ayuda. Al meditar, da ayuda a Dios creando la naturaleza de Dios dentro de sus pensamientos y sentimientos...
>
> La advertencia de vuestro amado Hilarión, conocido por muchos como San Pablo, fue esta: «En esto pensad».[26] Meditar, por tanto, es dejar que los pensamientos de Dios que fluyen hacia el corazón se eleven hacia la cabeza, que el Conocedor también pueda convertirse en lo conocido. La meditación es un intercambio de los pensamientos imperfectos del hombre sobre sí mismo y su Creador por los pensamientos perfectos que el Creador tiene sobre él.
>
> Al identificarse entonces con el Dios eterno, que es su Creador, lo más elevado de su naturaleza se convierte en el creador conjunto de él mismo. Así, en un sentido real, cuando el hombre atrae la perfección de Dios a su mundo, se convierte en el árbitro de su propio destino, un trabajador más en lo sublime, y se vuelve como Dios, autocreado y actuando como creador.[27]
>
> La oración es invocatoria; la meditación, convocatoria. La Palabra va; y la Palabra es el poder ardiente del Espíritu

que habita en la carne, pero no la consume, la transforma, eleva al hombre en su totalidad, con su pasión por la Realidad, en vibración, emocional, mental, etérica y espiritualmente. Porque todo el ser del hombre debe ser alcanzado por el poder de la Verdad, y la Verdad es la naturaleza de Dios.[28]

La eliminación de los impedimentos para una comunión superior

Dios conoce cada una de nuestras necesidades, pero su ayuda se ve obstaculizada por los deshechos de nuestra creación humana y por el desalineamiento de los modelos interiores de nuestros pensamientos y sentimientos. Por consiguiente, es imperativo, incluso antes de orar, que se invoque el gran imán de la Presencia Divina y el impulso acumulado de perfección de los Maestros Ascendidos con el poder de la Palabra hablada.

Esto se hace con el fin de producir 1. la transmutación de todo lo que impida la penetración de la Luz de Dios en nuestra conciencia y 2. un realineamiento interior de nuestros modelos energéticos para que los cuatro cuerpos inferiores puedan hacerse cálices adecuados del Espíritu Santo.

Debe entenderse que, de vez en cuando y por las siguientes razones, se hace necesario que el individuo recargue sus energías según el modelo divino:

1. el largo período de desobediencia a las Leyes de la Vida por parte del hombre que ha dejado muchos registros sin transmutar en su mundo;

2. él ha creado el caos dentro de su campo energético debido a la desobediencia;

3. él ha contaminado su aura al entrar en contacto con energías discordantes, que se ven atraídas hacia su campo energético por las dos circunstancias anteriores.

Debido a su invisibilidad para la mayoría de las personas, a menudo se permite que el aura humana, por negligencia o una falta de conciencia, llegue a ser un depósito de pensamientos y sentimientos mal cualificados en vez de estar protegida como cáliz de la conciencia de Dios. Con frecuencia las energías de la mente subconsciente (el cinturón electrónico) bullen de una discordia que nunca perturba en lo más mínimo la superficie de la mente consciente, hasta que una repentina confrontación con la discordia exterior las provoca.

La práctica de los decretos, por tanto, insensibiliza estas energías virulentas que acechan bajo la superficie de la mente consciente del hombre (antes de que puedan actuar o invadir su manifestación de la perfección de la Vida) y así se vuelven menos susceptibles a las fuerzas externas que quieren sorprenderlo desprevenido. La recarga de todo el campo energético del individuo, sus energías y su conciencia de acuerdo con la voluntad de Dios puede realizarse con toda seguridad mediante la práctica de los decretos.

El amado Kuthumi ha dicho: «Las oraciones o los decretos pueden realizarse antes del período de meditación. Los Maestros Ascendidos saben que, para la humanidad, atrapada como está en las trampas de los sentimientos y pensamientos humanos, una sesión de decretos realizada en voz alta antes del período de meditación servirá para aislar, proteger y armonizar los cuatro cuerpos inferiores de modo que cada corriente de vida pueda estar lo mejor preparada posible para recibir los frutos de su propia meditación».[29]

Para quienes tienen ante sí la ascensión como meta, decretar es una necesidad diaria. Hacer los decretos que han sido escritos por los Maestros Ascendidos y que, por tanto, contienen el patrón y el impulso acumulado de su conciencia Ascendida, aumentará las sensibilidades espirituales del devoto.

Al entrar en contacto con su Ser Crístico y con la Mente de Cristo que se expresa a través de los Maestros Ascendidos, el devoto descubre que esa Mente que hubo en Cristo Jesús[30] también se expresa a través de su propio cuerpo mental y observa una vivificación en sus percepciones cuando el Espíritu Santo infunde en todo su ser su poder animador.

A través de los decretos, el devoto atrae al cáliz de sus cuatro cuerpos inferiores aquellas cualidades que ya están manifestadas en sus tres Cuerpo Superiores. Mediante la afirmación del nombre de Dios, cumple el ritual *como Arriba, así abajo*, y el reino de Dios va llegando a su realización en el mundo de la forma a través del nexo de su propia conciencia.

Los decretos son imanes de amor divino que dan al decretador dones y gracias necesarias, que pueden llegar en forma de una salud renovada y la satisfacción de todos los requisitos del cuerpo, la mente y el alma. El poder del Cristo invocado con los decretos revertirá las impetuosas mareas de energía mal cualificada que el discípulo pudiera encontrar, echará fuera a los demonios y las entidades, transmutará los pensamientos y sentimientos erróneos, y sintonizará al alma y los cuatro cuerpos inferiores con la conciencia del Cristo.

Con la práctica de los decretos, la vista y el oído interior pueden restaurarse y la música de las esferas puede volver a escucharse. El sonido de las llamas de Dios de hecho se escuchará «como sonido de muchas aguas».[31] Y las ráfagas de viento del Espíritu Santo se volverán audibles. Estos tonos envolventes resonarán dentro de los mismísimos huesos de uno y gracias a los armónicos cósmicos producirán la corrección de esos modelos imperfectos que son causa de la enfermedad, los accidentes y la vejez; el tono producido por el *canto* de los seres elementales dentro de las llamas revertirá de forma automática las corrientes negativas de pensamiento y sentimientos humanos.

La extracción de la Luz del amor de Dios mediante los decretos provoca una influencia tan armoniosa en el mundo del individuo, que es una verdadera desgracia que algunos sigan teniendo una mente cerrada sobre las Leyes que gobiernan la emisión científica del poder divino mediante los decretos.

Tal como la Palabra del SEÑOR vino a Ezequiel: «Hijo de hombre, tú habitas en medio de casa rebelde, los cuales tienen ojos para ver y no ven, tienen oídos para oír y no oyen, porque son casa rebelde»,[32] el discípulo debe comprender que sus cuatro cuerpos inferiores se han convertido en «una casa rebelde» y su rebelión contra la voluntad de Dios ha asumido la forma de una mala cualificación de Su energía.

La energía que el individuo permite que sus cuatro cuerpos

inferiores cualifiquen mal con el pensamiento y el sentimiento, se asienta en estos cuerpos como el polvo de los siglos. Capa tras capa, se va acumulando durante sus muchas encarnaciones no iluminadas hasta que, finalmente, los centros espirituales (los chakras) se encuentran totalmente enterrados.

Así, sucede que la Palabra del Señor que recibió Ezequiel se cumple en todos aquellos que han abandonado el camino de rectitud (el *uso correcto* de las Leyes de Dios y su energía). Teniendo ojos para ver, no ven, y teniendo oídos para oír, no oyen, porque las ruedas de sus centros espirituales se han atorado con su propia sustancia mal cualificada.

Como arqueólogos del Espíritu, debemos desenterrar los artefactos del Verdadero Ser para que, al descubrir nuestra antigua herencia, podamos ser todo lo que se quiso que fuéramos. Como alquimistas del fuego sagrado, debemos utilizar la espada de la Palabra viva para transmutar los metales básicos de nuestra creación humana en el oro refinado de la percepción espiritual. Estas son metas prácticas que se pueden lograr mediante el poder de la Palabra hablada tal como se aplica en la práctica de los decretos.

Jesucristo nos enseñó a decretar

No fue otro que el propio Jesucristo quien nos enseñó a decretar. Cuando Jesús nos dio el Padre Nuestro, dijo: «Vosotros, pues, oraréis así».[33] Jesús no solo nos enseñó qué debíamos rezar, sino cómo hacerlo y la manera en que nos enseñó a rezar se ha ignorado totalmente, aunque es algo tan importante como la oración misma.

Primero, Jesús nos enseñó a dirigirnos al Padre —«Padre nuestro que estás en los cielos»—, estableciendo así el contacto de adoración amorosa entre nuestro corazón y el corazón de Dios. Después nos enseñó a recitar siete mandamientos, expresados no como una petición a nuestro Padre, sino como un decreto en modo imperativo:

1. ¡Santificado sea tu nombre!
2. ¡Venga tu reino!

3. ¡Hágase tu voluntad, como en el cielo, así también en la tierra!
4. ¡El pan nuestro de cada día, dánoslo hoy!
5. ¡Y perdónanos nuestras deudas, como también nosotros perdonamos a nuestros deudores!
6. ¡Y no nos metas en tentación!
7. ¡Mas líbranos del mal![34]

Cuando damos órdenes como las que Jesús nos enseñó en el Padre Nuestro, en realidad ordenamos que se mueva el Río de la Vida que fluye hacia nosotros por el cordón cristalino desde la poderosa Presencia YO SOY para cristalizarlo en la forma en cumplimiento de nuestra Palabra hablada.

No se trata de las súplicas de pecadores desgraciados llenos de culpa, arrastrándose servilmente ante un dios iracundo. Se trata de las órdenes de los hijos de la Luz y de los hijos e hijas a quienes Dios ha confiado el uso inteligente y juicioso de su Palabra, quienes saben que son coherederos junto con Jesús de la Luz Crística.

Del Padre Nuestro aprendemos que, como hijos e hijas de Dios, no nos hace falta suplicar a nuestro Padre por nuestras necesidades cotidianas. Solo tenemos que pedir, a manera de orden, y él nos entregará la Luz, la energía y la conciencia en la forma que especifiquemos.

El Padre Nuestro: fórmula para dar órdenes al Padre

Al dar órdenes al Padre utilizamos el principio científico de producir o precipitar del Espíritu a la Materia la intención de nuestro libre albedrío unido a la voluntad de Dios; confirmamos la comisión que se le dio a la progenie de Dios: «Fructificad y multiplicaos; llenad la tierra, y sojuzgadla, y señoread... ».[35]

Dios no nos habría dado esta comisión sin el medio para realizarla. Por eso nos dio la Palabra en doble forma: 1. el Cristo personal: *la Palabra Encarnada* en Jesucristo y en nuestro Santo Ser Crístico, que sirve de Mediador para la comunión de nuestra alma con Dios y por cuya autoridad damos órdenes a la Luz, energía y conciencia de Dios; 2. el Cristo impersonal: la Palabra hablada con la que ratificamos en el cosmos Material lo que Dios ya ha ordenado en el cosmos Espiritual.

Pero nuestro poder de dar órdenes por medio de la Palabra no carece de circunscripción. Jesús incluyó en el Padre Nuestro ciertas órdenes descriptivas para que las insertáramos en todas nuestras oraciones y decretos. Por eso dijo: «Vosotros, pues, oraréis así».

Al decirnos que después de dirigirnos al Padre digamos «¡santificado sea tu nombre!» como una orden, Jesús nos enseña que el nombre de Dios YO SOY EL QUE YO SOY o cualquier otro nombre adscrito a la Deidad debe ser santificado y adorado con todo nuestro corazón, nuestra alma y nuestra mente. El respeto y la veneración suprema hacia nuestro Dios Padre-Madre y la Gran Ley que rodea al cosmos es la base de nuestra fe y nuestros decretos dinámicos.

En la primera orden del Padre Nuestro, Jesús afirma el primero de los Diez Mandamientos: «No tendrás otros dioses ajenos delante de mí».[36] Los que rezan ¡santificado sea tu nombre! afirman su lealtad al Dios único y con ello quieren decir que Dios es Señor de su templo y gobernante de su hogar: «Oye, Israel: el Señor nuestro Dios, el Señor uno es».[37]

Por tanto, en efecto, están pidiendo que cualquier oración u orden que no proceda o sea ilícita ante sus ojos reciba una respuesta no de acuerdo con la voluntad humana, sino con la Divina. Esta es la válvula de seguridad que protege a cada devoto de Dios contra el mal uso de la ciencia de la Palabra hablada y la consiguiente mala cualificación de la Luz de Dios.

La segunda orden es: «¡Venga tu reino!»; y la tercera: «¡Hágase tu voluntad, como en el cielo, así también en la tierra!». Al afirmarlas, el suplicante está de acuerdo con que el reino de Dios y solo su reino se manifieste como resultado de sus decretos y que la voluntad de Dios y solo su voluntad se haga en su vida. Es decir, está de acuerdo con que ejercerá su libre albedrío con la autoridad que Dios le ha dado para dar órdenes a los recursos espirituales y materiales en Su nombre con el fin de que los modelos terrenales se establezcan según los celestiales, de acuerdo con la voluntad de Dios.[38]

Cuando un hijo de Dios da una orden, las *espirales positivas* de la creación del Espíritu son transferidas por el nexo del Cristo a las *espirales negativas* de la creación de la Materia. Y aquello que está Arriba se manifiesta aquí abajo: el reino de Dios ha venido «como en el cielo, así también a la tierra». La voluntad de Dios se hace y lo que está abajo se convierte en la imagen de lo que está Arriba.

Las órdenes cuarta, quinta, sexta y séptima están basadas en la anterior afirmación y el acuerdo del suplicante con respecto a las tres primeras. Estas cuatro órdenes son ejemplos de las necesidades más básicas de orden físico, psicológico y del alma, que son: 4. «El pan nuestro de cada día, dánoslo hoy»; 5. «Perdónanos nuestras deudas, como también nosotros perdonamos a nuestros deudores»; 6. «No nos metas en tentación», 7. «mas líbranos del mal».

Dios está preparado para escuchar más órdenes que se derramen de nuestro corazón y para cumplirlas, siempre que las subordinemos a las tres primeras. Porque, a menos que sometamos nuestras órdenes a la voluntad de Dios, aunque creamos saber lo que más nos conviene, a nosotros, a nuestros seres queridos, a nuestro país y a nuestro planeta, corremos el riesgo de utilizar mal o *dirigir mal*, *aplicar mal* o *cualificar mal*, tal como decimos nosotros, la corriente clara como el cristal del Río de la Vida que fluye hacia nosotros de manera incesante desde la Fuente.

Si utilizamos el poder de Dios para crear de una manera distinta a la que Dios desea que creemos, profanaremos esta sagrada ciencia de la Palabra y, por tanto, profanaremos a Dios mismo. La consecuencia es el daño a la Vida y el karma negativo que algún día tendremos que deshacer dolorosa y laboriosamente, hilo a hilo, mientras servimos para liberar a la Vida.

Cuando creamos karma negativo, nos desalineamos con respecto a la voluntad de Dios y nos alejamos más y más hacia los engaños del hombre pensante, que cree que solo él es verdadero. Pero a no ser que esté unido al Cristo, que su mente esté unida a la Mente Crística, ¿cómo puede él estar seguro? Porque la plomada de la Verdad Crística es la medida de nuestra *veracidad*. Y Pablo dijo: «Sea Dios veraz, y todo hombre [mortal] mentiroso».[39]

Ahora bien, cuando entendemos la Palabra como el Cristo encarnado, que es nuestra verdadera herencia cuando seguimos los pasos del Maestro, y cuando entendemos el poder de la Palabra cuando se pronuncia como Jesús nos enseñó a rezar, podemos seguir el ejemplo de Jesús en cualquier situación en que nos encontremos.

Por ejemplo, cuando Jesús llegó a la higuera que no daba fruto, la condenó con la orden:

> Nunca jamás nazca de ti fruto. Y los discípulos se maravillaron: '¿Cómo es que se secó en seguida la higuera?'. Jesús dijo: De cierto os digo, que, si tuviereis fe, y no dudareis, no sólo haréis esto de la higuera, sino que si a este monte dijereis: Quítate y échate en el mar, será hecho.
>
> Y todo lo que pidiereis en oración, creyendo, lo recibiréis.[40]

Ya se trate de la higuera o la montaña o cualquier otra ofensa u obstáculo, con esta viñeta entendemos que cuando Jesús dice «lo que pidiereis en oración...», con frecuencia quiere decir «lo que ordenarais, creyendo, lo recibiréis».

La última frase del Padre Nuestro —en realidad la octava orden— es para cerrar nuestra oración: «Porque tuyo es el reino, y el poder, y la gloria, por todos los siglos. Amén».[41]

Con el cierre afirmamos que todo lo que hemos invocado del corazón de la Presencia YO SOY, pertenece a Dios. Es su omnisciencia, su reino (es decir, su conciencia); su omnipotencia, su poder; y su omnipresencia, su gloria, lo que sostiene por siempre sus decretos y los nuestros, cuando estos concuerdan con los suyos.

El *Amén* tiene una función parecida a la del *Aum* sánscrito; sirve para sellar la oración en el corazón de Dios para que Él disponga. El hombre ha propuesto, entonces Dios dispondrá. El hombre ha postulado, entonces Dios resolverá.

Al cerrar reconocemos a Dios como el Decretador original, como el Decreto y como la Respuesta a nuestro Decreto. Debemos reconocer que toda la creación que surgió de él, incluyéndonos a nosotros mismos, le pertenece; que somos suyos, que el reino es suyo, que el poder es suyo y que la gloria es suya, por siempre. Esta última orden es para nuestra protección, para que no tomemos el reino, el poder y la gloria de Dios para el adorno del yo inferior.

Dentro de esta Totalidad que es Dios, él ha hecho a sus hijos e hijas cocreadores junto con él. Siempre que creemos para su reino, para su poder, para su gloria y por el amor hacia él, nuestras órdenes para cualificar las Aguas del Río de la Vida que fluyen a través de nosotros se cumplirán.

Decretos: el cumplimiento de la profecía

A principios de la década de 1930, el Maestro Ascendido Saint Germain dio el conocimiento de la ciencia de los decretos como el medio más efectivo con el que el hombre no ascendido podría redimir las energías de Dios que él mismo había dotado de sus cualificaciones imperfectas. Y así se cumplía otra profecía, la de los días que se acortarían para los elegidos.[42] Porque al invocar el poder transmutador de la llama violeta, el individuo no solo aligera su aura al volver a cualificar y al recargar sus modelos energéticos con su perfección original, sino que también aligera la carga de su karma, acortando así los días de su afán.

¿Cómo es posible? La explicación es simple: el karma personal está registrado en la densa sustancia mal cualificada alojada en los cuatro cuerpos inferiores del hombre. Cuando su sustancia se transmuta, también se transmuta su karma.*

---

*Obsérvese que la transmutación del karma personal se logra no solo con la práctica de los decretos, sino también con el servicio prestado a Dios y al hombre.

El karma es lo que determina la duración de los días del hombre en la escuela de la Tierra. Por tanto, al transmutar su karma en las llamas del Espíritu Santo y al consagrar sus energías en un servicio dedicado a la Vida cuando no está decretando, los días del hombre se pueden acortar y él puede conseguir su libertad inmortal de la ronda del renacimiento.

Cuandoquiera que el karma personal se salde mediante el uso de las llamas, tanto el individuo como aquellos a quienes él haya podido perjudicar en el pasado serán bendecidos y liberados de las cargas de su karma mutuo. Estas bendiciones llegan de la mano de la Presencia Divina tanto si existe contacto a nivel personal como si no lo hay.

No importa quién tuviera la culpa; siempre que el individuo desee perdonar, olvidar y ser libre, las llamas de la libertad liberarán las energías, el alma y la conciencia de todos los interesados. ¡Qué grande es nuestro Dios y qué grande es su misericordia![43]

Así, sucedió en la década de 1930 que grupos de estudiantes se reunieron en muchas ciudades de los Estados Unidos y otros lugares del mundo a fin de expandir la Luz en sí mismos y en beneficio de la humanidad. Entre las primeras organizaciones que patrocinaron el trabajo de decretos, algunas han continuado utilizando los decretos, mientras que otras, siguiendo los edictos que de vez en cuando emite «la casa rebelde»,[44] cambiaron los modelos que habían dado los Maestros hasta que los decretos se convirtieron en nada más que frases inocuas, privadas de las energías radiantes y vibrantes del Cristo que son tan necesarias para producir en la conciencia de la raza la manifestación de la Palabra viva.

Afirmaciones de la Verdad: ¿el poder de la mente sobre la Materia?

Ahora bien, existe un parecido obvio entre los decretos y las afirmaciones o *declaraciones de la Verdad* que varios movimientos metafísicos han defendido. En tales grupos se ha puesto un mayor énfasis, con frecuencia sin querer, en el poder de la mente (el poder de la mente sobre la materia, como dicen algunos) que en el Cristo. En este caso, la *mente* a la que se refieren es el cuerpo mental inferior, aunque ellos aseguran que solo se utiliza el poder de la Mente Crística (el Cuerpo Mental Superior). Nosotros destacaríamos que la afirmación de que eso es lo que ocurre no hace que sea cierto.

Algunos practicantes de la ciencia mental que se oponen inflexiblemente a la hipnosis, la transferencia del pensamiento y el control mental, en realidad utilizan elementos de las tres cosas para producir la curación de la mente y el cuerpo y los cambios *deseados* en la conciencia de los que acuden a ellos en busca de ayuda. Otros han entrado de verdad en la conciencia del Cristo, y nosotros seríamos los primeros en reconocer que esta Mente Superior opera en ellos para producir la curación del paciente.

Aquí procede una advertencia: cuando el cuerpo mental inferior se usa para producir una curación aparente mediante la voluntad humana, la causa, el efecto, el registro y la memoria de la enfermedad no se cura. Esto se debe a que los fuegos de la Mente de Cristo tienen el poder de transmutar la energía mal cualificada, de purificar y lavar las aguas de la Vida, de transformar la Oscuridad en Luz.

¿Entonces qué sucede con la causa, el efecto, el registro y la memoria de la enfermedad cuando el cuerpo mental inferior y la voluntad humana se emplean como instrumentos de curación?

Estos factores kármicos y sus síntomas (que pueden haberse manifestado como enfermedades a nivel físico, mental o emocional) son obligados a regresar al cuerpo etérico (el cuerpo de la memoria) de donde un día deberán volver a salir para ser expiados por medio de uno o más de los cuatro cuerpos inferiores.

Por tanto, vemos que el individuo puede escoger, con su libre albedrío, no saldar su karma (*expiar sus pecados*, en lenguaje cristiano). Al utilizar una *física* mental, la hipnosis y otros sistemas para evitar el karma, no logrará 1. ni dejar que la causa, el efecto, el registro y la memoria de la enfermedad sigan su curso a través de los cuatro cuerpos inferiores, 2. ni invocará las llamas de Dios a través de sus cuatro cuerpos inferiores, transmutando así los factores kármicos y también gran parte, si no todo, del sufrimiento que estos conllevan.

En la mayoría de los casos la postergación de su *día de la salvación* (el día de la autoelevación, la elevación del Yo Real en su conciencia) se produce como resultado del reciclaje que el individuo ha hecho de su karma. Este habrá utilizado su libre albedrío para cambiar la programación de su karma que retorna, que los Señores del Karma y su Santo Ser Crístico establecieron para la evolución de su alma. Pero el resultado será que quizá tenga que esperar una o más encarnaciones antes de que se le vuelva a conceder la oportunidad de permanecer, afrontar y conquistar ese elemento en particular de su propia creación humana.

A través de un uso de la Ley tan desafortunado y equivocado, los días en realidad se alargan para tales personas, aunque según todas las apariencias parezca que llevan una existencia encantadora. Basándose en la evidencia de que sus problemas y sus males desaparecen, llegan a la conclusión de estar practicando la ciencia perdida y verdadera de la curación tal como la demostró Jesucristo.

La participación de la totalidad del ser del hombre en la búsqueda espiritual

Se han defendido varios métodos para la reunión del alma con Dios. Mucha escuelas no se dan cuenta de que sus métodos solo tienen en cuenta los cuerpos inferiores del hombre. Por ejemplo, la metafísica pone el énfasis en el cuerpo mental; el evangelismo opera en su mayor parte a través del cuerpo emocional; las formas religiosas orientales, en las que se hace hincapié en la meditación que conduce a Samadhi y Nirvana, funciona principalmente a través del cuerpo etérico o de la memoria, y las religiones basadas en la forma y el ritual atraen a los que están orientados hacia el cuerpo físico.

Este hecho no debe restar a todas las religiones el bien que en ellas se encuentra ni debe obligar a los instructores y seguidores de tales religiones a abandonar sus iglesias. No obstante, los que buscan la reunión total deben llegar al punto en el que comiencen a reexaminar el sendero que están siguiendo con la idea de hacer que su experiencia religiosa sea completa, según las enseñanzas más elevadas y exhaustivas disponibles.

Esto se puede conseguir sin un trastorno innecesario, simplemente añadiendo un entendimiento más profundo sobre los misterios de la Vida a las Verdades que ya se han aprendido y eliminado aquellos conceptos que, a la luz de una crítica superior, se consideran erróneos.

En la obra de The Summit Lighthouse, bajo la dirección de la Jerarquía Espiritual de Luz, la totalidad del ser del hombre está involucrada en servir a la Luz y desarrollar su expansión hacia la perfección. Los tres Cuerpos Superiores:

1. la Presencia YO SOY,
2. el Cuerpo Causal y
3. el Ser Crístico o Cuerpo Mental Superior;
   y los cuatro cuerpos inferiores:
4. el cuerpo etérico,
5. el cuerpo mental,
6. el cuerpo emocional y
7. el cuerpo físico,

están destinados a ser instrumentos de la Verdad, cálices para consagrar la naturaleza superior del hombre, elevarlo hasta la cima de su ser.

El cuerpo etérico, o cuerpo de la memoria, se diseñó para registrar la pureza de Dios y el modelo original de la perfección del hombre, la aceptación de la perfección de Dios. El cuerpo mental se formó para concentrar al Cristo, la Luz dorada del sol de iluminación. El cuerpo emocional se hizo exclusivamente para irradiar el amor de Dios de manera universal, sin disimulo. El cuerpo físico, tan noble en su estructura artística, se destinó a contener el rayo de poder en el mundo de la forma.

Cuando estos cuatro cuerpos inferiores son lavados por la acción del fuego sagrado, bautizados por el Espíritu Santísimo, atraen la Presencia de los tres Cuerpos Superiores a través del fulcro de la llama trina dentro del corazón. Los cuatro cuerpos inferiores son los vehículos a los cuales desciende la perfección desde las dimensiones del Espíritu hacia las dimensiones de la materialización del Espíritu en la forma. Solo mediante una experiencia religiosa total, que debe incluir los siete cuerpos del hombre, puede la totalidad del hombre llegar a la plenitud, y solo por este medio pueden elevarse los cuatro cuerpos inferiores a la ascensión en la Luz.

Ciertos peligros que evitar en la meditación, la oración y los decretos

Uno de los peligros que conlleva la meditación sin haber recitado el Decreto de Fuego Violeta y Tubo de Luz (véase página 41-42) es que no se ha establecido la protección de la conciencia para garantizar el contacto con la Mente de Dios durante el período de meditación.

Sin primero formar un campo energético de Luz alrededor de uno mismo, la concentración constante en la Presencia Divina puede resultar difícil; la mente puede divagar y sutiles modelos vibratorios de negación pueden fluir hacia la mente subconsciente y después emerger como perturbaciones emocionales o psíquicas. Tales estados de infelicidad se pueden evitar decretando primero y dirigiendo después la meditación hacia niveles específicos del carácter divino, como el amor, la paz, la alegría, la sabiduría y la armonía del Espíritu Santo.

Por otro lado, Kuthumi señala lo siguiente:

La meditación no debería ser prescrita por el meditador. Este puede escoger un tema de orden superior en el que reflexionar, pero siempre debe permitir que la mano de Dios le guíe en el pensamiento, que las meditaciones de su corazón y su mente puedan estar dirigidas exclusivamente por su Santo Ser Crístico y su poderosa Presencia Divina YO SOY.

Entre los peligros existentes en la meditación que muchos han enfrentado está la inclinación totalmente humana hacia lo psíquico (porque está al alcance de la mano) y el deseo de encontrar un instructor especial en los reinos superiores o quizá un *espíritu guía*, que transmita algún concepto exclusivo que uno pueda después hacer desfilar ante su prójimo.

Si el aspirante a la meditación superior tan solo comprendiera que la simplicidad y la confianza infantil del buscador lo capacita para entrar en contacto con la Realidad del Dios vivo, dejará de dejarse llevar por elementos curiosos de su propia naturaleza inferior hacia las vías secundarias de emprendimientos egocéntricos, que jamás pueden recompensarle con la dicha espiritual que su alma ansía. Pues, aunque el amor de Dios fluye hacia todos en igual medida, Él transmite a cada mónada un motivo específico de belleza exquisita y singular de acuerdo con sus propósitos infinitos.[45]

Uno de los peligros de los decretos es que el decretador olvide quién está realizando los decretos; que su Santo Ser Crístico y no su conciencia exterior es quien pronuncia la Palabra perdida que obliga a la libertad de su alma. Deberá tener cuidado para no forzar la voz ni forzar el flujo de la energía de Dios, como tampoco debería ceder ante la tentación de utilizar los decretos para implementar su voluntad humana en vez de la divina. El peligro que esto conlleva es especialmente grave cuando el individuo cree que sabe cuál es la voluntad de Dios.

Por tanto, independientemente de su convicción, siempre deberá terminar sus oraciones y sus decretos con una frase como esta: *En el nombre de mi Presencia YO SOY, pido a mi Ser Crístico que ajuste esta petición de acuerdo con la voluntad de Dios y su plan para todos los interesados.*

Las oraciones y los decretos siempre se deben realizar con el mismo espíritu que llevó a Jesús a decir: «Pero no se haga mi voluntad, sino la tuya»;[46] y también con el espíritu del salmista, quien dijo: «Sean gratos los dichos de mi boca y la meditación de mi corazón delante de ti, oh, Señor, roca mía, y redentor mío».[47]

Por encima de todo, el decretador debe recordar las palabras de Jesús acerca del Cristo: «Mi Padre hasta ahora trabaja, y yo trabajo... De cierto, de cierto os digo: No puede el Hijo hacer nada por sí mismo, sino lo que ve hacer al Padre; porque todo lo que el Padre hace, también lo hace el Hijo igualmente... Porque como el Padre levanta a los muertos, y les da vida, así también el Hijo a los que quiere da vida».[48]

Uno de los peligros que tiene la oración es que el suplicante puede tener una sensación de no estar completo y separado del Dios que busca en la oración. La necesidad de pedir ayuda a Dios puede hacer que el individuo acepte la sutil sugerencia de que aún no tiene la ayuda que pide o que sus oraciones no han recibido respuesta antes de que él las pronuncie. Tampoco debe caer en la trampa de pedirle a Dios que haga que él mismo, a través del poder del que está investido su Ser Crístico, puede hacer si simplemente practica las Leyes de Dios.

La ciencia de los decretos

El Maestro Ascendido Saint Germain nos ha expresado sus pensamientos acerca de los decretos:

> Cuando contemplamos los métodos de realización Divina, no nos atrevemos a excluir el poder de la Palabra hablada.
>
> Durante muchos años las denominadas *religiones ortodoxas* han utilizado el ritual y la forma junto con mantras hablados. En Occidente se ha llamado a esto *lecturas responsivas*, ya que requieren la respuesta de la congregación o la participación de la audiencia. En algunos casos las oraciones de la humanidad han llegado a ser vanamente repetitivas y a estar vacías de significado, pero yo, desde luego, prefiero ver a las personas metidas en la rutina antes que mezcladas en expresiones vocalizadas erróneas…
>
> Los decretos no son palabras descuidadas, son palabras premeditadas. Y los modelos que recomendamos invocan el bien más grande para el hombre.
>
> Los decretos están compuestos generalmente de tres partes, y deberían ser considerados como cartas a Dios:
>
> 1. El encabezado del decreto es invocatorio. Está dirigido a la Presencia Divina individualizada de todo hijo e hija de Dios y a aquellos siervos de Dios que forman la Jerarquía Espiritual. Este encabezado (el preámbulo del decreto), cuando se expresa con reverencia, es un llamado que obliga a la respuesta por parte de Dios y los Seres Ascendidos. Nosotros no podríamos negarnos en nuestra octava a responder a esta convocatoria más de lo que los bomberos podrían negarse a responder a una llamada de ayuda vuestra. El propósito del

encabezado, por tanto, es que las energías de los Maestros Ascendidos entren en acción inmediatamente como respuesta a la parte principal de vuestra carta a Dios, que con tanto amor vocalizáis de manera individual o al unísono.

2. La parte principal de vuestra carta está compuesta de afirmaciones que expresan vuestros deseos, las cualificaciones que deseáis invocar para vosotros mismos o para otros y las súplicas de que constaría incluso una oración normal y corriente. Al haber emitido el poder de la Palabra hablada a través de vuestra conciencia exterior, vuestra mente subconsciente y vuestro supraconsciente, o Yo Superior, podéis estar seguros de que la conciencia suprema de los Maestros Ascendidos a quienes hayáis invocado también se interesará en la manifestación de aquello que habéis pedido.

3. Ahora llega al final del decreto, la aceptación, el cierre de la carta en el corazón de Dios, pronunciado con un sentimiento de compromiso con el reino del Espíritu de donde la manifestación debe regresar a la forma material de acuerdo con las inalterables leyes de la alquimia (la química total de Dios) y la precipitación.[49]

Quienes comprenden el poder del cuadrado en matemáticas se darán cuenta de que, cuando grupos de personas invocan las energías de Dios, no estarán simplemente añadiendo poder según la suma del número de personas que tenga el grupo, sino que se involucrarán en una alianza muy antigua del cuadrado, por la cual, para cumplir la Palabra hablada, la emisión de poder se eleva al cuadrado (multiplica) según el número de personas que estén decretando y el número de veces que se haga cada decreto.

Nosotros recomendamos encarecidamente los decretos individuales para lograr innumerables bendiciones en la vida de los que se disciplinen a sí mismos en este ritual de invocación de la Luz para un mundo oscurecido. Pero el decreto en grupo, cuando va acompañado de una intensa visualización del bien deseado, es más eficaz a escala mundial que los decretos individuales y dará como resultado una respuesta más rápida para los interesados, no solo para sí mismos, sino para toda la humanidad.

Se debe tener presente que siempre que se invoque el Bien (Dios) en el mundo de la forma, rodeado como está el mundo en la actualidad de una gran acumulación de efluvios mortales, el Bien (la Luz) que se entrega desde las alturas en respuesta al llamado (debido a la elevada frecuencia de las vibraciones de la Luz) recibe la inmediata oposición por parte de las vibraciones negativas existentes en la atmósfera de la Tierra (como resultado de la baja frecuencia de esas vibraciones).

El ritmo también es importante en los decretos. El ritmo adecuado crea una proyección de lo más penetrante de vibraciones espirituales que atraerán por todo el planeta las cualidades de Dios que se invocan a través de los decretos. El impulso acumulado de esas ondas que forman círculos ondulantes sobre el cuerpo planetario crea una intensificación de Luz allá donde los devotos se junten para participar en un empeño así.

Las leyes que gobiernan la manifestación y distribución de la luz física también operan con respecto al flujo de las corrientes de Luz espiritual. Las cualidades se distribuyen alrededor del cuerpo planetario desde todos los radiantes focos del amor de los Maestros Ascendidos.

Que nadie tenga un sentimiento de separación, por tanto, en su servicio hacia la Jerarquía; pues con el poder de los decretos, emitido en cualquier punto de la superficie de la Tierra, las corrientes de Luz, Vida y Amor desde el corazón de Dios pueden desencadenarse como ondas eléctricas radiantes que impacten en el mundo y devuelvan al que invocó la respuesta ordenada por Dios…

Sabemos muy bien que las personas que entran a nuestras reuniones y se encuentran con estos decretos por primera vez sin comprender las Leyes que los gobiernan o los magníficos resultados que pueden obtenerse con su uso, bien pueden caer bajo la influencia de ciertas fuerzas negativas y entidades del mundo que, muy naturalmente, están diametralmente opuestas a la utilización de los decretos dinámicos.

Con demasiada frecuencia las personas que hacen hincapié en su deseo por la meditación silenciosa no tienen en cuenta que la meditación tiene su lugar y su momento, la oración tiene su lugar y su momento y los decretos tienen su lugar y su momento. Las tres cosas pueden practicarse en casa, de forma individual o en grupo, tal como uno desee. Pero una forma de adoración no sustituye a la otra...

Al fin y al cabo, la conciencia es una sola. El individuo que mora en Dios puede derramar su corazón a Dios en la oración, cantos, decretos o puede sentarse en silencio a meditar en un aspecto de la Deidad. El pensamiento precede a la expresión verbal, o al menos debería. Por tanto, el meditar o el pensar en Dios es una manera de expresarlo a él. El decretar es otra...

Cuando los hijos de Israel derrumbaron los muros de Jericó, lo hicieron con un gran grito, un gran uso del poder consumado de la energía divina.[50] La fuerza siniestra ha pervertido este conocimiento, que ha sido parte del punto fuerte de las enseñanzas de la Gran Hermandad Blanca durante miles de años.

Algunos grupos se han dedicado a preparar a jóvenes en el uso equivocado de esta ley con respecto al poder de la Palabra hablada. Sus seguidores entonan al unísono y con ritmo, convocando o atrayendo así poder y proyectándolo sobre una longitud de onda vibratoria cargada de odio a nivel personal y del grupo. El efecto de esos impulsos acumulados de una mala cualificación masiva puede suponer un desastre para quienes se lo encuentran, porque cuando se utiliza correctamente pudo derrumbar los muros de Jericó...

Los decretos son manifestaciones sintetizadas de la llama del corazón de cada persona que decreta. Los decretos reúnen y concentran el poder de la Palabra hablada, la visualización de la Mente Crística y el ritmo del pulso divino. Cuando decretáis, emitís una energía cualificada divinamente, cargada por vuestra invocación y multiplicada por el poder de los Maestros Ascendidos. Esta energía va a realizar su obra perfecta para amplificar el poder de la Luz sobre todo el planeta.

Poco más puedo decir que lo que se dijo antaño: «Probadme ahora en esto, dice el Señor de los ejércitos, si no os abriré las ventanas de los cielos, y derramaré sobre vosotros bendición hasta que sobreabunde».[51]

El uso adecuado de los decretos exige práctica. Las personas no deben esperar que a la primera que hagan un llamado, la mismísima perfección del universo se lleve consigo todos los desechos acumulados de su vida.

El decretar adecuadamente es un arte, y cuando uno logre una mayor aptitud descubrirá que es posible acelerar sus decretos, es decir, será capaz de acelerar la velocidad a la que se hacen. También será capaz de comprender qué tiene lugar cuando los acelera. Porque esta aceleración, al elevar la tasa de sus propio modelo electrónico, arroja y transmuta los pensamientos y sentimientos negativos de este mundo.

¡Oh, qué deleite y qué paz puedes aportar a tu familia, a tus amigos y a ti mismo con el adecuado uso de los decretos! ¡Qué beneficio a la libertad! ¡Qué gloriosamente puede transformarse el mundo a mejor!

Al fin y al cabo, benditos, la propia Naturaleza no está siempre en silencio. Dios habla en el trueno, en el relámpago y en el viento;[52] y el parloteo de los muchos pájaros del mundo, como grillos en el pantano, ciertamente eleva los decibelios.

Con el poder de la Palabra se construyó la Tierra,[53] y con el poder de la Palabra se afirmará con dominio la libertad del hombre en nombre de Dios. ¡Utilizad los decretos! No temáis las opiniones de los hombres, porque la Jerarquía ha hablado y los que hagan caso se beneficiarán.[54]

El tubo de luz

Debido a que los hombres envían torrentes de pensamientos y sentimientos discordantes cada día a través de la mala cualificación de la energía de Dios, el individuo debe encontrar el medio de protegerse. A menos que esto se logre mediante un rechazo consciente de esos pensamientos inapropiados, descubrirá que, o bien de forma consciente o subconsciente, estos efluvios penetrarán en los dominios del yo.

Los banales efectos de tal penetración invariablemente emergen a la superficie más tarde. Pero desde el momento en que consiguen la entrada al mundo subconsciente del individuo, pueden producir una respuesta vibratoria ante la negatividad que sobrecarga al alma y produce sentimientos de infelicidad, depresión y enfermedad, frustrando así su total producción creativa.

Existe un modo en que cada persona de la Tierra puede llamar a su Presencia Divina y pedir que esa Presencia la envuelva en la vestidura sin costuras del Cristo vivo. Esta vestidura es una manifestación de alta frecuencia de Luz vibrante que en efecto puede descender todos los días y a todas horas para que envuelva al yo con una enorme protección. Con la devoción y la invocación habituales por parte del suplicante, el poder de esta vestidura de Luz puede llegar a ser cada vez más real.

Ha habido reportes sobre algunos de los grandes adeptos de la India, los cuales han desarrollado un impulso tan grande en hacer descender esta vestidura de Luz a la manifestación tangible que, de hecho, esta ha desviado la bala de un rifle para elefantes, aplanándose el plomo al entrar en contacto con la Luz y cayendo al suelo a muy poca distancia del cuerpo.

Claro está que los estudiantes sensatos ni afirmarán ni pondrán a prueba un desarrollo tal de la armadura de Dios («No tentarás al Señor tu Dios»).[55] En cambio, mantendrán una fe y confianza implícitas en que, cuando la necesidad surja, la Luz de Dios los defenderá contra todos los ataques a su persona.

La vestidura sin costuras es una poderosa forma de pensamiento para proteger y sellar el aura contra los pensamientos y sentimientos negativos que emanan de la conciencia de las masas. Tú te puedes cubrir con esta vestidura sin costuras como un tubo de luz que te rodeará cuando derrames tu amor hacia tu Presencia Divina, diciendo:

> Oh mi constante y amorosa Presencia YO SOY, tú, Luz de Dios sobre mí cuyo resplandor forma un círculo de fuego ante mí para alumbrar mi camino:
>
> ¡YO SOY quien te invoca con plena fe para que coloques desde mi propia Poderosa Presencia Divina YO SOY un gran pilar de Luz alrededor de mí ahora mismo! Mantenlo intacto a cada momento que pase, manifestándose como una lluvia reluciente de la bella Luz de Dios a través de la cual nada humano puede jamás pasar. ¡Dirige al interior de este bello

círculo eléctrico de energía cargada divinamente, una rápida oleada del fuego violeta de la clemente y transmutadora llama de la Libertad!

¡Haz que la energía siempre en expansión de esta llama proyectada hacia abajo, al campo energético de mis energías humanas, convierta completamente toda condición negativa en la polaridad positiva de mi Gran Ser Divino! Que la magia de su misericordia purifique con Luz mi mundo de tal manera que todos aquellos con los que entre en contacto sean siempre bendecidos con la fragancia de violetas desde el mismo corazón de Dios, en memoria del bienaventurado día naciente en el que toda discordia —causa, efecto, registro y memoria— sea convertida para siempre en la Victoria de la Luz y la paz de Jesucristo ascendido.

YO SOY quien acepta ahora constantemente el poder y la manifestación plenas de este fíat de Luz, y quien lo invoca para que entre en acción instantánea por mi libre albedrío otorgado por Dios, y por el poder de acelerar ilimitadamente esta sagrada emisión de ayuda proveniente del mismo corazón de Dios, ¡hasta que todos los hombres hayan ascendido y sean libres en Dios en la Luz que nunca, nunca, nunca falla!

O puedes decir esta oración más corta, que también es muy efectiva:

> Amada y radiante Presencia YO SOY,
> séllame ahora en tu tubo de luz
> de llama brillante Maestra Ascendida
> ahora invocada en el nombre de Dios.
> Que mantenga libre mi templo aquí
> de toda discordia enviada a mí.
>
> YO SOY quien invoca el fuego violeta,
> para que arda y transmute todo deseo,
> persistiendo en nombre de la libertad
> hasta que yo me una a la llama violeta.

En la llama hay ciertas actividades que tienen que ver con la vida elemental: los electrones danzarines, las salamandras de fuego y los componentes energéticos de la llama misma. Estos son atraídos al servicio del hombre mediante una visualización intensa. Esta visualización debe contener no solo una imagen mental, sino también el sentimiento del corazón, un gran amor por la Luz y empatía con la llama que te da la capacidad de experimentar la unidad con Dios al borde del éxtasis espiritual.

Concentrar este poderoso tubo de luz alrededor de tu forma física asilará tu mente y conciencia. Siempre que mantengas la acción del tubo de luz, tendrás una armadura inmune que te escudará contra las estratagemas y los ardides de los efluvios psíquicos del planeta.

Pero si después te metes en actividades discordantes de cualquier clase (ya se trate de chismes, riñas, ira o desesperación), con rapidez deberás invocar la ley del perdón y la llama violeta transmutadora para luego volver a invocar el tubo de luz. Cualquier desgarro en la vestidura espiritual causado por la introducción de la desarmonía en tu campo energético debe arreglarse tan pronto como hayas recuperado el equilibrio gracias a la misericordia del Cristo.

El muro de fuego y la gloria en medio

El tubo de luz y la llama violeta son una fuente de protección diaria para cada corriente de vida que los utilice; son las defensas naturales del hombre contra acciones invisibles. El profeta Zacarías vislumbró la realidad de esta manifestación de protección de la Luz cuando dejó constancia de las palabras del SEÑOR sobre la Ciudad Santa: «Yo seré para ella, dice el Señor, muro de fuego en derredor, y para gloria estaré en medio de ella».[56]

El tubo de luz es el «muro de fuego» de cada hombre y la llama violeta es la «gloria en medio» del tubo de luz. El tubo de luz, cuando se invoca a diario, es la defensa segura que tiene el hombre contra toda la negatividad que quiera entrometerse, y el fuego violeta late en el centro del tubo —dentro, a través y alrededor del ser del hombre— para consumir las impurezas del yo propensas a entorpecer el avance espiritual de uno desde el interior. ¡Qué forma más maravillosa de aislarse de lo externo y lo interno! ¡Las Leyes de Dios son tan sencillas y hermosas y, no obstante, qué científicas son!

Cuando ofrezcas la oración del tubo de luz, mira la Gráfica de tu Yo Divino (frente a la página 12). Visualiza el tubo de luz como una corriente concentrada de energía vital e inteligente que teje una armadura de protección invencible, un cilindro de sustancia de Luz espiritual alrededor de todo tu ser. Puedes imaginarte a ti mismo como si estuvieras de pie dentro de una gigantesca botella de leche. Tu tubo de luz tiene aproximadamente tres metros de diámetro y se extiende por debajo de los pies, un metro bajo tierra.

A medida que vayas equilibrando y expandiendo tu llama trina, el tamaño del tubo de luz irá aumentando. El tubo de luz de un Ser Ascendido como Jesucristo o el Señor Gautama es tan grande como el planeta.

La llama violeta

Cuando el ritual de invocación del tubo de luz haya concluido, haz que el fuego violeta arda dentro, a través y alrededor de ti dentro del tubo de luz. Con el uso concienzudo de la llama violeta cantarina, la causa, el efecto, el registro y la memoria de todos los errores e impulsos acumulados dañinos del pasado se desprenden de toda tu conciencia, ser y mundo. Por el poder de la Luz de Dios que nunca falla, son transformados *en un abrir y cerrar de ojos* en la energía espiritual que, entonces, podrá utilizarse para implementar el movimiento de avance y la regeneración hacia el reino de la libertad.

El rayo de Luz, que sale de la Presencia YO SOY, desciende hacia el campo energético del individuo. Cuando llega al *suelo* o al punto de invocación, surge como una llama violeta. Se le debe ver saltando y pulsando a través de los pliegues de la conciencia de uno como el revestimiento morado de la túnica sin costuras.

El poder de la llama violeta y de todas las llamas de Dios se conoce como *el poder del tres por tres*, porque contiene en sí la acción de la llama trina. A través de este poder de hacernos plenos, la llama violeta prepara al aspirante para las futuras iniciaciones.

Como sabes, el *cero* que se añade al uno para formar el diez introduce el siguiente espacio en la columna de los números.

Espiritualmente hablando, el paso desde el noveno curso, que es el poder del 3 x 3, al décimo curso es el paso iniciático. Esto supone la graduación hacia el siguiente orden de magnitud de la llama interior de Dios. Aquí el ciclo de transformación pasa a la espiral ascendente de la transfiguración; aquí se espera que el discípulo se haya preparado a través del ritual de la transmutación para las pruebas divinas.

San Pablo se refirió a esta prueba como un desafío diario cuando dijo: «Cada día muero».[57] Pablo también dijo: La obra de cada uno cuál sea, el fuego la probará».[58] Porque cuando la llama violeta transmutadora es invocada sobre el altar del ser, esta prepara la conciencia del hombre para los ciclos de iniciación que han de llegar después.

La llama violeta es como la pluma del Arquitecto de las más nobles aspiraciones del hombre. Concentra el poder, la sabiduría y el amor del Espíritu Santo que ayuda al individuo a transmutar sus puntos negativos y a despejar el camino para la gran entrada positiva de la perfección divina a su mundo.

La llama violeta no siempre se siente, y habitualmente no es visible para quien solo acaba de empezar a practicar este ritual. Sin embargo, se puede hacer visible y tangible en muy poco tiempo; por tanto, al invocar la llama, uno siempre debe mantener en la conciencia el vivo recuerdo de un ardiente y crepitante fuego violeta.

La acción de la llama se debe imaginar con intensidad hasta que uno pueda literalmente sentir y oír sus pulsaciones. La llama violeta penetra en los poros de tu cuerpo físico, de tu cerebro, de tus huesos y de tus nervios a medida que va vivificando toda célula y todo átomo de tu ser.

Si invocas la llama violeta al menos una vez al día, aunque preferiblemente dos o tres, descubrirás que las causas y núcleos de infelicidad, temor, aflicción y una gran cantidad de problemas humanos dificultosos se eliminarán de tu mundo de manera gradual. Esto se produce a medida que el yo inferior es despojado de sus registros e impulsos acumulados de errores y equivocaciones pasadas. Según se van transmutando con la llama violeta las energías que invertiste en la imperfección, estas se van elevando a tu

Cuerpo Causal, donde son almacenadas hasta que las necesites.

A medida que las penetraciones de los efluvios psíquicos del mundo y los pensamientos y sentimientos erróneos de otras personas se van disolviendo gracias a la generosa aplicación de la llama violeta, tiene lugar lo que podemos llamar un «lavamiento del agua por la Palabra».[59]

Esto es una limpieza espiritual; es el bautismo de fuego al que se refirió Juan el Bautista cuando dijo: «Viene uno más poderoso que yo, de quien no soy digno de desatar la correa de su calzado; él os bautizará en Espíritu Santo y fuego».[60]

Concentración, visualización, adoración: condiciones esenciales para decretar con eficacia

La concentración durante la acción de decretar tiene suma importancia, porque las energías de la Presencia viajan para cumplir la Palabra hablada al pasar por el flujo de la atención del hombre. Contrariamente al concepto que tiene la mayoría de los estudiantes que emprenden la ciencia de los decretos, la concentración es una cualidad del corazón en vez de serlo de la mente. Cuando decretes, tu centro de atención debe estar en la llama del corazón en todo momento, porque ahí está tu foco individual de poder, sabiduría y amor de Dios. Esta práctica evitará el cansancio mental y una indebida presión sobre los chakras menos desarrollados en el hombre occidental.

El decretar es una función del corazón y la devoción del hombre. El intelecto, que durante demasiado tiempo ha gobernado el corazón en la mayoría de las personas, debe reeducarse para que obedezca el llamado del corazón y obedezca los poderes intuitivos del corazón, que con mucha frecuencia reflejan la voz interior del Ser Crístico.

Si se mantiene la atención sobre la manifestación deseada y la mente visualiza el decreto manifestado, los resultados serán infinitamente más eficaces que si la mente vaga, los sentimientos se ven absorbidos por varias distracciones y los ojos se ponen a mirar por la sala al azar.

A medida que te familiarices más con las palabras de los

decretos, podrás cerrar los ojos y ver cómo ante ti se produce la acción que estás invocando. Este proceso, conocido como *visualización*, se basa en la capacidad que tiene el hombre de *proyectar imágenes* o imaginar. Utiliza esta facultad para *ver* cada palabra o frase descriptiva como un modelo de pensamiento o *matriz*, una *copa* o *cáliz* mantenida en el corazón y la mente con constancia con el fin de que la energía de Dios pueda fluir hacia tu cáliz de conciencia para energizar y manifestar la perfección en el mundo de la forma.

Kuthumi explica algunos de los principios de la ciencia de la visualización:

Cuando pidáis que se manifieste una cualidad específica, no dejéis de utilizar el poder espiritual de vuestra visión. Si estáis pidiendo la llama de iluminación, visualizaos a vosotros y a vuestros contemporáneos rodeados de la llama dorada de iluminación. Si os falta algo de poder de visión y arte, pedidle a vuestro Santo Ser Crístico y a vuestro Yo Divino que os dé una mayor comprensión sobre cómo formar con modelos mentales esas imágenes de Luz, que atraen hacia vosotros los radiantes átomos de eternidad y forman la matriz y el molde en que las energías de vuestras palabras se pueden derramar.

Al verter las palabras en esta matriz, se forma en la atmósfera de la sala en la que estáis decretando un fuerte imán, una forma de pensamiento cargada de un sentimiento intenso, y los Maestros Ascendidos la usan de forma muy parecida a como se utiliza un receptor de radio para recibir a distancia un programa. Porque cuando creáis esta enorme e intensa forma de pensamiento, esta atrae de las octavas superiores la Luz-energía que ayudará a manifestar en poderosos rayos de Luz las cualidades que estáis invocando.

Y esta es la oración más científica conocida en el planeta. Con ella se derrumbaron los muros de Jericó. Cuando la gente marchó alrededor de la ciudad dieron un gran grito, y tocaron las trompetas y los muros de Jericó cayeron.[61] Vosotros sois como un Josué moderno, viviendo en la actualidad y utilizando el poder de vuestros decretos para ayudar a implementar los poderes de Luz, y por ello os bendigo.[62]

Algunos instructores de metafísica se han referido a este proceso como hacer un *mapa del tesoro*, otros lo llaman «conocer la Verdad». Sea cual sea el término, debes reconocer la importancia de emprender incondicionalmente tus meditaciones, oraciones y decretos, y emplear las facultades de tus cuatro cuerpos inferiores, así como las de la Mente Crística. Debes aprender a energizar tus visualizaciones mentales con los sentimientos puros del corazón, al registrar la memoria y el impulso acumulado de los decretos en tu cuerpo etérico y físico para que puedas atraer hacia ti más eficazmente las cualidades de Dios que estás invocando.

Cuando hagas el preámbulo del decreto, deberás derramar tu amor y adoración a Dios y a sus Hijos Siervos, los Maestros Ascendidos. El amor que emitas hacia las Huestes Celestiales formará una escalera desde tu mundo al suyo y, a medida que la llama de adoración se eleve desde tu corazón para encontrarse con el Cristo, él enviará a sus ángeles que descienden con arcos de bendiciones, mensajes de esperanza y la fortaleza del Todopoderoso para que te ayude en tu camino. Verdaderamente, la adoración a Dios abre los portales del cielo.

Cuando llegues a la parte principal del decreto donde se invoca una acción específica de la llama, debes visualizar su acción pulsante que envuelve tu forma, penetra en tu mente y reenciende los fuegos de la Vida en el corazón de cada célula. Cierra los ojos y siente las corrientes del Espíritu Santo fluir por tu cuerpo y sabe que esto es el fuego que consumirá todos los hábitos, los temores y las frustraciones indeseadas, todo lo que haya impedido la expansión de la Luz de Dios dentro de tu alma.

Cuanto más fuerte sea la visualización, más fuerte será la acción de la llama. Y la acción de la llama debes experimentarla con todas tus facultades espirituales. De igual modo, estas facultades cobrarán vida a medida que uses la llama violeta.

Un método sencillo de visualizar las llamas es fijar en la mente el recuerdo de una llameante hoguera. Manteniendo el concepto de la acción de las llamas físicas, ve cómo estas asumen el color de la llama Divina que deseas invocar.

Entonces expande tu imagen de las llamas hasta que llene

toda la conciencia. Luego visualízate a ti mismo en el centro de la Presencia flamígera de Dios. Siente cómo su amor te envuelve como un loto de mil pétalos, siendo cada llama un pétalo de la envolvente conciencia de Dios.

La asimilación de las llamas de Dios por parte de tus cuatro cuerpos inferiores tendrá lugar de manera gradual y natural sin ninguna molestia para el cuerpo o la psique, si visualizas estas llamas de colores como fuego vivo y tangible, saturando tu mundo con las cualidades Divinas deseadas, mientras purifican tu ser de todo lo que es inferior a la perfección.

Antes de pronunciar las palabras del decreto, siéntate en una silla cómoda con respaldo vertical, en una sala bien iluminada, donde nadie te moleste, procurando que la sala esté en orden, limpia y bien aireada. El polvo, el desorden, el aire viciado y la mala iluminación reducen la eficacia del decreto porque esas cosas impiden el flujo de la Luz y repelen a las huestes angélicas, que siempre ayudan al suplicante a amplificar la entrega de las santas energías de Dios.

Visualiza la Presencia de Dios por encima de ti (véase Gráfica de tu Yo Divino, frente a la página 12), tu yo inferior envuelto en la llama violeta administrada por tu Ser Crístico; y visualiza la llama trina que pulsa y se expande desde tu corazón, con el penacho azul a tu izquierda, el rosa a tu derecha y el penacho dorado en el centro.

Mantén la columna y la cabeza derecha, las piernas y las manos sin cruzar y toda la planta de los pies en contacto con el suelo. Las malas posturas abren la conciencia a las fuerzas negativas porque el plexo solar, que es la entrada de las emociones, no está bajo control. Cruzar las piernas y manos provoca un *corto circuito* de las energías que están destinadas a fluir por el individuo para bendecir a toda la humanidad).

Por tanto, recuerda las palabras de Pablo: «¿No sabéis que sois templo de Dios, y que el Espíritu de Dios mora en vosotros?»,[63] y deja que las energías de Dios fluyan por tu cuerpo. Mantén el libro o las páginas de los decretos al nivel de los ojos para que no tengas que inclinarte al decretar. Si lo prefieres, puedes sentarte ante un escritorio o una mesa donde puedas apoyar en alto tu libro de decretos, dejando así las manos libres y en descanso, con las palmas hacia arriba, para recibir las bendiciones de Dios a través de los Maestros.

Pronuncia el decreto despacio y con claridad, sin forzar, hasta que comprendas completamente el significado del contenido. Entonces concéntrate en el ritmo y comienza a decirlo con más rapidez. Verás cómo tu mente aprenderá a seguir a la velocidad del rayo los conceptos y la emisión de poder que se produce cuando recites con mayor facilidad.

Es importante respirar profunda y regularmente, utilizando el poder del Aliento de Fuego de Dios para proyectar la Luz a través de todo tu cuerpo y después al mundo para bendecir a todo lo que tiene Vida con la magnetización de la energía de Dios concentrada mediante tu llama del corazón.

Cuando decretes por seres queridos, primero llama a tu Presencia YO SOY y Santo Ser Crístico, como está escrito en el preámbulo del decreto que estés haciendo. Luego inserta en el preámbulo tu llamado a la «poderosa Presencia YO SOY y Santo Ser Crístico de _____» (di el nombre de la persona o personas por quieres desees decretar).

Al llamar a la Presencia Divina de los que necesitan ayuda espiritual, estarás abriendo la fuente del cielo en su mundo para que todas las bendiciones divinas de la Luz puedan fluir y curar cualquier estado de imperfección que pueda estar manifestándose. Este servicio puede prestarse sin involucrarse personalmente en una situación dada, porque con tus llamados los Maestros Ascendidos reciben la autoridad de entrar y asumir el mando de cualquier persona, lugar, circunstancia o cosa a la que tú, en el nombre de Dios, dirijas su atención.

Observarás que los decretos que se publican aquí terminan de la siguiente forma:

> ¡Y con plena Fe acepto conscientemente que esto se manifieste, se manifieste, se manifieste! (3x), ¡aquí y ahora mismo con pleno Poder, eternamente sostenido, omnipotentemente

activo, siempre expandiéndose y abarcando el mundo hasta que todos hayan ascendido completamente en la Luz y sean libres!

¡Amado YO SOY! ¡Amado YO SOY! ¡Amado YO SOY!

La total aceptación del decreto manifestado en tu mundo es de suma importancia, porque justamente aquí, en la octava física, es donde se necesita la Luz de Dios. Al hacer decretos, el suplicante baja la Luz de las octavas superiores de perfección hasta las inferiores de la imperfección humana.

No hace falta que perfeccionemos a Dios o a su Cristo, pero sí necesitamos cambios en este mundo de caos, infelicidad y muerte. Esos cambios solo pueden producirse extrayendo la Luz de Dios y con la aceptación consciente de que esa Luz que nunca falla dará al hombre su libertad cuando y dondequiera que él decida dar su energía mediante decretos, hasta que Dios pueda manifestar Su obra perfecta en él.

Sin aceptar conscientemente la respuesta manifestada a tus decretos, las energías puras de Dios bien podrían permanecer en las octavas superiores del Ser, una matriz no realizada en la Materia desconectada del mundo de la forma material. La Palabra hablada es la clave para bajar la Luz del cielo a la tierra. Recordarás que Jesús, cuando curaba, siempre pronunciaba una orden que emitía la Luz para manifestar en el plano físico esa perfección que él reconocía que estaba completa en el reino del cielo.

En la historia de la resurrección de Lázaro, observamos que Jesús empleó el poder de la Palabra hablada para emitir la energía desde el plano del Espíritu al de la Materia a fin de restaurar la fuerza de Vida. Está escrito que «quitaron la piedra de donde se había puesto al muerto. Y Jesús, alzando los ojos a lo alto, dijo: Padre, gracias te doy por haberme oído. Yo sabía que siempre me oyes; pero lo dije por causa de la multitud que está alrededor, para que crean que tú me has enviado. Y habiendo dicho esto, *clamó a gran voz*: ¡Lázaro, ven fuera!».[64] También se sabe que él *hablaba* «como quien tiene autoridad, y no como los escribas».[65]

El hombre, por tanto, *habla* los decretos porque el poder

de la Palabra, y ningún otro poder en el universo, es capaz de crear, resucitar, transmutar y perfeccionar la Imagen Divina en los hijos y las hijas de Dios. Por tanto, los decretos siempre se deben hacer en voz alta; y solo si es imposible hacerlo, se deben ofrecer en silencio.

Luz: la clave alquímica

Los que decretan entienden que Dios ya conoce nuestra necesidad, como enseñó Jesús, y que él desea ayudarnos. Ellos entienden que la forma de recibir esa ayuda consiste en identificar su conciencia con la de Dios.

Este proceso de identificarse con la Fuente de uno, con «nuestro pronto auxilio»,[66] este proceso de realinear el ser de uno con todo lo bueno del universo, se realiza con la mayor eficacia mediante el ejercicio de todas las facultades que uno posee —mente, corazón, alma y voz— al ofrecer decretos, mantras y afirmaciones, llamémoslas como las llamemos.

En la repetición de los pensamientos de Dios acerca del hombre, en la afirmación de la Verdad del Ser (que Dios ha declarado desde el Principio y que Jesús expresó con su declaración: «YO SOY el Camino, YO SOY la Verdad y YO SOY la Vida»),[67] el alma, junto con los cuatro cuerpos inferiores, asume los modelos divinos que se encuentran por todo el universo y que están contenidos, inmaculados, en el Cuerpo Causal de cada cual.

Hemos incluido al final del capítulo las Afirmaciones Transfiguradoras que el amado Jesucristo enseñó a sus discípulos, porque esas afirmaciones pueden ofrecerse a Dios como una oración, como una meditación o como decretos; cumplen las tres funciones.

Estas afirmaciones científicas del Ser las enseñó y las enseña uno cuya llama trina equilibrada es capaz de impartir la gracia y la Verdad de la Ley como una trinidad de amor, sabiduría y poder. Lo mismo ocurre con muchos de los decretos del libro de decretos de The Summit Lighthouse, *Oraciones, meditaciones y decretos dinámicos para la revolución venidera en conciencia superior.*[68]

Estas invocaciones en realidad son decretos, meditaciones y oraciones como un todo, porque las escribieron los Maestros Ascendidos cuya conciencia descansa en equilibrio en el corazón de la llama trina cósmica.

El sonido de un gran número de gente decretando al unísono a todo volumen y a un ritmo rápido puede parecerles extraño al principio a quienes no están acostumbrados a esta *nueva* forma de dinámica de grupo. El volumen, el ritmo y la aparente «repetición vana de las palabras» se puede interpretar como fanatismo o celo desmesurado.

El Señor Maitreya dice que «la repetición vana de las palabras es en sí misma ineficaz, como enseñó Jesús.[69] Por tanto (puesto que los decretos son altamente eficaces), existe la errónea premisa en la mente de quienes suponen que la práctica de los decretos es vanamente repetitiva».[70]

Muchos, que por varios motivos al principio creyeron que no podían aceptar los decretos, han cambiado de parecer una vez que han probado la eficacia de los decretos por sí mismos. Quienes pensaban que el *ruido* les afectaba adversamente han aceptado de todo corazón los decretos con las visualizaciones que los acompañan y las meditaciones sobre la Presencia después de haber sentido el flujo de la energía que se emite a través de los decretos.

Debido a que los decretos son eficaces, muchas fuerzas intentan desacreditarlos. Sin embargo, debemos aprender a valorar la Verdad allá donde esta se revele, y debemos amarla incluso antes de apoderarnos de ella. Porque la Verdad se vuelve nuestra cuando la ponemos a prueba, la demostramos y la experimentamos.

La verdad acerca de los decretos no se revela simplemente observando a otros decretar, ni siquiera con una participación tibia. La verdad solo puede aprenderse con la comprensión de los principios científicos en que se basan los decretos que son la base del poder creativo del universo, y después dominando de forma gradual el arte de practicarlos, pues hacer decretos es en efecto un arte tal como es una ciencia.

Algunos, al haber interrumpido los decretos después de

haber desarrollado un impulso durante cierto período de tiempo, preguntan por qué se sienten invadidos por estados indeseados cuando dejan de decretar. Esta es la explicación: la conciencia de las masas está compuesta en gran parte por energía emocional negativa, y esta energía está en constante inquietud fuera del muro de Luz de uno (el tubo de luz).

Este muro, que se construye capa a capa con las devociones a Dios, actúa como un dique para evitar que las aguas de la emoción humana (energía en movimiento) fluyan hacia el mundo de uno. Los patrones de los decretos que el individuo ha utilizado para construir su muro de Luz, aunque mucho más eficaces que el niño con el dedo en el dique, son el único freno contra la entrada de esas fuerzas.

Cuando el niño saca el dedo del dique, es decir, cuando el individuo deja de decretar, las enormes presiones del mar de los efluvios masivos se precipitan a inundar su ser, y él se encuentra de nuevo *a nivel del mar*.

Orad sin cesar

Cuando Pablo dijo «orad sin cesar»,[71] no quiso decir que los discípulos debían orar formalmente a cada momento. Su enseñanza fue que debíamos permanecer en un constante estado de armonía 1. con nosotros mismos, 2. con nuestro prójimo y 3. con nuestro Dios.

Esta trinidad del vivir armoniosamente es un orar sin cesar, y cuando rompemos el hilo del contacto armonioso (comunión) con cualquier parte de la Vida, debemos intentar restablecerlo haciendo una solicitud formal ante Dios —mediante la oración, la meditación o los decretos— y ante la llama del Cristo que es el eslabón de conexión entre todos los corazones.

Jesús nos da a entender cómo podemos orar sin cesar:

> Pensad en mis palabras: «El que quiera salvar su vida, la perderá».[72] Cuando reflexionéis sobre la oración incesante, considerad a aquellos que temen dirigir su conciencia a Dios para no perderse nada de lo que pasa en el mundo a su alrededor. Estos buscan salvar su vida involucrándose en el

cambiante mundo exterior. Quienes pierden (sueltan) su vida por mí, al entrar en la misma comunión con el Padre que yo tuve, verdaderamente volverán a encontrar su vida; porque solo pudiendo Dios vivir en el hombre que existe en el Ser mismo, la Vida misma, el hombre realmente posee la Vida eterna...

Benditos, es innecesario que os esforcéis o luchéis por lograr la comunión con Dios. Él no está lejos de vosotros y, tan cercano como el latir del corazón o el pensamiento, Él puede inundaros con una oleada de su fuerza renovadora. Cada noche, al disfrutar de un sueño reparador, experimentáis una recarga de vuestros benditos cuerpos y mentes con la pureza de la energía divina. La extroversión del pensamiento humano y su empleo en una miríada de trivialidades a lo largo del día os aparta de la fortaleza de vuestra Fuente. Puesto que vuestra energía entonces se habrá gastado y sus niveles habrán caído, deberéis renovar vuestra conciencia, que habrá pasado por la confusión de un día ajetreado.

Con cuánta frecuencia durante mi misión vi que, al ir a las montañas a orar, apartándome de la muchedumbre desesperante o acurrucándome en el extremo de un barco, era capaz de renovar mis fuerzas y realizar un ministerio más grande de servicio y curación.[73] Todos los que quieran seguir mis pasos deben comprender que, a menos que sean capaces de contactar la gran Fuente de la Vida y renovar continuamente sus fuerzas, su misión no se llevará a cabo de la manera que Dios desea. No se puede, como decís vosotros, «quemar la vela por los dos lados» y esperar que dure. Sin embargo, cuando se necesita, existe un ilimitado flujo de fortaleza divina que se puede obtener al aprender a usar los métodos de recarga de la oración divina durante los momentos más ajetreados del día.

Algunos de vosotros sois conscientes del hecho de que el príncipe de este mundo[74] con frecuencia crea una división en vuestra mente organizando dos o más puntos de control que claman vuestra atención al mismo tiempo. En el rápido cambio de aquí para allá de vuestra atención, vuestro nivel de energía disminuye peligrosamente, y cuando es extremadamente bajo, justamente ahí es cuando las fuerzas de la negación se abalanzan a provocar un repentino estallido de ira o desaliento.[75]

Esta es una situación totalmente distinta al flujo natural de la conciencia que va en dos sentidos y que se puede lograr mediante la santa comunión con Dios mientras lleváis a cabo vuestras actividades en el mundo. En el caso anterior, la atención está siendo manipulada de un lado a otro entre varios centros de interés. En el último caso, vuestra atención se mueve del mundo hacia Dios y de Dios hacia el mundo.

No hace falta que temáis o que os aflijáis por que la comunión incesante vaya a perturbar la eficacia de vuestras tareas. Os puedo decir de verdad, por experiencia, que incluso cuando estéis involucrados en asuntos difíciles, si dirigís la atención hacia arriba, hacia el Padre, y no teméis el fluir de su atención hacia vosotros, podréis bañar las energías intranquilas de vuestro mundo con la armonía de Dios. Y cuando vuelva al mundo de la forma, ya no manifestará la desarmonía e imperfección anteriores...

Hay más cosas producidas por la oración de lo que el mundo sueña.[76] Sin embargo, la oración normal y corriente, realizada afanosamente, que clama pidiendo ayuda con emergencia en momentos de necesidad, no puede compararse con el constante acercamiento a Dios que comprende la comunión como un medio de lo más afortunado para lograr la meta de la libertad personal.[77]

No debería pasar ni un día (y cuando estés bajo tensión, no debería pasar ni una hora) sin que ofrezcas libremente tus energías a Dios para que él te las pueda devolver amplificadas por su amor y cargadas de su protección.

Tal como el agua tiende a nivelarse, las llamas de Dios que invocamos en la Tierra, que descienden de su corazón como rayos de Luz y brotan a nuestros pies como fuego llameante, se elevan hacia la Fuente de Perfección de la que salieron cada veinticuatro horas. Por tanto, a no ser que invoquemos las llamas de Dios a diario, nuestro impulso acumulado no se mantendrá y los fuegos del hogar del ser «se apagarán».

Debes estar preparado
para las pruebas de la Vida

Saint Germain una vez nos dio el siguiente consejo para mantener nuestra comunión espiritual en medio de las tensiones de la vida:

A veces, cuando de repente sentís una perturbación —algo os toma por sorpresa, os conmociona o tenéis una reacción repentina hacia las acciones injustas de alguien—, uno de los motivos por los que perdéis el equilibrio momentáneamente es que el flujo normal del aura se ha perturbado, como si de repente agitarais las aguas.

Ahora bien, vuestra aura es vuestro santuario y es la *santidad* de vuestra llama Divina. Por tanto, antes de dar respuesta a las exigencias de la mente carnal (las preguntas, las súplicas pidiendo favores o cualquier otra cosa), reestableceos. Hablad con tranquilidad, suavemente y despacio. Porque de esta manera no os involucraréis en la ira, la impetuosidad, el disgusto de cualquiera que tengáis cerca... Sed una presencia tranquila en un vórtice de calamidad y actividad, amados corazones, y aprended el camino del poder, el inmenso poder de la paz...

Recordad que cualquier cosa que quiera provocaros para sacaros del asiento del Buda en la cámara secreta del corazón debe observarse como el enemigo; no la persona necesariamente, puesto que a menudo se trata de un ser querido, sino la fuerza que intenta utilizar a esa persona. Así, vuestro desafío consiste en liberar a esa persona y a vosotros mismos del sinsentido humano del momento...

A menos que os centréis en el corazón, que es el sol central de vuestro ser, os podríais encontrar dando tumbos en la periferia del aura, que está en contacto con la conciencia del mundo. Ese punto, el círculo exterior del aura, debe ser siempre de un azul intenso, un fuego azul de protección, que también está por fuera del tubo de luz. Ahora visualizad la llama violeta en el centro del tubo de luz.

Pero señalaría que, al estar repletos de llama azul, esto

con frecuencia antagoniza a otras personas porque es algo muy poderoso y hace que estas manifiesten lo peor de sí mismas. Por consiguiente, lo más inteligente es ponerse guantes de seda, es decir, añadir otra capa de llama violeta que cubra la capa azul para causar un efecto tranquilizador, para que consuma lo que pudiera entrar en contacto con el aura o lo que pudiera dirigirse hacia vosotros. Y si ello atravesara la llama violeta, entonces tenéis el muro de llama azul, después tenéis el poder del tubo de luz. Y si la diplomacia no funciona, ¡siempre está la fuerza del escudo del Arcángel Miguel! [...]

A menudo es una cuestión de actitud. ¿Cómo os comportáis? ¿Estáis preparados para la siguiente entrega de Dios o el impulso de la fuerza siniestra o, como se dice hoy día, «os tomáis la vida con calma»? Si os despreocupáis, si vais por ahí relajados, totalmente vulnerables, holgazaneando, con el televisor encendido, los anuncios bombardeando su música rock, el gato maullando, el pedro ladrando, los niños chillando, el teléfono sonando, ¿cómo esperáis poder mantener la calma? Es una trampa, pero vosotros lo habéis permitido.

Ahora bien, podéis mantener la calma en medio de todas esas cosas, pero no con una actitud de relajo, porque en cualquier momento las patatas se quemarán en la cocina y todos se pondrán a discutir y, si no andáis con cuidado, vosotros también. Y entonces, ¿qué habremos conseguido? Una hora perdida para Saint Germain y el trabajo vital de Helios y Vesta, y vuestra sensación: «Jamás llegaré a ser un buen chela. Jamás llegaré a dominar mi vida».

Pero, amados, es una cuestión de uno, dos, tres, cuatro, cinco, unos pocos requisitos sencillos: no permitáis que la familia sea bombardeada desde todas las direcciones. No permitáis que todas esas cosas ocurran al mismo tiempo. Esforzaos por la comunión con el corazón. Alimentad al gato, sacad al perro, apagad el televisor, aseguraos de que todo esté bien en la cocina y disfrutad de ese círculo de comunión con una determinación Divina de que cada miembro de vuestra familia, vuestro hogar o vuestras amistades tengan la oportunidad, gracias a vuestra amorosa presencia, de expresar algo muy importante desde el corazón.[78]

Impulsos acumulados de Luz y oscuridad

Los sinceros bien podrían preguntar: «Si los decretos no se repiten *en vano*, ¿por qué son repetitivos?». El Señor Maitreya respondió a esta pregunta con una curiosa analogía:

La mayoría de vosotros estáis familiarizados con la construcción de un simple electroimán. Sabéis que alrededor de un núcleo férreo se enrollan espirales de alambre a través de las cuales se hace pasar una corriente, haciendo que un campo magnético se extienda en líneas concentradas de flujo y atraiga objetos hacia la espiral. De un modo parecido, la vibración del temor (la espiral energizada) que un individuo tenga, mantenga o prolongue atrae hacia él el temor de otros.

Ha de reconocerse que cada vez que la conciencia del hombre gira en torno a la idea de la aprensión, el temor sale fortalecido por ello como una cantidad desconocida. Porque el magnetismo del temor está directamente relacionado con el número de veces que la idea temida esté enrollada alrededor del núcleo del ser, tal como cada anillo de la espiral alrededor del núcleo del electroimán aumenta el número de giros por los que pasa la corriente, al fortalecer así el poder del imán.

Al darle vueltas continuamente a las ideas aprensivas o de temor, el hombre fortalece el campo magnético que atrae el objeto de su temor hacia la órbita de su mundo. Así, Job declaró: «Porque el temor que me espantaba me ha venido, y me ha acontecido lo que yo temía».[79]

¿Qué hay, pues, de la acción vibratoria de muchísimos años, días, horas, momentos y vidas enteras de pensamientos y sentimientos erróneos? Con frecuencia las aprensiones se han convertido en galaxias de destrucción dentro del universo del hombre individual. ¿Cómo se pueden eliminar? ¿Cómo se pueden contener de la mejor forma? ¿Cómo pueden retirarse las energías vitales de la Vida y devolverlas al corazón del Creador para que sean repolarizadas? [...]

Si la fuerza del temor está directamente relacionada con el número de veces que se ha dado vueltas al objeto del temor, ¿no sería inteligente desenrollar cada anillo del alambre de la vara del ser? ¡Os pregunto en nombre de Dios!

Reconozcamos que a través del poder del Espíritu Santo y a través del empleo del pensamiento y sentimiento de acuerdo con los principios divinos, el hombre es capaz de poner a un lado la imperfección de siglos y neutralizar aquellas energías mal cualificadas que jamás fueron una creación de Dios.[80]

Por consiguiente, cada vez que se pronuncia un decreto a la llama violeta, el decretador estará deshaciendo un anillo del alambre de la vara del ser. Tanto si se trata de un anillo de temor, de odio, de envidia o de una idea errónea, no importa, porque la llama violeta transmuta de manera sistemática las creaciones indeseables del hombre línea a línea, anillo tras anillo.

Si él pronuncia un decreto treinta y tres veces con amor, sinceridad, humildad, con un espíritu de perdón hacía sí y hacia todas las demás partes de la Vida, estará deshaciendo treinta y tres anillos del alambre de su creación humana. Es así de sencillo. Y el impulso acumulado de Luz logrado mediante la transmutación de su sustancia densa y mal cualificada impulsará su conciencia hacia un plano de expresión más enrarecido, desde el cual será capaz de acelerar la anulación de sus ofensas y la realización de buenas obras por toda la gente. ¡Esta es la magia de la Alquimia espiritual!

Maitreya continúa: «El hacer decretos, por tanto, de acuerdo con el plan divino es producir una renovación de ese impulso acumulado de perfección que Dios implantó en un principio en el corazón humano. Los decretos ayudan poderosamente a reforzar el poder de la Luz, la Vida y el Amor que existe en el hombre».[81]

Los decretos forman un muro de Luz no solo alrededor del campo energético de uno, sino también alrededor del lugar consagrado a la comunión con Dios y sus Emisarios. Los modelos de perfección que se invocan al ofrecer oraciones y meditaciones, algunas de ellas en forma de decretos pronunciados con fuerza, otras como decretos ofrecidos con reverencia y un profundo sentimiento mientras se escucha música espiritual de los grandes compositores del mundo, borrarán las luchas de siglos y el largo registro de involucración del hombre con la negación de todas las descripciones. Destacaríamos que esta acción se produce de manera casi automática, porque el poder de Dios es inherente a la naturaleza de la Luz misma.

La Luz es energía autoluminosa e inteligente, llena de la omnipotencia del Creador y su amor infalible. La Luz es de hecho nuestra perfección del ser manifiesta.

La Luz obedece al Padre y al Hijo,
la Luz llena la matriz que una vez Dios
inició cuando pronunció el mandato de Verdad,
«Sea la Luz», y fue la Luz, ello fue la prueba.
Forjó el mundo y todo lo que hay en él;
vayamos a reclamarlo y a ganarlo.

La Luz emitirá la fragancia de la flor,
la Luz traerá consuelo al hombre en todo momento.
Porque la Luz es un muro lleno de energía,
el poder de la Verdad, la Palabra que Dios quiso.

Su esencia contiene la ciencia de la mente
para refinar la sustancia impura de nuestros mundos.
Por tanto, recuerda, la prueba de la intención del Creador
siempre se encontrará en la ramita que está doblada.

Allá donde plantes el modelo del amor,
este crecerá y se conformará según el modelo de Arriba.
La Luz es la clave del crecimiento del hombre;
lo moldeará y transformará según su plan.

Capa a capa construirá el muro
alrededor de aquel que decreta, su alma será llenada.
El poder de cambiar es automático, ya verás,
porque la Luz ES la clave alquímica.

Afirmaciones Transfiguradoras
como las enseñó el amado Jesucristo a sus discípulos

YO SOY el que YO SOY.

YO SOY la Puerta Abierta que nadie puede cerrar.

YO SOY la Luz que ilumina a todo hombre
que viene al mundo.

YO SOY el Camino.

YO SOY la Verdad.

YO SOY la Vida.

YO SOY la Resurrección.

YO SOY la Ascensión en la Luz.

YO SOY el cumplimiento de todas mis necesidades
y requisitos del momento.

YO SOY abundante Provisión vertida sobre toda Vida.

YO SOY Vista y Oído perfectos.

YO SOY la manifiesta Perfección del Ser.

YO SOY la ilimitada Luz de Dios manifestada en todas partes.

YO SOY la Luz del Sanctasanctórum.

YO SOY un hijo de Dios.

YO SOY la Luz en el Santo Monte de Dios.

Radiante espiral de la llama violeta

En el nombre de la amada, poderosa y victoriosa Presencia de Dios YO SOY en mí, de mi muy amado Santo Ser Crístico, amados Gurú Ma y Lanello, todo el Espíritu de la Gran Hermandad Blanca y la Madre del Mundo, vida elemental: ¡fuego, aire, agua y tierra!, yo decreto:

¡Radiante espiral de la llama violeta,
    desciende y destella a través de mí!
¡Radiante espiral de la llama violeta,
    libera, libera, libera!

¡Radiante llama violeta, oh ven,
    impulsa y destella tu Luz en mí!
¡Radiante llama violeta, oh ven,
    revela el Poder de Dios para todos!
¡Radiante llama violeta, oh ven,
    despierta la Tierra y libérala!

¡Resplandor de la llama violeta,
    estalla y bulle a través de mí!
¡Resplandor de la llama violeta,
    que todos te vean, expándete!
¡Resplandor de la llama violeta,
    establece tú, misericordia aquí!
¡Resplandor de la llama violeta,
    ven, transmuta ahora todo temor!

¡Y con plena Fe acepto conscientemente que esto se manifieste, se manifieste, se manifieste! (3x), ¡aquí y ahora mismo con pleno Poder, eternamente sostenido, omnipotentemente activo, siempre expandiéndose y abarcando el mundo hasta que todos hayan ascendido completamente en la Luz y sean libres!

¡Amado YO SOY! ¡Amado YO SOY! ¡Amado YO SOY!

Los siete rayos

Rayo	Color magnetizado el día de la semana	Cualidades Divinas amplificadas al invocar la Llama	Chakras que mantienen las frecuencias de los rayos en los cuatro cuerpos inferiores; correspondientes al cuerpo del hombre
1	**Azul** Amplificado el martes	**Voluntad de Dios** Omnipotencia, perfección, protección, fe, deseo de hacer la voluntad de Dios a través del poder del Padre	**Garganta** Etérico
2	**Amarillo** Amplificado el domingo	**Sabiduría de Dios** Omnisciencia, entendimiento, iluminación, deseo de conocer a Dios a través de la mente del Hijo	**Coronilla** Presencia YO SOY
3	**Rosa** Amplificado el lunes	**Amor de Dios** Omnipresencia, compasión, caridad, deseo de ser Dios en acción a través del amor del Espíritu Santo	**Corazón** Santo Ser Crístico
4	**Blanco** Amplificado el viernes	**Pureza de Dios** Pureza, plenitud, deseo de conocer y de ser Dios mediante la pureza de cuerpo, mente y alma a través de la conciencia de la Madre Divina	**Base de la columna** Físico
5	**Verde** Amplificado el miércoles	**Ciencia de Dios** Verdad, curación, constancia, deseo de precipitar la abundancia de Dios a través del concepto inmaculado de la Virgen Santa	**Tercer ojo** Cuerpo causal
6	**Morado y oro** Amplificado el jueves	**Paz de Dios** Servicio del Cristo, deseo de estar al servicio de Dios y el hombre a través de la maestría del Cristo	**Plexo solar** Emocional
7	**Violeta** Amplificado el sábado	**Libertad de Dios** Libertad, ritual, transmutación, transcendencia, deseo de renovar todas las cosas a través de la aplicación de las leyes de la alquimia	**Sede del alma** Mental

Capítulo 2

Magia negra

El reino de los cielos
sufre violencia, y los
violentos lo arrebatan

EVANGELIO DE MATEO

Magia negra

HAY QUIENES QUIEREN NEGAR LA EXIS-
tencia del Mal; sin embargo, los efec-
tos del Mal en el mundo son evidentes por sí mismos. Tal como
las pruebas de la existencia del Creador se encuentran en sus
grandes obras, por la manifestación de los estados perniciosos
sabemos que en este planeta obra una fuerza opuesta a Dios.

La base para la negación del Mal se encuentra en la ley cósmica, la Ley del Cristo que manifiesta el concepto inmaculado
(la imagen pura) en todo hombre, independientemente de las
apariencias que indiquen lo contrario. Esta Ley afirma para
siempre que Dios hizo al hombre a su Imagen y Semejanza y que
Dios, el Bien, es omnipotente, omnipresente y omnisciente. En
verdad, allá donde haya Luz, la Oscuridad se desvanece. Dentro
del marco de la Realidad divina absoluta, por tanto, la negación
del Mal es válida.

La presencia universal de Dios

En pie, en medio del monte Areópago y viendo el altar del
Dios desconocido, Pablo declaró:

> Varones atenienses, en todo observo que sois muy reli-
> giosos; porque pasando y mirando vuestros santuarios, hallé
> también un altar en el cual estaba esta inscripción: AL DIOS
> NO CONOCIDO. Al que vosotros adoráis, pues, sin cono-
> cerle, es a quien yo os anuncio. [...]
> El Dios que hizo el mundo y todas las cosas que en él
> hay, siendo Señor del cielo y de la tierra, no habita en tem-
> plos hechos por manos humanas, ni es honrado por manos

de hombres, como si necesitase de algo; pues Él es quien da a todos vida y aliento y todas las cosas... aunque ciertamente no está lejos de cada uno de nosotros. Porque en Él vivimos, y nos movemos, y somos.[1]

En su reproche, Pablo expuso el caso en favor de la presencia universal de Dios. Si la naturaleza de Dios es el Bien y Dios está en todas partes, ¿dónde existe el Mal? ¡Dónde!

Si los hombres pensaran en términos absolutos, la idea de la presencia de la Luz infalible de Dios por doquier eliminaría la negrura de la negatividad. Sobre esta base, la existencia del Mal podría negarse enfáticamente en medio de los más acuciantes problemas de la vida. Pero existe un hecho importante que muchos no tienen en cuenta al ponderar la cuestión del Bien y el Mal, y no se debe pasar por alto.

En su actual estado de conciencia, el hombre es imperfecto; es más, vive en un mundo imperfecto. Sin embargo, desde la base de la imperfección, se esfuerza por lograr la perfección. Desde lo que no tiene forma, trabaja para crear la forma. Del caos es capaz de definir orden, y su conciencia refleja una moralidad superior a la suya propia.

¿Qué clase de compulsión es esta, que lo mantiene en constante movimiento hacia un estándar que recula, cuya inscripción, «¡Sube acá, más arriba!», es el mayor desafío para su alma? Esta compulsión es el destino ígneo de los hijos y las hijas de Dios. Es una compulsión que no puede ignorarse. Los llama en la alegría y la tristeza, en la tribulación y el triunfo, todos los días de su vida. Dios mismo, obrando en el hombre para expandir una parte de Su Espíritu, es quien obliga al hombre a intentar llegar; ¿y quién puede superar Su alcance?

Si Dios no viviera en el hombre, este no sentiría el magnetismo que lo impulsa hacia esa vida que es Bien porque se la vive en Dios, ni sentiría la atracción de su destino inmortal. No obstante, si la «ley del pecado»[2] no hiciera la guerra en sus miembros, el hombre no haría el mal que no quiere, como se lamentó Pablo.[3] En algún punto entre la oscuridad y la luz de la pertenencia del hombre a este universo se encuentra la clave de su ser personal, y esa clave es la relatividad.

Relatividad

Cuando decimos que el hombre es relativo a Dios, queremos decir que depende totalmente de Dios para su existencia, igual que los planetas y sus órbitas dependen totalmente del Sol. El hombre solo existe como un objeto de la Mente de Dios; no posee una existencia aparte de su Mente, puesto que el hombre es una idea completa en la conciencia de su Creador. Así, vemos que la existencia del hombre, como efecto de la Primera Causa, siempre será relativo a esa Primera Causa.

El hombre también es un creador en su propio reino. Pidió y recibió el don del libre albedrío, y recibió el mandamiento de fructificar, multiplicarse y de señorear la tierra.[4] Las creaciones del hombre han ido de lo sublime a lo ridículo. Él ha emulado a su Hacedor produciendo obras nobles y magníficas y ha descendido a la ignominia de la profanación total de la mente y el alma.

En el inframundo de la conciencia mortal nació el Mal, «mentiroso desde el principio».[5] La existencia del Mal, como la de toda la creación, es relativa a la conciencia que lo creó. El Mal no tiene una ideología independiente ni un marco de referencia aparte de la mente carnal, porque es la concreción de esa mente y está sustentado por ella. Por tanto, cuando esa mente deje de existir, el Mal también dejará de ser. Cuando la Mente de Dios, que estaba en Cristo Jesús, se eleve en la conciencia de los hombres hasta el punto en que desplace por completo a la mente carnal, los hombres dejarán de propagar el Mal. Entonces, el Mal, separado de la parra madre, morirá por su propia relatividad.

El progreso es la Ley de Dios, por consiguiente, es algo innato en el ser del hombre. La espiral ascendente de la conciencia de Dios forma una senda de Luz que lleva al hijo en evolución al reino de lo Real. El trascenderse a sí mismo es la naturaleza de Dios y el destruirse a sí mismo, la del Mal. Porque inherentes a la Bondad son las semillas de la expansión e inherentes al Mal son las de las destrucción.

El proceso de crecimiento se observa desde la más pequeña infancia hasta la adolescencia y los años de madurez. Como las mareas del mar, las fluctuaciones de la vida del hombre siguen el ritmo del universo. La evolución es evidente en todas partes. Las ideas del hombre, su ética, su fe y su amor, evolucionan y su conciencia es vivificada por el Espíritu del Señor. Su comprensión de la Vida se transforma a diario; su comprensión se expande y se renueva, y a la luz de un mayor entendimiento, él camina hacia la Luz misma, la meta que retrocede y que lo llama a que avance para descubrir y conquistar más de sí mismo.

La gama de la conciencia humana que forma la escalera de la existencia humana indica que la vida, en un sentido relativo, es una serie de tonos grises. No puede ser un absoluto, en blanco y negro, porque ni el Bien Absoluto ni el Mal Absoluto pueden existir en un mundo de relaciones causales imperfectas. Sin embargo, la mónada humana debe tener sus absolutos. Con el fin de conservar su cordura, debe encasillar, categorizar, clasificar y etiquetarlo todo. O está supremamente feliz o extremadamente enojada, o se siente totalmente segura de sí o penosamente incompetente, incontroladamente eufórica o en las profundidades de la desesperación. Los hombres aman u odian; se ríen o lloran; o bien creen saberlo todo, sin saber que son ignorantes, o reconocen su ignorancia, sin saber que saben.

Los extremos de la conciencia humana se reflejan en el contraste del clima tropical y polar. Existen uno junto al otro dentro de la personalidad humana, mientras que la Naturaleza ha distribuido sus ciclos de relatividad de una manera más ordenada. En el hombre, con frecuencia parece que no existe un término medio. Qué lástima que no pueda aprender a dejarse llevar por las mareas de la vida y comprender que cada cresta conduce a la victoria.

La naturaleza sutil del Mal

El Maestro Ascendido El Morya comenta lo siguiente: «En realidad, en la Tierra hay muy pocas personas deliberadamente malvadas. La mayoría de los individuos se encuentran en un estado que desgraciadamente podríamos llamar *la norma* de la conciencia humana de las masas (porque mantenemos por todos los hombres el concepto de la excelencia)».[6]

Al examinar el problema del Mal, también deberíamos observar las palabras del Maestro Jesús: «Padre, perdónalos, porque no saben lo que hacen».[7] Si los hombres fueran inherentemente Malvados, sabrían el Mal que hacen, pero debido a que no son Malvados en sus intenciones, no comprenden el Mal que hacen.

El Mal es algo extraño a la naturaleza misma de los niños de Dios, y esta es precisamente la razón por la que son unas víctimas tan inconscientes de los ardides de las fuerzas Malvadas. No entienden la naturaleza sutil del Mal, aunque han sido advertidos: «Pero la serpiente era astuta, más que todos los animales del campo».[8] Por consiguiente, Jesús aconsejó a sus discípulos, a quienes envió «como a ovejas en medio de lobos; sed, pues, prudentes [inteligentes] como serpientes, y sencillos como palomas».[9]

Los hombres son inteligentes con respecto a algunos caminos del mundo y con respecto a otros, son ignorantes. A algunos no se les ha revelado todo el plan de la Ley y Amor Universal. A otros se les ha revelado, pero no lo han aceptado. Y así, por falta de visión la gente muere[10] en su ignorancia, no solo con respecto a las cosas de este mundo, sino también con respecto a las del Espíritu.

El Morya comenta lo siguiente acerca de este dilema:

> Los devotos religiosos y espirituales a veces no son conscientes, inocentemente, de algunos hechos sobre la manifestación no solo del Bien Divino, sino también de los Males mortales del hombre y cómo protegerse contra los estados adversos. Jesús conocía este aspecto de la naturaleza humana y lo señaló en la parábola del mayordomo malo: «porque los hijos de este siglo son más sagaces en el trato con sus semejantes que los hijos de luz».[11]
>
> Algunos, como avestruces, meten la cabeza en la arena y claman: «No puedo mirar». El vigilante que está en el muro no hace eso, puesto que debe proteger a los habitantes de la ciudad.[12]

No tenemos por qué inventar el concepto de *polarización de la Luz y la Oscuridad*; desfila ante nuestros ojos. Sin embargo, la gente está tan adoctrinada por teólogos y psicólogos que no acepta que el Mal existe. Y ese estado mental es peligroso, porque el Mal es insidioso y puede ser difícil de identificar. Y si no se sabe que existe, si no se conocen sus señales, puede resultar muy difícil de definir, de aislar y desenmascarar.*

Orígenes del Mal

A través de todo el drama creativo, el Mal es la máscara de la irrealidad y la ilusión, la sombra de lo Real que obra en el continuo espaciotemporal. Desgraciadamente, la máscara se acepta con demasiada frecuencia como lo Real. Los hombres se toman demasiado en serio el rol que juegan. Se identifican con cualidades y condiciones que deben poner al descubierto como actores en el escenario de la vida, para lo cual se les ha enviado. Al identificarse con la mascarada, se llenan de odio, temor, avaricia, venganza y lujuria. Se vuelven amantes de la máscara, pensando que es suya. Como dijo Pablo, son «soberbios, altivos, inventores de males».[13]

¿Qué es el Mal? ¿Cómo llegó a existir el *Mal*, el velo de energía que se engendró en el marco de la relatividad? ¿Y cómo se perpetúa?

En la lámina III, sección V de «La caída de los ángeles» tomada del Libro de la Vida, que el Guardián de los Pergaminos nos permitió ver, está escrita la historia de Peshu Alga, el primer

---

*Un libro que trata de hacerlo es *People of the Lie: The Hope for Healing Human Evil (Gente de la mentira: La esperanza de curar el mal humano)*, de M. Scott Peck. Este libro es un estudio importante sobre la psicología de personas que encarnan el Mal, que se han convertido en la mentira, escrito desde la perspectiva de alguien de fe cristiana. El autor describe la lucha con gente que sufre de lo que se podría describir como la malignidad del Mal. Estas personas son malvadas en menor manera, no a gran escala. Pero el Mal que encarnan es horroroso porque destruye a las personas a su alrededor.

Incluso la disposición a admitir que aquello que podría llamarse sencillamente una enfermedad psicológica es la encarnación del Mal, supone un enorme avance para el campo de la psicología. Quizá no sea inusual que este punto de vista exista en alguien de fe cristiana, pero el análisis del autor es tan agudo que gustará a los no religiosos.

individuo de este sistema solar que cayó del elevado estado de la conciencia del Bien.

Peshu Alga era un rey grande y sabio, graduado de las escuelas de sabiduría de la Hermandad. Pero en un momento de dolor por la muerte de su hijo, cuando Dios no dio respuesta a sus súplicas, utilizó los poderes de la Oscuridad para devolverle la vida a su hijo. Sin reflexionar sobre las Realidades de la inmortalidad y el hecho de que el silencio del SEÑOR con frecuencia es su respuesta más elocuente, Peshu Alga perdió la razón y su alma. En su mente se concibió el Mal.

Y así está escrito en el Libro de la Vida acerca de él: «Y este hombre desbarató la Razón. Al asumir un sentimiento de pérdida personal, justificó sus acciones. Dejó de interesarse por sus responsabilidades universales. Determinó que el universo debía satisfacer sus exigencias, de lo contrario se tomaría la ley por su mano. Su intento intencionado de controlar las fuerzas de la naturaleza produjo la unión de sus energías con los luciferinos».

Los luciferinos, aunque mantenían la idea del Bien Divino, se habían vuelto competitivos y ambiciosos al malinterpretar la naturaleza trascendente de Dios por la cual cada parte de la Vida compite consigo misma a fin de superar y trascender su actual grado de logro. Su intento de introducir la rivalidad dentro del marco de la conciencia de Dios fue el principio del velo de energía que de manera gradual los separó de su Creador.

En este marco de referencia negativo, Peshu Alga atrajo y expandió el velo de energía que aún se encontraba en estado embrionario, una nube lejana sobre el horizonte de la conciencia de los luciferinos. Acusó a Dios de hacer el Mal y ¡ay! los luciferinos fueron los primeros en adoptar este grito. Insatisfechos con competir unos contra otros, comenzaron a competir contra el Todopoderoso.

Al examinar el registro de la caída de la gracia de este hombre,[14] la lección que debemos aplicar con diligencia en nuestras confrontaciones diarias con el velo de energía queda bien clara: la polarización de nuestras energías con el Mal ocurre debido a una afinidad con su vibración por nuestra parte. Nosotros no podemos quedar atrapados en su espiral descendente a menos que abandonemos el pináculo de nuestra comunión con el Dios Altísimo. Esto ocurre cuando transferimos el foco de nuestra atención de la perfección a la imperfección. Al haber visto como Dios ve, nos permitimos volver a ver cómo ven los mortales. Al haber puesto en peligro nuestra conciencia del Absoluto, entramos en los modelos vibratorios del Mal.

Esto puede suceder con muchísima facilidad, a menudo antes de darnos cuenta. Al sentir lástima por el penoso estado de la conciencia humana de alguien, comprometemos los principios. Bajando la mirada, justificamos nuestro comportamiento, que no llega al alto estándar mantenido en el Sanctasanctórum de nuestro ser.

Al sentir lástima por las limitaciones que los mortales se han impuesto a sí mismos, nos vemos empujados a poner en peligro el cumplimiento de la Ley a través del poder del amor, que nosotros sabemos es la única respuesta permanente a la necesidad humana. Intervenimos y nos convertimos en *hacedores del bien*, en vez de dejar que el Gran Hacedor actúe a través de nosotros para llevar a cabo su voluntad de acuerdo con su plan.

Nos apartamos de esos estándares morales que sabemos que Dios ha ordenado para defender nuestros propósitos más grandes y nobles. Y traicionamos nuestros intereses debido a la respuesta que damos a la vibración lastimosa, siempre una espiral descendente, que nos lleva más y más hacia abajo, hacia el lodazal de la conciencia que ha abandonado la Presencia de Dios para convertirse en una ley para sí mismo, una causa aparte de la Causa Primordial.

Así, el Libro de la Vida concluye: «Por tanto, con la sabiduría de los Chen, debemos señalar que el Bien siempre debe tener cuidado para no caer, porque este existe a una gran altura. Cuando se convierte en algo inferior al Bien por lástima, deja de existir en el plano de lo Absoluto; y en su caída absorbe más velo de energía perteneciente a las limitadas y limitadoras cualidades de lo humano creadas a partir de sus vanas imaginaciones. Por tanto, la Oscuridad no es solo una ausencia de Luz; es una mala cualificación de la Luz».

La prueba que se le puso a Peshu Alga y a los luciferinos, se le pone a todo el mundo. Debemos escoger si serviremos al Dios de dioses o a la conciencia humana que obra dentro del marco de la preocupación consigo misma, el interés y el amor propios.

La prueba se falla cada vez que decidimos en favor de lo humano y contra lo Divino. Se pasa cuando aceleramos el impulso acumulado de nuestra divinidad en una espiral ascendente y no aceptamos nada menos que la perfección de la Divinidad y el ritual de la superación como la Ley suprema de nuestro ser, sin que importe lo que nos cueste. La lástima por lo humano, ya sea por uno mismo o por otra persona, es consiguientemente el enemigo más grande del hombre, mientras que la compasión hacia el Cristo, ya sea en uno mismo o en otros, es el mayor amigo.

El gran Maestro Jesús reprendió la conciencia que negaba al Cristo. Él entendió que el Mal tiene su antecedente en la mente carnal y en el *demonio* (el velo de energía deificado) que tuvo su origen en Peshu Alga y se personificó en Lucifer.

Jesús habló con dureza a quienes afirmaban ser hijos de Abraham, pero no hacían sus obras, diciendo: «Vosotros sois de vuestro padre el diablo, y los deseos de vuestro padre queréis hacer. Él ha sido homicida desde el principio, y no ha permanecido en la verdad, porque no hay verdad en él. Cuando habla mentira, de suyo habla; porque es mentiroso, y padre de mentira».[15]

Jesús sabía que el Mal (la niebla que subió de la faz del error) se perpetúa en la conciencia de quienes, al negar al Dios en los demás, niegan al Dios en sí mismos. Estos no tienen ninguna elección más que defender la irrealidad de la noche, amar la Oscuridad porque sus obras son Malvadas[16] y deificarla en su personalidad a fin de perpetuar su propia existencia irreal.

Existe un demonio personal

Siempre nos encontramos con la piedra de tropiezo que suponen algunas personas que no creen en un demonio personal. Pero Lucifer era un ángel caído, era un Arcángel. Cayó por orgullo y se llevó con él a muchos ángeles. Esto es un hecho en la historia cósmica.

Debido a la caída de esos individuos, una gran oscuridad se produjo en esta galaxia y en varias galaxias. Hemos vivido la confrontación personal de Lucifer desafiándonos a nosotros y a nuestra Luz. Y sus ángeles caídos trabajan muchísimo con él para destruir la Tierra, igual que nosotros trabajamos mucho para elevar al planeta.

Debe existir una conciencia encarnada del Mal, no necesariamente encarnada en forma física, sino que debe haber individuos que animan el Mal para que tengamos el Mal que tenemos en este planeta. Si no hubiera individuos que eligieran de manera consciente, con su libre albedrío, hacer el Mal, no veríamos todas las perversiones de la Divinidad, todas las acciones Anticristo que tienen lugar en la Tierra hoy día.

Y, por supuesto, la mejor manera que tienen Lucifer y sus lugartenientes de mantener su trabajo en secreto es convencer a los intelectuales, con su orgullo intelectual, que creer en un demonio personal es una fantasía. El papa ha aparecido con una frase muy fuerte diciendo que *sí* existe un demonio personal, algo que forma parte de la teología católica.[17] Pero la gente que se polariza mentalmente se ve engañada por su orgullo intelectual a mirar por encima del hombro a la gente que tiene un conocimiento fundamental de la Vida y de las Jerarquías del cielo.

El don del libre albedrío

En el tema del Bien y el Mal, el concepto del libre albedrío es esencial. Si Dios creó el universo y él solo es Bien, ¿cómo pudo nacer el Mal? Saint Germain los explica:

Cada hombre debe pasar por la puerta de Luz por sí solo. El entendimiento es la clave que él debe forjar a partir de la experiencia en la vida, si quiere abrir la puerta del templo del Ser y entrar en el reino de Dios.

Quizá hayáis meditado en el tema del poder de Dios lo suficiente para comprender que le habría sido posible crear al hombre *sin* concederle el don del libre albedrío, haciendo en cambio que esté sujeto totalmente a Su voluntad. El Creador de hecho podría haber creado al hombre como una

bola dorada y lanzarlo a un surco tan profundo que le impo-
sibilitara alterar su curso; o podría haberlo puesto, como se
haría con un niño, en una cuna tan alta que le impidiera salir
de ella. Sí, el Padre podría haber confinado al hijo en lo que
respecta a su libertad de actuar y de crear, y ello habría sido
una prerrogativa de la voluntad divina.

Pero ¿qué hay de la relación primordial entre Dios y el
hombre como Creador y cocreador? La libertad y el poder
de crear son las posesiones más grandes del hombre. Evidentemente, pues, el acto de crear al hombre sin libre albedrío
habría sido algo totalmente contrario a la definición de
libertad Divina y a la mismísima naturaleza del Creador. En
cierto sentido, el hombre podría ver ciertas ventajas en ser
como un muñeco atado a un hilo. Ciertamente un estado así
significaría una seguridad para la criatura en lo que concierne
a las acciones que generan karma. Pero como un muñeco, no
representaría los propósitos del Creador por elección propia,
libre y amorosamente.

La sabiduría y el amor infinitos de Dios por su creación
no se pueden satisfacer más que con todo el potencial de la
Individualidad Divina; divina, majestuosa, completa...

Esta libertad Divina en el alma del hombre es lo que
hace que él pueda elevarse. Que la haya usado para el error
y los propósitos del error no es culpa de la Divinidad. Bien se
puede decir que se ha tomado un riesgo calculado al otorgarle
al hombre el don del libre albedrío, pero el valor que tiene
este riesgo es que es el único modo por el cual la puerta de
Luz puede abrirse y las fronteras del reino de Dios pueden
expandirse.[18]

La desviación de la perfección

Escribiendo por la iluminación de sus discípulos en esta era,
Jesús explica con una lógica sencilla el porqué de la presencia del
Mal en el hombre y la sociedad:

> En un universo de absoluta buena voluntad y perfección,
> ha de reconocerse que la libertad de escoger, conocida como
> *libre albedrío*, ha permitido a la humanidad desviarse de la

perfección de Dios y actuar como un creador en su propio reino. Por consiguiente, se ha manifestado, junto con el Bien que los hombres tienen por costumbre hacer, una miríada de formas y conceptos que utilizan la energía divina para generar un velo oscurecido de sustancia y pensamiento que claramente es de una naturaleza Anticristo.

Tal como antaño sonó la advertencia de tener cuidado con el Anticristo, la humanidad en este momento de tribulación debe comprender que la Tierra tiene un residuo muy antiguo formado por los registros energéticos de la historia pasada. Estos se han conservado en su mayor parte por costumbre, y existen como una fuerza temporal del Mal hasta que son desafiados por el poder de la Luz; porque el Mal no tiene Realidad permanente excepto por la continua mala cualificación que la humanidad hace de las energías puras de Dios que todos reciben a diario.

El hombre contemporáneo, por tanto, logra la reactivación y revitalización de antiguos focos del Mal, en la mayoría de los casos, de forma inadvertida, pero de acuerdo con un plan perpetrado por las hordas de la sombra, que hasta el presente se han negado a hincar la rodilla y reconocer el poder de la Luz en su propio ser o confesar la divinidad del resplandor Crístico como el Mediador divino entre Dios y el hombre.[19]

Definición de *magia negra*

Así, habiendo establecido la naturaleza temporal de la mentira serpentina y su prolongación en la conciencia del hombre, se hace evidente que todos los que no han creído la Verdad han sido condenados por (han sufrido la condenación de)[20] la mentira, porque se han ubicado fuera de la conciencia de la Realidad.

Entre los autores del nihilismo están las «hordas de la sombra» de las que Jesús habló a menudo, y su nombre de hecho es «Legión».[21] En ellas se encuentran ángeles caídos, magos negros y sus creaciones astrales (entidades del hombre, brujas y entidades astrales) que han tenido que dedicarse a practicar la magia negra a fin de perpetuar su inexistente existencia.

¿Qué hay, pues, de la magia negra? La magia negra es la

práctica científica del Mal. Es una función necesaria del Mal, porque sin ella el Mal no podría existir. La magia negra conlleva el abuso de las energías de Dios con cualquier fin que no esté de acuerdo con la voluntad de Dios. Se emplea para 1. lograr el control sobre las manifestaciones de Dios y 2. conseguir para el yo finito, mediante la manipulación fraudulenta de la ley cósmica, las cosas de este mundo y el siguiente: dinero, fama, el poder de manipular a hombres y países y el uso de ventajas conseguidas para poner obstáculos en el camino de quienes aspiran a hacer la voluntad de Dios.

Esta definición comprensiva no está de ningún modo aceptada universalmente, porque la gente en general no tiene ningún deseo de admitir que ella misma, con su propio odio, temor, difamaciones y desdén, está perpetuando el velo de energía que, como una tela de araña, atrapa a almas inocentes. Eso también es magia negra, absolutamente.

Una fuente define la magia negra como «el uso del conocimiento sobrenatural con fines malvados, la invocación de poderes diabólicos e infernales que pueden convertirse en esclavos y emisarios de la voluntad del hombre; es decir, que la magia negra es una perversión de la ciencia mística legítima. El origen de este arte y las prácticas que lo acompañan puede verificarse al retrotraernos a los antiguos egipcios y persas, desde los griegos y hebreos hasta el período en que alcanzó su apogeo en la Edad Media, formando así una cadena ininterrumpida. Porque en la magia medieval se puede encontrar la perpetuación de los ritos populares del paganismo»;[22] los viejos dioses se habían convertido en demonios, sus misterios en orgías, su culto en hechicería.

El motivo por el que las personas buscan la magia negra es su deseo de obtener resultados sin poseer el logro, poderes sin gracia, fenómenos en vez de comunión con el cielo. Insatisfechas con simplemente ser el amado Hijo, se niegan a renunciar al ego y quieren controlar las fuerzas para aparentar tener sapiencia. Son demasiado orgullosas para ver que sus talentos no les pertenecen, sino que son del Creador, quien se los ha dado y quien puede quitárselos.

Magia blanca

En contraste, la magia blanca es la práctica científica del Bien. Es la demostración de la Ley Universal a fin de conseguir la maestría sobre uno mismo y la precipitación de los atributos de Dios, como su abundante provisión para bendición de la creación y la expansión del reino de Dios en la tierra.

Los magos blancos pueden practicar por los demás, y de hecho lo hacen; ayudan a hombres y mujeres en su evolución espiritual. Jesús actuó como un verdadero mago blanco en su misión de curar, enseñar, resucitar a los muertos y multiplicar los panes y los peces en Jerusalén y Palestina. La vestidura sin costuras de su Luz interior fue una fuente de curación y compasión para las multitudes. Todos los Maestros Ascendidos y no ascendidos son magos blancos, y muchos de sus devotos son expertos en uno o más aspectos de esta ciencia sagrada.*

Palas Atenea habla de esos emisarios de la falsa jerarquía que se establecen como instructores:

> Estos siniestros jefes supremos, que sin nuestra autoridad se han establecido como instructores de hombres, son los hermanos de la sombra, en su día pupilos de los Maestros Ascendidos. Cuando alcanzaron cierto grado de logro, al haber pasado ya las iniciaciones que les permitieron recibir un conocimiento avanzado de la Ley, se rebelaron contra el esfuerzo divino y el diseño del Creador. Aprovechándose al máximo del avance espiritual y el poder recibido antes de su caída, estos hermanos han continuado practicando las artes espirituales, pero con fines egoístas.
>
> En este punto, cuando un adepto utiliza las Leyes de Dios para elevar su ego en oposición directa al plan del Creador, es cuando la magia blanca se convierte en negra.[23]

---

*Sin embargo, hay que reconocer que algunos que afirman ser magos blancos son, de hecho, representantes de la falsa jerarquía. El Mal pocas veces se autoproclama y los seres oscuros con frecuencia fingen estar trabajando para el Bien a fin de seducir a los hijos de Dios para que los sigan. El instructor falso dominará las leyes de la magia blanca, dominará las leyes y los usos de la energía, pero ignorará al Cristo. Tomará la energía y la usará para hacer con ella lo que él quiera. El verdadero Instructor siempre someterá a la voluntad de Dios el uso que haga de la energía.

El sendero de la izquierda

Hoy día los magos negros aprenden su oficio de otros magos negros, quienes a su vez lo aprendieron de los que una vez fueron discípulos de los Maestros Ascendidos y no ascendidos de la Gran Hermandad Blanca. Estos discípulos aprendieron a practicar la Ley como adeptos de lo oculto*, pero en cierto punto de su preparación ocurrió una de estas dos cosas: 1. fracasaron en sus disciplinas y carecieron de humildad o del poder constante para volver a tomar el curso; o 2. desarrollaron un deseo exacerbado, una intensísima ambición secreta de utilizar el conocimiento que habían recibido para glorificar al ego en vez de glorificar a Dios mediante un servicio a la humanidad continuo, quizás no reconocido. Por tanto, no estuvieron dispuestos a terminar su programa de preparación, sino que decidieron practicar sin autorización antes de haber terminado el noviciado.

Bajo anteriores dispensaciones, es posible que discípulos así recibieran instrucción en los misterios interiores y realizaran grandes avances en la ciencia del control de la energía antes de abandonar las escuelas de sabiduría.† Pero debido a tales abusos, la Hermandad desarrolló un sistema de iniciaciones calculado para eliminar a los indignos antes de que llegaran a los cursos superiores.

Hoy día, quienes conservan el poder de aprisionar a los elementales (espíritus de la naturaleza) y con claves secretas los obligan a que les obedezcan, son solo pupilos de los seres oscuros que en un principio traicionaron los misterios sagrados. Porque se ha pronunciado el decreto de que la gnosis divina no se entregará al profano, y ningún hombre entrará al santuario interior de los retiros a menos que el orgullo del ego se haya sacrificado en la Llama y el individuo haya conseguido cierto logro.

Oculto: El conocimiento espiritual oculto que no se reveló al mundo, sino solo a los estudiantes de los Maestros.

†Como ejemplo de un discípulo de los misterios que convierte su conocimiento en Oscuridad está Mainin, el sumo sacerdote de la Atlántida en *Un habitante de dos planetas (A Dweller on Two Planets),* de Phylos the Thibetan. Anakin Skywalker, un protagonista de las películas de George Lucas, *La guerra de las galaxias (Star Wars),* representa el mismo modelo arquetípico en su transformación en Darth Vader.

Para perpetuar el Mal se necesita una acción vampírica

Una vez que el individuo pone el pie en el sendero de la izquierda y da la espalda a Dios, interrumpe su hilo de abastecimiento conectado con la Gran Fuente de la Vida. Este acto le obliga a adquirir su energía de una fuente secundaria. Habiéndose lanzado al mar astral, es como un submarinista con una botella de oxígeno a la espalda: solo podrá ir tan lejos como se lo permita su limitada reserva. Cuando esta se agote, se verá obligado a salir a la superficie o a conectarse a la de otro submarinista.

Al haber desdeñado su contacto con la Gran Fuente, el mago negro elige la alternativa de *tomar prestada* la energía de almas inocentes cuyo desarrollo espiritual deberá ser inferior al que logró el mago negro antes de abandonar la gracia, de lo contrario estas no se engañarán. Con astucia, roba las energías mal cualificadas de los niños de Dios menos evolucionados, que son totalmente inconscientes de que les están extrayendo a una velocidad alarmante sus mismísimas energías vitales.

Esta acción vampírica, este baño de sangre, continuará de forma indefinida hasta que los niños de Dios se decidan a no permitir que sus energías estén divididas entre Dios y el demonio.[24] Solo cuando se comprometan de todo corazón con Dios y sus Leyes y se acerquen a los Maestros con humildad, deseando que les enseñen Divinamente y queriendo recibir las iniciaciones que los preparen para afrontar y conquistar al Adversario, solo entonces se verán totalmente libres de las maquinaciones de los malvados que yacen a la espera para robar la mismísima sangre de los santos inocentes.

No hace falta decir que el invocar la protección del Arcángel Miguel y sus legiones, el ponerse el tubo de luz y el mantener el estado de gracia que permanece a la escucha les dará seguridad bajo la égida de la Hermandad, incluso antes de haber dominado las energías y el entorno propio.

Los magos negros, sabiendo que jamás podrán unirse a Dios siempre que sigan comprometidos con las vanidades del ego y la práctica de las artes negras, deben impedir que otros lleguen a Dios a fin de mantener abiertas las líneas de abastecimiento de su sangre, lo cual logran esclavizando a los hijos de la Luz a sus vibraciones y campos energéticos y convirtiéndolos en víctimas que, una vez atrapadas en sus campos de energía, continúan cualificando mal la energía de Dios según sus modelos computarizados.

Su meta no es nada menos que el aniquilamiento de las almas de los hombres y de este planeta. Porque ellos saben que la enorme cantidad de energía que se liberaría con el terror y la agonía de millones de muertos por un cataclismo o un holocausto atómico les daría suficiente energía mal cualificada para corromper otros mundos y otros sistemas solares y, finalmente, destruirlos también; todo por la perpetuación de su existencia vampírica y egocéntrica.

Los magos negros que trabajan desde el plano astral y las entidades que les sirven de instrumentos bien dispuestos (porque ellas también han sido separadas de la Fuente) se pegan al cuerpo astral (emocional) de los hombres como sanguijuelas. Pero para conseguir la entrada en la conciencia de los hombres, primero deben precipitar un incidente de discordia, uno que haga que el individuo baje la guardia y, al hacerlo, desgarre la vestidura de su armonía, la única fuente confiable de protección con la que él mantiene una unión exclusiva con su Presencia Divina.*

Solo cuando la sintonización armoniosa del individuo con la Vida se interrumpe, la puerta de su conciencia puede abrirse. Entonces se abalanzan sobre los estragos que han causado, con la atención del individuo en la discordia como una alfombra roja para la gran entrada a su mundo.

A los magos negros no les faltan artimañas,[25] las cuales utilizan de la forma más eficaz para provocar en la humanidad emociones de todas las formas (*emoción* es «energía en movimiento»), haciendo que derramen su cáliz de Luz en el desagüe del mundo astral. La energía de Dios que se ha malversado a través

---

*Estas entidades y sus métodos operativos se describen con detalle en el séptimo libro de la serie Escala la montaña más alta, *El sendero hacia la inmortalidad.*

de la emoción humana se acumula en grandes charcos de oscuridad, en los que todos los que han sido separados de la Fuente Divina pueden acudir para recibir una transfusión. Así, con su acoso constante a los niños de Dios, se aseguran una forma de *inmortalidad* y los medios para continuar con su obra del Mal.

Los magos negros pueden aprovechar al máximo sus operaciones entre los hombres debido al bajo nivel de la conciencia de las masas. La mayoría de las personas están centradas en sí mismas y totalmente involucradas en su entorno, en su familia, en su futuro y en intereses que no son propicios para la búsqueda de la Divinidad en su vida, excepto en tiempos de necesidad, cuando creen que la Deidad puede ayudarlas y liberarlas sacándolas del mar de problemas que tienen. Así, el propio egoísmo de la naturaleza humana hace que los hombres, en su egocentrismo, se vean sujetos a una multitud de fuerzas negativas que perpetúan sus estándares negativos de conducta entre los hombres.

Al comentar estas actividades de los magos negros, la Diosa de la Verdad dice:

> El sendero de la izquierda tiene más de una desventaja. Además de la perspectiva de que los echen a la oscuridad exterior y pierdan su alma, los hijos rebeldes deben afrontar el hecho de que en el momento en que dan la espalda a la Luz son separados de la Fuente Divina. Ya no pueden llamar a la Presencia de Dios pidiendo protección, poder o energía de ninguna forma. Enfrentados al dilema de necesitar energía y no poder invocarla de las alturas, la hermandad negra ha ingeniado un sistema de actividades vampíricas con las que roban las energías de la humanidad para perpetuar su existencia y sus obras perversas.
>
> Pero en eso también se ven limitados, porque a alguien comprometido con el Mal le es imposible usurpar el Bien; la Oscuridad no puede vencer a la Luz. Por tanto, los magos negros pueden quitarle a la humanidad solo aquellas energías que esta haya cualificado mal con discordia, duda y temor, mientras que las que la humanidad mantiene en armonía, pureza y Verdad jamás se las pueden quitar. Teniendo en

consideración la enorme cantidad de energía de Dios que la humanidad cualifica mal todos los días con sentimientos de odio, avaricia, traición y todas las vibraciones imperfectas de las que la raza es heredera, resulta fácil ver cómo la falsa jerarquía gobierna *in tempus** en el reino de escabel del reino psíquico.

Debido a que todo conocimiento comienza en Dios y debido a que los magos negros recibieron su preparación de los Hermanos de Blanco, en algunos casos los estudiantes han sacado evidentes beneficios de sus técnicas. Sin embargo, sin darse cuenta, sus estudiantes asimilan, junto con algunos beneficios exteriores cuestionables, la acción vibratoria del engaño y la traición a la voluntad de Dios.

Somos conscientes del hecho de que con frecuencia es de lo más difícil para algunos estudiantes, debido a una falta de preparación anterior, discernir lo que es Verdad y lo que es error. Estos no solo deben tener cuidado de la mezcla de la Verdad y el error de las exposiciones de los charlatanes y los engañadores, sino que también deben recordar que los errores postulados en el nombre de la Verdad por parte de estos ingeniosísimos maestros del engaño son tan sutiles que fácilmente son tomados por Verdad por aquellos cuyo celo por el logro es mayor que su desarrollado discernimiento.[26]

Queridos, comprended que para ellos no es difícil conseguir cualquiera de nuestros escritos, los cuales publicamos para la diseminación de la Palabra de Dios entre los hombres. Solo hace falta un poco de papel y tinta para preparar un discurso que no emanó de nuestro reino; e incluso es menos esfuerzo para los que carecen de escrúpulos morales y ponen nuestro nombre en su parte inferior o superior.[27] Algunos entre los estudiantes de la Verdad tienen la ventaja de haber servido más tiempo en el Sendero. Ellos son capaces de discernir el cuerpo de la Verdad santa del Señor y detectar una vibración de error de una forma más certera. Sin embargo, os sorprenderíais al descubrir cuántos estudiantes avanzados se engañan con tales tergiversaciones.[28]

Algunos que quisieran ser instructores se creen nuestros

---

*Latín: por un tiempo, temporalmente.

mensajeros, cuando en realidad están recibiendo dictados psíquicos de los que se hacen pasar por nosotros. Los miembros de la falsa jerarquía ponen hincapié en falsificar todos nuestros movimientos. Muchas veces, incluso antes de anunciar a los estudiantes una victoria segura de una acción interior de Luz, ellos sacan un dictado para *ser la sensación*, como diríais vosotros. Hay muchas actividades que existen solo por la credulidad de los miembros, que tras años de estudio no creen que puedan ser engañados por una mentira. Y, aun así, son engañados.

Estoy segura de que nuestros estudiantes y todos los estudiantes de la Verdad admitirán qué lástima es todo esto. En lo superficial, parece injusto que quienes buscan la mismísima Palabra viva de Dios deban verse sujetos a un torrente de fuerzas y molestias psíquicas. Pero con seguridad un momento de reflexión os mostrará que el punto donde la fuerza siniestra desea prevalecer es aquel donde la Verdad pasa de Dios al hombre. Porque la palabra certera de profecía siempre ha sido el medio por el que el cielo ha entrado en contacto con la humanidad no ascendida y la ha ayudado a regresar a su Origen.

Desde el principio, la palabra escrita ha ayudado a la humanidad en su búsqueda de Dios; y sin la palabra hablada e impresa, estoy segura de que la humanidad estaría mucho más retrasada en su comprensión de la Vida y que la civilización estaría alejada de su actual nivel de avance.[29]

La necesidad de decretar para el traslado de los magos negros

A principios del siglo XX, el Consejo Kármico dio una dispensación por la cual grandes cantidades de entidades desencarnadas y magos negros se sacaron del planeta. Algunos estudiantes tuvieron la impresión, y aún la tienen, de que, puesto que esos seres desaparecieron, ya no hizo falta y aún no hace falta estar alerta con respecto a las prácticas de magia negra, brujería o alguna de sus variedades. Tampoco perciben la actual necesidad de decretar para que los desencarnados del planeta sean trasladados.

La Virgen María explica por qué la amenaza de la magia negra aún está presente y por qué se necesita tener vigilancia:

Cuando se llegó a controlar a las entidades y los magos negros y se sacaron del planeta gracias al poder de la Luz, esta dispensación fue válida (en lo que concernía a las entidades) en aquel momento.

Con cada hora que pasa, nuevas almas, liberadas en la atmósfera de la Tierra, se ven atrapadas en las regiones psíquicas y astrales. En el caso de la magia negra, aunque los poderosos o grandes magos negros, como los llaman, en efecto fueron sacados y controlados, sus estudiantes continuaron existiendo y expandiéndose hasta cierto nivel como adeptos de esas artes arcanas que se calcularon para exaltar al individuo y darle alguna forma de control sobre los hombres menores. Igualmente, muchos de los escritos y las fórmulas que ellos [los magos negros que se trasladaron] utilizaron quedaron atrás para que los que no tienen escrúpulos los emplearan o experimentaran con ellos.

El peligro de la denominada *magia negra* continúa existiendo en la actualidad y requiere la vigilancia de los escogidos a fin de contrarrestar todas esas formas de necromancia, poniendo una atención inexorable en la Luz de Dios que nunca falla. Solo existe una forma de vencer al Mal, y es con el Bien.

Permaneciendo alerta, el estudiante sincero aprenderá el arte de desafiar todas las intromisiones en su felicidad con la orden: «¡muéstrame tu Luz!», y el decreto resuelto: «¡YO SOY el único poder que puede actuar!». Esta afirmación proporciona al individuo una idea sobre el hecho de que solo Dios puede actuar en su mundo y que todo lo inferior a la perfección de Dios debe desaparecer.

Algunas escuelas desean informar a sus estudiantes que la magia negra no existe, ¡pero yo fui testigo del poder ficticio de la conciencia de las masas que quiso la destrucción de la Luz Crística en el corazón de su hijo! Yo contemplé la oscuridad sobre la faz del país mientras mi hijo estaba suspendido entre el cielo y la tierra hasta que el velo del templo se rasgó en dos.[30]

Recuerdo que en ese momento negro percibí, en contraste, los milagros del triunfo de la Luz sobre todas las condiciones exteriores. Su grito «consumado está»[31] *pareció* momentáneamente pronunciar mi propio fin, ¡pero viví para presenciar su ascensión triunfal al cielo!

Hoy muchos pequeños, por todo el mundo, de manera inocente, es cierto, practican una forma de magia negra cuando intentan interferir con el libre albedrío de su prójimo o influir en las corrientes de vida afirmando alguna forma de control sobre ellas. El hecho de que las personas de inclinación espiritual algunas veces caen víctimas de esta costumbre sin ser conscientes de ello hace que sea importantísimo que hoy llamemos la atención de los hombres sobre eso.

Nunca está mal, tras ser invitados, visualizar el Bien apareciendo para otras personas y verlas dentro de un círculo de Luz resplandeciente. Pero querer obligarlas a que se doblen a vuestra voluntad sin el beneficio de su bendita respuesta a la razón o la sabiduría siempre es una responsabilidad kármica inquietante que ha iniciado muchos lazos duraderos que no han tenido la bendición de una felicidad acompañante.

La práctica de la magia *espiritual*, el arte de invocar exaltaciones y bendiciones para la humanidad, no se practica lo suficiente ni de cerca; quiero dejar esto bien claro. Pero el egoísmo de la humanidad y sus temores al mañana han hecho que la gente afronte las cosas de una forma que solo ha dado como resultado complicaciones innecesarias, sin proporcionarle una liberación permanente.

La lucha por el dominio del mundo continúa, encabezada por la masa más malvada y siniestra, pero los estudiantes no deben exhibir ni tener ningún miedo a estas situaciones. Antes, consagraos a tales áreas de servicio junto con una devoción a la Santa Causa sin que quede sitio en la posada de vuestro ser para otra cosa que no sea la pureza y el amor de Dios.

No deseamos ver a los estudiantes sinceros de la Gran Hermandad Blanca como unos ingenuos en lo que respecta a los abusos de la Gran Ley, pero no queremos que ninguno de nuestros chelas caiga bajo el poder de nada más que el amor y el propósito divino...

Protegeros, pues, tras los bastiones de vuestro diseño Divino, pero sed conscientes, como lo fue mi Hijo, de la necesidad de ser elásticos, volviéndoos aptos para la ocasión y sin ceder ante ningún impulso, excepto el impulso movilizador del amor.[32]

La perfección posee su propia protección natural

Con cada estallido de ira, temor, escarnio, discordia o una conducta descontrolada de cualquier clase, se emite energía. Habitualmente, esta pasa por más de una corriente de vida, reaccionando, reverberando y siendo amplificada. Los agentes vampíricos del astral se apoderan de esta energía y la usan para perpetuar su vida y sus actividades. Estos agentes son expertos en la utilización de la psicología de masas y cuando pueden hacer que muchas personas respondan simultáneamente con estallidos emocionales, violencia, emociones viscerales o tristeza, consiguen mucha más energía de la que aprovecharse.

La cobertura por parte de los medios de comunicación de las guerras, el crimen, la muerte y los disturbios sirve para perpetuar estos desórdenes sociales en vez de detenerlos. Porque muchos de los que se sintonizan con tales eventos conectan sus energías con lo que les preocupa, mientras que otros imitan lo que ven.

Esto resulta posible debido a que el cordón cristalino de cada corriente de vida está conectado directamente a su propia Presencia Divina individualizada. La energía que extrae cada día y cada hora de su Presencia está siendo cualificada constantemente por sus pensamientos y sentimientos. Siempre que la cualificación de la energía sea afín a la pureza de Dios y la recta conducta del Cristo, las fuerzas negativas del mundo no podrán robar la Luz de Dios, porque la perfección tiene protección propia.

Sin embargo, cuando el núcleo de fuego blanco del átomo y los diminutos electrones que fluyen desde el corazón de Dios se cubren de una cualificación negativa, se produce la densificación, es decir, la tasa vibratoria de la energía de uno ya no tiene la velocidad de la Luz. La energía ya no está «demasiado caliente para poder manejarla», sino que se convierte en una fuente de energía fácilmente asimilable por parte de las fuerzas negativas del mundo. Así, a través de la conducta, los pensamientos o los sentimientos discordantes de uno que ralentizan la tasa de la vibración que Dios ha dado a sus propios electrones, la persona hace que su mundo energético (torbellino) se vuelva afín al común denominador de la conciencia y la confusión de las masas.

Jesús hizo referencia a esta acción en la que la Luz se transforma en Oscuridad cuando dijo: «Si la luz que en ti hay es tinieblas, ¿cuántas no serán las mismas tinieblas?».[33] O bien conservamos nuestra Luz en la parte de la perfección en la que se emitió en un principio o bien, con nuestro libre albedrío, la reduciremos a las fracciones de la división, la deslealtad y el engaño. Con el fluir de nuestra energía nos aliamos con la Luz o con la Oscuridad. O bien estamos en el bando del Señor o bien en las ciénagas del enemigo.

Puesto que las lealtades se definen por la vibración en vez de la profesión, no siempre son fáciles de discernir, especialmente cuando existe maldad espiritual en las regiones celestes y demonios a menudo disfrazados de ángeles de Luz.[34] La lealtad de las energías de uno nunca es una cuestión que se pueda argumentar, sino que consta con claridad en el registro cósmico, porque la tasa vibratoria de la energía de uno no puede ser alta y baja al mismo tiempo.

Puesto que los registros de infamia y traición son inequívocos, los discípulos de la Hermandad pueden leer y conocer las actividades de los magos negros tal como son. Jesús dijo: «Ninguno puede servir a dos señores, porque o aborrecerá al uno y amará al otro, o estimará al uno y menospreciará al otro. No podéis servir a Dios y a las riquezas».[35] La explicación científica de esta frase es que la energía no puede vibrar en polos opuestos al mismo tiempo. O bien sirve a la Luz o bien a la Oscuridad, y por nuestros frutos se nos conoce.[36]

El viejo dicho «dime con quién andas y te diré quién eres», que es cierto con respecto a la gente de inclinación espiritual, también es cierto con respecto a la gente de inclinación carnal. Entre los practicantes del Mal hay un lazo tanto exterior como interior, lo cual hace que a veces obren como una sola unidad o entidad. Cuando Jesús se acercó al hombre que tenía un espíritu de un demonio impuro, este exclamó en nombre de las legiones aliadas con él, diciendo: «¿Qué tienes con nosotros, Jesús nazareno? ¿Has venido para destruirnos? Sé quién eres, el Santo de Dios».[37] El nombre «Jesús de Nazaret» era conocido por las fuerzas oscuras en todo el mundo como el nombre de alguien que tenía poder y lo utilizaba para echar fuera demonios de la conciencia de los hombres encarnados.

Brujería: una forma de magia negra

Actualmente hay por todo el mundo innumerables aquelarres cuyos miembros son seguidores del código religioso (si se lo puede llamar así) de las brujas. Estas extrañas prácticas de brujería (formas de magia negra) las llevan a cabo todos los días personas cuya apariencia exterior jamás indicaría esta degradante actividad del Anticristo.

No hay duda de que la brujería posee una clara atracción para quienes buscan el poder sobre otras personas, el autoengrandecimiento y varias formas de sensualidad. Nos referimos al poder de las fuerzas invisibles para controlar las mentes y las formas mortales, el poder de influir en la motivación y los actos de otros mediante la sugestión hipnótica y el poder de invocar varias fuerzas de espíritus, entidades e incluso seres elementales para que lleven a cabo sus hechizos y estratagemas.

El Morya escribe sobre el tema de la brujería como se lo mencionó en un dictado del Dios Merú:

> El Dios Merú habló de brujería, no solo como se practicó en civilizaciones pasadas, sino también como se ha continuado practicando a lo largo de los siglos y como existe en la actualidad en muchas partes de África, el Caribe, Inglaterra e incluso Estados Unidos, con infestaciones concretas en y alrededor de partes de Luisiana. Todos esos focos negativos contribuyen mucho a las perturbaciones no solo en el planeta,

sino en el corazón de su gente. La Imagen Crística ha sufrido un daño incalculable debido a la práctica de este arte humano discordante...

El Dios Merú enfatizó... que «brujería» como nombre y su práctica no tiene ningún poder (excepto el que le den los hombres). [Esta palabra] se deriva de las palabras *wit* y *craft*,* lo cual indica que la brujería no es más que la astucia del ingenio o intelecto. Jamás podría tener su origen en el poder de la Mente Divina ni derivarse de él.

El Dios Merú la definió como «la inteligencia o el ingenio del hombre para manipular las fuerzas de la mente y la psique humana y la proyección a puntos lejanos de una acción vibratoria de temor y dominio sobre los demás». Él hizo hincapié en las espantosas sanciones kármicas que esto conlleva, pero en especial deseó advertir a los estudiantes de la Luz mayor de estas continuas prácticas negativas y las emanaciones que producen, con el fin de que pudieran efectuar las debidas salvaguardas en este momento.

Por supuesto, hay personas que creen que simplemente rechazando la existencia de tales fuerzas son capaces de negar su influencia. No cuestiono el hecho de que el negar significa eliminar en gran manera el poder de tales situaciones. Porque lo que digo no es en absoluto una afirmación del poder del *ingenio* humano para competir con éxito contra las permanentes Realidades del Ser. No. Aquí ofrezco, a quienes estén dispuestos a recibirla, la sabiduría que dará a los hombres la capacidad de ser guardianes de su propio mundo y el de otros contra las fuerzas que no provienen del consentimiento del Espíritu Santo y la pureza del cielo.

No es que los hombres deseen darle poder a los «ingenios del mundo» o a quienes quisieran ser manipuladores de otras personas. Se trata de que el poder de la negación sobre otros con frecuencia se asume sin saber y sin reconocer la fuente de la influencia que intenta estafarlos quitándoles las grandes bendiciones que Dios quiere que el hombre tenga.

Dejad que lo compare con el incidente de una herencia que un pariente de una ciudad lejana deja a un ser querido. El

---

*En inglés *wit* = 'ingenio', 'inteligencia' y *craft* = 'astucia', 'habilidad'. (N. del T.)

pariente se la confía sin saberlo a un abogado sin escrúpulos el cual, manipulando la ley, no avisa adecuadamente al heredero tras fallecer el pariente y se asegura el nombramiento como administrador, obteniendo así el control de la fortuna. Esto defrauda al heredero parcial o totalmente, el cual no es consciente del bien total que le debería haber llegado...

Nosotros afirmamos que todos los hombres son hijos de Dios en cuanto a que fueron dotados en el principio con una llama trina y su destino era heredar el reino de Dios. Pero el hecho sigue siendo que quienes en la actualidad profanan el propósito divino con la práctica de la brujería no solo se entorpecen a sí mismos, sino que también entorpecen al planeta debido a las emanaciones de negación que emiten.

Condenación propia

Ahora bien, la condenación propia es uno de los factores que gobierna la cantidad de radiación negativa que los hombres absorben. La Iglesia cristiana, con su misión de salvar el alma de los hombres, ha hecho hincapié con frecuencia en la naturaleza del *pecado* en la psique humana y, por consiguiente, muchos se han apesadumbrado con sentimientos de culpa que han aceptado inadvertidamente en lugar de la alegría de su identidad Crística individual.

Aquellos que desean reinar sobre la conciencia de otros pueden intentar lograrlo mediante la imposición de sentimientos intensos de condenación propia sobre sus víctimas, las cuales, en su resultante estado de autoengaño, son fácil presa de esos diseños Malvados que el practicante abusivo después disfraza como si fuera el Bien...

La condenación, por tanto, que de hecho es un ataque frontal contra el bien Crístico en el hombre, es uno de los tipos de brujería más insidiosos porque abre la puerta a la desorientación de la personalidad y una gran cantidad de infelicidad. Además de los intentos más obvios y directos de menospreciar la manifestación de Dios, se proyectan a los recovecos subconscientes de la psique humana formas animales y distorsiones astrales que bastarían para desquiciar la más equilibrada de las mentes si fuera consciente de ello.*

Las líneas disonantes de fuerza que emanan de estas proyecciones atraviesan los hermosos poderes de regeneración del alma del Cristo, que normalmente fluirían sin impedimentos por toda la corriente de vida bajando desde la gran Fuente de Vida, la poderosa Presencia YO SOY individualizada. Después, estas distorsiones alcanzan la superficie de la percepción consciente del hombre para manifestarse como mentiras de inseguridad aún más complejas, remordimientos y vergüenza. Así, estos ladrones traicioneros destruyen las esperanzas de los hombres, habiendo entrado en la noche de su mente subconsciente; y él, desanimado ante sus propios ojos, es incapaz de levantarse y contemplar el amor de Dios que fluye de la fuente de Vida para liberarlo.[38]

El refuerzo de la Oscuridad

Los caídos llevan a cabo su Oscuridad de forma directa y también a través de individuos encarnados que son sus instrumentos. Las fuerzas astrales de los magos negros se reúnen alrededor de cada enemigo de la Luz, y esta es la fuente de su poder. Cuando veas a personas que parecen moverse con una Oscuridad extraordinaria y una extraordinaria protección de la Oscuridad, cuando veas que las cosas van de mal en peor pero las personas a través de las cuales ocurren esas cosas parecen no ser conscientes de ello (tienen cierta cantidad de magnetismo y maya a su alrededor, pero no son dioses en sí mismos, no son genios, y no son totalmente conscientes de las estrategias de la Oscuridad), estas personas son instrumentos dirigidos y controlados por la falsa jerarquía, la antijerarquía de la Gran Hermandad Blanca.

Grupos de magos negros en el plano astral forman anillos de protección y dirección alrededor de los enemigos de la Luz, y estos de hecho obedecen las órdenes de estos magos negros y reciben dictados de ellos. Algunas veces esto se produce a través de un jerarca falso y otras a través de un tipo de cinta de

---

*Una manifestación exterior de la proyección de estas formas al subconsciente tiene lugar en las películas que utilizan tales formas como focos de temor o de terror.

computadora astral, pudiéndose escuchar a las personas hablar con cierta monotonía, cierta ausencia de mente; y si eres sensible a la vibración, podrás escuchar la voz de una computadora hablando a través del individuo.

También existen fuerzas que rodean a los enemigos de la Luz las cuales son mitad demonio y mitad elemental; fuerzas elementales atrapadas que se comportan de una manera elemental. Estas fuerzas se añaden a su aparente carisma o magnetismo. Son la antítesis de los ángeles de la guarda y forman lo que podríamos llamar un *anillo de goma* alrededor de las personas, aislando a los caídos, y el karma les rebota debido al refuerzo de estas criaturas desagradables que no son de la Luz. Son como perros ladrando, lobos aullando o coyotes ladrando; casi en la categoría de los espíritus familiares.

La utilización de espíritus *familiares*

Un espíritu *familiar* es un ser de cualquier clase utilizado por un mago negro como punto de anclaje en la Materia. Allá donde haya electricidad se necesita un polo positivo y otro negativo para que la corriente discurra. Allá donde haya una relación Gurú-chela se necesita a Alfa y Omega para completar el círculo. Tu alma es la polaridad negativa de tu Ser Crístico y tú estás completo en esa plenitud como instrumento de Dios.

El mago negro se ha polarizado como la perversión de la corriente del Espíritu o Alfa. Ha pervertido las energías del cielo* (las energías de los chakras superiores) y la Luz de la gente que realiza su magia negra. Pero para poder completar el circuito debe tener un punto de anclaje en la Materia que constituya la polaridad negativa u Omega, el cual se denomina «familiar».

Los familiares pueden ser entidades desencarnadas, pueden ser demonios, pueden ser personas o pueden ser elementales atrapados o formas animales del plano astral. También pueden ser animales físicos, como gatos negros, sapos u otros animales que a menudo se representan acompañando a las brujas. En la

---

*Jesús dijo: «El reino de los cielos sufre violencia, y los violentos lo arrebatan» (Mateo 11:12).

película *Blancanieves y los siete enanitos*, la bruja tiene un cuervo. El cuervo es un familiar clave en este planeta. De hecho, el cuervo, como pájaro, es el representante de la Hermandad del Cuervo Negro, a la cual pertenecen todos los traidores de la Luz.

El cuervo se asoció con «la maldición de los Habsburgo». Según la leyenda, cada desgracia que le sobrevino a la Casa de Habsburgo estuvo relacionada con la aparición de un cuervo. El día antes del asesinato de Isabel de Baviera, cuando ella se encontraba en las montañas en torno al lago de Ginebra, un cuervo negro le rozó la frente con la punta de un ala. Conociendo la leyenda, su compañero se perturbó e inquietó. Ella dijo que no había por qué preocuparse ya que no se trataba ni del cuerpo ni de la maldición, sino que la voluntad de Dios es lo que determina la vida y la muerte; y a ella no le interesaba dónde tuviera que estar hoy o al día siguiente. Sin embargo, fue asesinada, y el cuervo fue el portador de esa señal.[39] Cuando hagamos decretos o invocaciones en relación con la magia negra o la brujería, también podemos nombrar a la Hermandad del Cuervo Negro y la maldición del cuervo negro.

La diferencia entre el Cristo y los magos negros

Los que practican las artes negras siempre aseveran que su trabajo, en realidad, es bueno y que las personas y la sociedad reciben muchos beneficios como resultado de los esfuerzos como grupo. Pero ¿cómo puede ser así, cuando el magnífico poder del Cristo vivo está fácilmente disponible para ayudar a todos los hombres a ganarse su libertad inmortal?

El poder del Cristo vivo da testimonio en el corazón de cada niño de Dios de que no encarna ninguno de los aspectos de la brujería o el psiquismo. Jesús jamás empleó la brujería o la magia negra para curar a los enfermos, resucitar a los muertos, echar fuera demonios o conseguir su victoria. Al contrario, cada uno de sus actos refutó los principios de la necromancia, la demonología y la hechicería.

El Maha Chohán habla de los que afirman utilizar estas prácticas para el bien:

Hijos de la Luz, con vuestra expresión digo: ¡espabilad, espabilad! Comprended que no estáis solos en este campo energético de iniciación y de pruebas. Hay fuerzas de Luz y fuerzas de Oscuridad disputándose la mismísima existencia de vuestra alma. Espabilad y daos cuenta de que vuestra alma puede perderse debido a decisiones equivocadas, a la involucración en las artes negras, incluso sin saberlo, realizando esas prácticas a las que llaman *brujería*, que realmente no son de la Luz.

Yo digo: salid de entre los hombres. Abandonad esas perversiones de la llama de la Madre y del Espíritu Santo. Comprended que estos son los archiengañadores de la humanidad que os dicen que la brujería es de la Gran Hermandad Blanca. Yo digo que no lo es. Y lo denuncio como una práctica de los seres oscuros que usurpan la Luz del Dios Padre-Madre en las ciudades de las llamas gemelas y las lenguas hendidas de fuego.*

No existe nada parecido a una bruja blanca. ¿Quién os dio esa palabra? ¿Quién os dijo que podíais atribuiros ese nombre? Sois hijos de la Luz. Reclamad esa Luz y practicad las Enseñanzas de la Gran Hermandad Blanca. Evitad el Mal y abandonad a los manipuladores que están manipulando vuestra alma hasta su total corrosión. Comprended, por tanto, que la palabra *brujería* no contiene en sí nada de la Luz, sino solo de la Oscuridad. Eso no es la enseñanza de la Hermandad. Por tanto, si queréis hacer el bien, abandonad incluso la palabra que implica el darle la vuelta a la Luz convirtiéndola en Oscuridad.

Sed seguidores del Cristo en vuestro corazón. Abandonad todo lo que sea inferior a la perfección Crística que Dios os ha dado. Entended que estos archiengañadores están por todas partes en el país, y han querido manipular a los que tienen más Luz para convertir esa Luz en Oscuridad hasta que se diga de vosotros: «¡Qué grande es esa oscuridad!».[40]

---

*Este dictado se dio en Minneapolis, estado de Minnesota. Se conoce a la ciudad de Minneapolis y la de Saint Paul como «las ciudades gemelas».

Cuando la mujer que quería sanarse tocó a Jesús, él dijo: «¿Quién es el que me ha tocado?». Y dijo: «Alguien me ha tocado; porque yo he conocido que ha salido poder de mí».[41] Su conciencia conocía sus niveles de energía, por tanto, reconoció la pérdida momentánea de esa energía.

Los hombres y las mujeres de hoy día también deben volverse sensibles con respecto a sus niveles de energía, porque no se dan cuenta de la enorme cantidad de energía que se les escapa de forma innecesaria en conversaciones, chismes, en degradar a otras personas y en afirmar sus egos. Están metidos en actividades sin sentido y juegan con la ley del no retorno. Porque una energía así echada a las aguas de la emoción humana no les regresará excepto para que se la redima. Tanto si lo creéis como si no, en la mayoría de los casos la causa de la muerte física está vinculada directamente a las enormes pérdidas de energía que la humanidad sufre a diario. Porque la energía que los hombres tiran es su vida. Cuando se gasta y las arenas se agotan, ellos no tienen ímpetu para sostener su forma.

Cuando los primeros hombres y mujeres vivían en el planeta y sus costumbres no giraban en torno a las modas de la época, que han ido y venido durante siglos, los hombres conservaban su energía y la invertían como un agente inteligente invertiría los ingresos de una hacienda. Por consiguiente, la ganancia de la inversión de esa energía renovaba continuamente su cuerpo, mente y ser. Su vida se medía en cientos de años en vez de los breves setenta años que nosotros, los modernos, hemos llegado a aceptar como algo normal.

Mucha gente no tiene ningún control mental o emocional sobre su mundo y se alían sin pensarlo con las fuerzas negativas del planeta, buscando moldear sus metas y diseños a expensas de la sociedad, beneficiándose del trabajo de otros, explotando la credulidad de las masas y manipulando enteros bloques de poder en favor de sus malvadas estratagemas.

La amarga lucha por la fortuna humana que se produjo al principio de la historia estadounidense demostró el efecto devastador de la avaricia humana sobre todos los que se afanaron en sus garras. Se hicieron y se perdieron fortunas. Cuerpos, familias y amistades rotas se esparcieron por los desiertos de la esperanza humana, aplastados despiadadamente por la obsesión del deseo de poseer aquello que no se ganaba legítimamente. Este rasgo es la marca del mago negro y de su filosofía, pero también se ha convertido en el factor de identificación de muchas almas que se niegan a contener su codicia por las posesiones materiales.

Muchos países han emprendido el mismo camino, y los magos negros han estado al timón de su barco de Estado. El difunto Adolph Hitler era un mago negro que se alió con las fuerzas negativas del mundo. Individuos así primero deben convencerse a sí mismos de que son grandes y que el resultado final de lo que hacen será para la humanidad una bendición disfrazada. Su método para lograr sus fines no les parece tan importante como el hecho de que lo consigan.

La diferencia entre el Cristo y el mago negro está expresada en estas dos frases contrarias: «Trata a los demás como quieras que te traten a ti» y «Sé más listo que tu hermano antes de que él llegue a ser más listo que tú».

Intrusiones de magia negra en el mundo

Las violaciones de la ley cósmica son legión. La magia negra ha invadido la Iglesia desde el principio, pues hubo muchos, como el Emperador Constantino, que se unieron a ella por no poder derrotarla desde fuera. Estos paganos llevaron consigo rituales antiguos y pervertidos de un panteísmo profano que se incorporaron o bien de forma privada o bien doctrinal en las enseñanzas de la Iglesia sin la autorización del Cristo. Siempre ha habido magos negros entre los líderes religiosos del mundo, y su infiltración es efectiva hasta el presente.

No nos atrevemos a ocultar esta Verdad a los hombres. Por otro lado, no nos proponemos iniciar una caza de brujas buscando a las «fuerzas del Mal». Nuestra motivación es proteger la vida de los buscadores de la Verdad de las perversas influencias de la magia negra que se dirigen hacia ellos a diario.

Recomendamos como contramedida que las personas dirijan

su atención a su propia divinidad, a la divinidad que da forma a sus fines, teniendo en cuenta que cualquier cosa que pueda estar ocurriendo, ellos son la diana de las flechas de amor divino disparadas del arco del Arquero Infinito.

Quienes quisieran guiar a los hombres a través de la larga noche del caos deben advertir del peligro acechante, así como señalar la estrella de la victoria Crística, porque todo lo que impida la ascensión del hombre deberá rendir cuentas antes del día de la victoria. Nuestro deseo es enseñar a los hijos de la Luz cómo protegerse a sí mismos de las trampas sutiles de las fuerzas negativas.

Los indicios de la brujería y los ciclos de la luna

Hoy nos encontramos en una batalla, y la batalla está teniendo lugar en nuestra conciencia. La mayor parte de la gente no se da cuenta ni siquiera que el enemigo les ha puesto una conciencia de condenación. Es como una mortaja. Es un campo energético de menosprecio y de crítica.

Es muy importante comprender que la brujería se practica todos los días y a todas horas contra los estudiantes de la Luz. Se trata de una condenación del Cristo en ti y de una condenación del Rayo Femenino. Los indicios de la brujería practicada contra ti son la irritación en tus sentimientos, cosas que se rompen, accidentes, nerviosismo, una irritabilidad que incluso llega a un punto en el que estalla, ira y un sentimiento general de que uno está fuera de sí. Esto te afectará en la mente como un menosprecio hacia ti mismo, una condenación propia y la aceptación de la limitación.

Es muy inteligente observar los ciclos de la luna. Cuando hay luna llena, puedes estar seguro de que las energías astrales o mal cualificadas de la luna, la sustancia emocional, está siendo atraída hacia los aquelarres y después dirigida contra los focos del Cristo y de la Luz. Aunque ninguna bruja en concreto te conozca personal o directamente, puedes estar seguro de que ellas atacan todo lo que es de la Luz, porque ellas no son de la Luz.

Cómo responder a la brujería y a la condenación

Hay muy pocas personas entre la humanidad que no hayan tenido en un momento u otro, o en una encarnación u otra, una maldición contra su corriente de vida. Estas maldiciones duran hasta que son desafiadas. Pueden ser maldiciones para limitar la conciencia, para limitar la iluminación o un sentimiento general de encasillamiento, casi en un molde de oscuridad. Tienes que destruir la mentira. Tienes que sacar la espada de la Madre Divina y clavarla en la causa y el núcleo. Para ello puedes utilizar estas palabras:

> En el nombre de la poderosa Presencia YO SOY, saco la espada de la Madre Divina y la clavo en la causa y el núcleo de todas las maldiciones mortales, la crítica, la condenación y el juicio que jamás haya pasado por el nexo de mi conciencia desde dentro o desde fuera, dirigidos contra mí o la Luz que defiendo o dirigidos contra cualquier otra persona en este hogar planetario. Y pido la libertad de mi conciencia y de todos aquellos a los que haya podido hacer daño alguna vez. En el nombre de Jesucristo, lo acepto hecho en este momento con pleno poder. Amén.

Esta es una invocación muy importante. Si tienes proyectada sobre ti una matriz de brujería, debes romperla. Una matriz puede ser una forma geométrica, una deformación como se observa en el arte moderno o en la pornografía. Puede ser simplemente una distorsión de la Imagen Crística.

Es muy importante que comprendas, por tanto, que te atacarán con brujería y que tú deberás responder. Cuando comienzas a invocar la Luz, tienes una gran cantidad de Luz en tu aura. Pero si esta no está purificada y tus chakras tampoco lo están, esa Luz puede manifestarse como una amplificación de malos hábitos o deseos. Debes reconocer que tienes que deshacer ese patrón. Tanto si una bruja te lo ha impuesto como si es una maldición o tu propia conciencia, no importa. La Luz fluye a través y tú debes romper el modelo y reemplazarlo con un molde perfecto para que la Luz pueda resucitar en ti la Mente Crística. Es muy importante la deconstrucción de las matrices imperfectas en tu conciencia.

La creación del cono sexual: perversión de la espiral de la ascensión

La brujería se basa en su totalidad en la perversión de la fuerza vital, del fuego sagrado o de la energía sexual. Un medio con el que esto se realiza es creando lo que se conoce como un «cono sexual». Este cono es una espiral de energía que se eleva desde el suelo, hecho en forma de cono. Es una perversión directa de la espiral de la ascensión.

El cono sexual utilizado en brujería se forma con la mala cualificación de las energías a través de los chakras por debajo del corazón mediante el uso de encantamientos, fórmulas, danzas en círculo, derramamiento de sangre y otros medios. Cuando la matriz está terminada, se dirige hacia un propósito específico, quizá contra personas o grupos o para atrapar a elementales en matrices de Oscuridad.*

¿Qué defensa tienes? Puedes decir lo siguiente:

> En el nombre del Dios Todopoderoso, en el nombre de Jesucristo, exijo la destrucción de los conos sexuales, de los encantamientos y los campos energéticos de todas las brujas y los aquelarres y toda la energía dirigida contra mí o la Luz que defiendo. En el nombre del Dios Todopoderoso, exijo que esa energía sea atrapada y llevada al círculo y la espada de llama azul de la poderosa Astrea y que sea transmutada. Hágase en el nombre del Dios vivo y de acuerdo con su voluntad. Amén.

Después puedes hacer el decreto a Astrea (página 118) o el decreto para revertir la marea (página 230-231). Visualiza las legiones de Luz revirtiendo esta marea de Oscuridad enviada contra

---

*Un ejemplo de una manifestación de energías mal empleadas de esta manera son los huracanes que nacen en la costa de África, se dirigen al Caribe y azotan las costas del sur de los Estados Unidos. Las tres áreas son centros donde se practica la brujería, el vudú y la magia negra.

ti y revirtiéndola hasta el origen de donde vino. Esto es justicia cósmica.

La espiral de la ascensión es algo que todos debemos construir para poder transmutar todas las energías por debajo del corazón. Ello forma parte del proceso de la ascensión. Construimos esta espiral en el centro del cuadrado de nuestra pirámide de la Vida. Serapis Bey nos da conferencias sobre este tema cuando acudimos a su retiro mientras nuestro cuerpo duerme por la noche.[42] Podemos pedir que nos lleven al Templo de la Ascensión y aprender a crear el cono de la ascensión para nuestra victoria inmortal. El uso de la llama de la resurrección ayuda a crear el cono de la ascensión.

La conciencia debe protegerse

Puesto que la brujería se basa en la perversión de la energía de la base de la columna, cuando se dirige contra ti y tú tienes una gran cantidad de Luz en tu aura que las brujas o los magos negros intentan quitarte, tratarán de amplificar en ti un sentimiento de deseo. Puede ser un deseo de comida, de sexo o de alguna forma de indulgencia. Si cedes ante esa indulgencia, permitirás que la Luz fluya hacia viejos modelos, hacia viejos moldes, y descienda a campos energéticos del cono sexual que las brujas han proyectado a tu alrededor.

Esto lo realizan con la condenación. Intentan menospreciarte con esas vibraciones, diciéndote que eres indigno de servir a la Luz, que tienes esos deseos, que jamás podrás vencerlos, que así eres. Y te menosprecian más y más hasta que te sientes totalmente indigno ni siquiera de tomar un libro de decretos y levantar la cabeza hacia Dios con alabanza hacia la Luz dentro de ti.

Simplemente has de llamar a la Elohim Astrea: «¡Exijo, en el nombre del Dios Todopoderoso, la elevación de la Luz!». Debes visualizar la Luz elevándose por la columna vertebral como si fuera un termómetro, subiendo bien derecha. ¿Y dónde se afianza? Se afianza en el corazón. Ahí tu Santo Ser Crístico utiliza esa energía para dar amor al mundo y contrarrestar esa condenación a la Madre Divina y al Divino Varón.

Lo que las fuerzas de la brujería y la magia negra utilizan para derribar a nuestra civilización es la perversión total del Rayo Femenino y del Cristo. Todos los males de la sociedad hoy día se basan en este principio del intento de tomar al hombre y convertirlo en un animal, quitándole la Luz de su Presencia, llevar la Luz por debajo del corazón y después hacer que la canalice por los chakras inferiores mediante la ira y las pasiones de todo tipo, mediante los bailes de la actualidad y la música rock. Todo eso es una emisión de la energía a través de los chakras inferiores. El ritmo de la música rock hará que tu energía descienda; y si estás presente ante ello, a menos que seas casi un maestro no ascendido, será muy difícil que la energía no fluya, porque esas matrices se habrán implantado en tu subconsciente.[43]

Por consiguiente, debes proteger toda tu conciencia. Seamos libres de la condenación propia por nuestras equivocaciones del pasado y por nuestras debilidades y comprendamos que ahora mismo es el renacer, la resurrección.

Cuando te pongas a criticar, juzgar o condenar a otras corrientes de vida o a ti mismo estarás, en efecto, practicando brujería, estarás practicando magia negra. Cuando te condenas a ti mismo te aniquilas y cuando condenas a otras personas las aniquilas a ellas, y algún día cargarás con ese karma en tu cuerpo físico.

Puedes ver el mal, puedes ver la injusticia, puedes ver lo erróneo, pero no tienes por qué condenarlo. ¡Debes curarlo! Cuando veas defectos en la gente, puedes decir: «Poderosa Presencia YO SOY, los encomiendo a tu cuidado y engrandezco al Cristo. Pido a su Santo Ser Crístico que se levante y asuma el mando». Se puede señalar el Mal y se puede pedir que el círculo y la espada de Astrea lo rodeen; se puede saber lo que está mal y se puede exigir a la Luz que lo rodee. Pero no se debe ir por ahí con un sentimiento en el corazón de condenación, de odio, de juicio o señalando con el dedo.

Esto no quiere decir que uno no tenga la capacidad de distinguir. Si uno obra desde el centro de la conciencia Crística, siempre estará separando el Bien del Mal, la Luz de la Oscuridad. Este discernimiento se realiza a todas horas al decidir qué haremos y qué no haremos, qué permitiremos que actúe en nuestra conciencia; pero eso no conlleva la condenación de nuestro prójimo o de nosotros mismos.

El mundo de la publicidad

El uso de la magia negra prevalece en el planeta, aunque con frecuencia las mentes más ingeniosas lo disfrazan, lo hacen superficialmente atractivo y lo legitiman con los métodos más ingeniosos. Alineados con las fuerzas del Mal hay impulsos acumulados de avaricia humana que se han concentrado a través de varias instituciones. Estas han sido una parte integral y necesaria de nuestro mundo civilizado. Algunas fueron fundadas por la Hermandad sobre el principio de la Regla de Oro que los Avatares enseñaron, pero en su mayoría se han convertido en instrumentos de la oscuridad.

Por ejemplo, varias formas de magia negra han invadido incluso el mundo de la publicidad, a menudo sin el conocimiento de los altos ejecutivos. A través de la perversión de las formas puras de arte y la inversión de los símbolos utilizados en la magia blanca, a los hombres se les enseña a controlar la mente de otras personas y los mercados de la gente.

Las agencias de publicidad se han convertido en agencias de control, empleando a artistas y gente creativa maestra de la manipulación mental. Casi toda la publicidad contiene elementos hipnóticos. El condicionamiento a ver imágenes clave que atraen la atención conlleva el flujo de la energía del espectador y establece así unos reflejos automáticos en el cerebro, haciendo que las víctimas lleven a cabo ciertos actos predeterminados (es decir, la compra del producto anunciado) sin el uso correcto de su libre albedrío.[44]

No cabe duda de que, en nuestra generación, el consumo de alcohol y tabaco (ambos impiden el flujo de la Luz al cerebro, por no mencionar que son causa de cáncer de pulmón, enfermedades del corazón y otros efectos secundarios perjudiciales) y la exhibición de figuras evocativas y parcial o totalmente desnudas en las películas, ha causado unos daños espantosos en las energías de nuestra juventud. Todos los medios de comunicación (radio, televisión, revistas nacionales, periódicos, libros y películas) se han vinculado con una gran red de diseminación del veneno del materialismo extremo y la sensualidad.

Todo ello es obra de los magos negros para robar la Luz de los jóvenes y para mantenerlos atados para siempre a las rondas de las experiencias generadoras de karma (por tanto, la reencarnación) y a la Oscuridad de este mundo. Porque el alma atrapada es el alma cuya Luz puede robarse. El alma libre no les sirve de nada a los hermanos de la sombra. Su Luz es una amenaza a su existencia.

La apatía de muchas iglesias del mundo para oponerse a este Mal ha hecho que pierdan miembros antes que ganar conversos, puesto que no satisfacen en absoluto las necesidades espirituales de la gente. Algunas iglesias de hoy día no asumen ninguna postura distinta a las posturas del mundo, excepto con sus palabras.

Todos esos controles y esas influencias en la sociedad, la política, el gobierno y la religión no surgen de un individuo ni de un ángel caído. Todo el complot ha sido bien organizado por los consejos internos de los oscuros poderes fácticos, que emplean todas las agencias humanas que puedan mantener en sus garras para perpetuar los conceptos oscuros en la humanidad. Lo logran mediante el chantaje y el soborno, que pocos tienen el valor de soportar. No se olvide nunca que ellos prosperan con el engrandecimiento del ego de los hombres y con la adulación o la intimidación consiguen que hagan lo que quieren.

El plan maestro de las fuerzas del Mal

Que nadie se haga ilusiones de que no existe un plan maestro de las fuerzas del Mal, porque *sí* existe, y los magos negros, sus instrumentos y focos de oscuridad lo perpetran sobre una humanidad incauta. Lo que ocurre en el mundo hoy día no es un accidente. Está planeado.

A los niños de Dios les decimos: ¡despertad! Y salid del letargo. Comprended que solo hay una defensa contra el monstruoso complot, que está en Cristo mismo, en la Presencia Divina de cada individuo y en la Jerarquía Espiritual, la Hermandad de Luz, sus legiones de ángeles y el envolvente amor de Dios por su creación.

Dale la espalda a la oscuridad, por tanto, y a todo aquello que tienes en ti que sirve para ganarse todo el mundo y hace que pierdas el alma.[45] No hay mayor religión que la Verdad. La Ley del Amor terminará equilibrando en la balanza de la justicia cósmica toda actividad que jamás se haya perpetrado contra la humanidad o que los hombres mismos hayan practicado unos contra otros al copiar a sus jefes supremos en un fantástico genocidio espiritual.

Recordemos que cada persona y cada organización que quiera defender al Cristo vivo deberá por necesidad vivir el ataque de los magos negros (el Anticristo). Que esos ataques tengan éxito o no y con qué grado estará determinado por muchos factores.

Los magos negros con frecuencia emplean a personas aliadas con actividades religiosas y hacen que estas se involucren en lo que parecen ser chismes inofensivos o el asesinato de la reputación de los líderes o los pilares de varias fes. Después tratan de denigrar a estas personas, atraparlas en situaciones comprometidas o demostrar que son culpables de alguna ley del hombre, crear cismas entre las organizaciones espirituales y amplificar la naturaleza divisoria del hombre que ha evitado su unificación.

Su lema es «divide y conquistarás». Por tanto, debemos unirnos al Ser Eterno y a su Verdad viva en la vida diaria. Esta es nuestra mejor defensa y la más segura.

Los decretos diarios a la Presencia propia, al Arcángel Miguel y a la Poderosa Astrea son una defensa segura contra todo lo que no es de la Luz (conocido o desconocido) que quiera intentar alterar o interferir con el verdadero curso de la Verdad del discípulo.

Puesto que somos la autoridad en nuestro mundo, la Ley exige que alguien de este plano, de esta octava, haga el llamado a los Maestros Ascendidos para transmutar y eliminar las condiciones indeseadas. Los Maestros no tienen la autoridad de entrar en nuestros cuatro cuerpos inferiores o en los de la Tierra a no ser que sean llamados a la acción por alguien encarnado.

Que nadie piense que ponemos una atención indebida en el

velo del Mal, que algún día se disipará como una niebla al sol de la Verdad. En cambio, que todos comprendan que, por la ley de las polaridades, quienes aspiran a la Verdad más grande están sujetos a los ataques de las formas del error más bajas. Deben tratar, por tanto, de hallar un lugar en los brazos de Dios, en la ciudadela de su fortaleza, donde puedan enclaustrarse de los trágicos incidentes que durante siglos han robado al planeta de su derecho de nacimiento.

No tiene ningún propósito escudar al buscador de la Verdad divina de las exigencias del momento o de los complots de las fuerzas oscuras que han causado la caída de civilizaciones, el hundimiento de continentes y que los hombres pierdan su alma. Meter la cabeza en la arena como un avestruz y negarse a reconocer la existencia del Mal organizado es totalmente ridículo. Quienes lo hacen en el nombre de Cristo o la metafísica cristiana son víctimas de las mismas fuerzas cuya existencia niegan. Porque la forma más fácil de que los poderes del Mal tengan rienda suelta en el mundo (como parece ser hoy día) es que tengan a un grupo de gente religiosa ¡que afirme que no existen!

Si tales afirmaciones tuvieran eficacia para detener las perversas actividades, podríamos respaldarlas, pero el hecho es que no lo son. Por tanto, debemos tomar contramedidas, siendo astutos como serpientes e inofensivos como palomas.[46] Sin embargo, no debemos ir dando golpes al aire como don Quijote y sus molinos, descuidando así el establecimiento dentro de nuestro reino de columnas de sabiduría cósmica y bastiones de fortaleza contra la furia de los enemigos fantasmas.

Los hombres deben mantenerse en la conciencia de Dios y su Cristo. Deben aceptar que el poder que vence al mundo está en el Cristo, que echó fuera demonios y dio a quienes creen el poder de echar fuera demonios en su nombre.[47]

El conocimiento del Bien y el Mal

Saint Germain explica cómo podemos trascender este reino de Bien y Mal relativos y reclamar nuestro derecho de nacimiento inmortal:

A los individuos que contemplan la existencia del Mal les resulta difícil comprender que la conciencia única de Dios es aquello que, con su naturaleza fluida, entra fluyendo en la conciencia individualizada del hombre (en la mónada espiritual y en la humana) y le transmite un poder sensible que da al hombre la capacidad de crear mediante el libre albedrío no solo según la semejanza de Dios, sino también según el velo de energía llamado *Mal*.

El milagro de los sentidos espirituales y también de los cinco sentidos físicos nace de la percepción que Dios tiene de Sí mismo; al conocerse a Sí mismo, dio al hombre la misma facultad de conocerse a sí mismo. De hecho, Dios ordenó el autoconocimiento en todos en quienes puso la llama de la identidad. Pero el conocimiento del Bien y el Mal, el yin y el yang del pensamiento del mundo, se prohibió y anticipó como algo innecesario para la evolución del alma.

Al descubrir el yo, el hombre descubre en realidad al Yo Divino, pero toma prestada la conciencia del Ser Eterno para poder alcanzar la meta suprema de unificarse completamente con Dios, mereciendo así la posesión total de Sus facultades espirituales. Solo Dios está en posesión de los atributos divinos. Y, aunque los presta libremente a todos los que son justos administradores, solo quienes se han unido totalmente a Él en las espirales por siempre ascendentes del Ser son recompensados con la misma posesión de la Ley. La humanidad no puede reclamar legítimamente ninguna virtud o logro como algo propio hasta que ascienda para unirse a Dios, porque solo Dios es digno de ser Dios.

Cualquier cosa que la humanidad elija imaginar en su corazón, con frecuencia le es posible crearla. Mientras que una idea Divina tiene el potencial pleno de la expansión Divina, un concepto Malvado tiene el potencial que la humanidad no ascendida le dé mediante el abuso de sus facultades creativas. La humanidad cree con frecuencia que el Mal es algo aparte de Dios, y de hecho lo es. Sin embargo, todas las exteriorizaciones, ya sean para Bien o para Mal, están compuestas de la misma energía que el hombre toma prestada de su Creador.

Destinado a ser un cocreador, el hombre recibió un uso

experimental de la energía a través del don del libre albedrío. Comprensiblemente, a través del mal uso de ese libre albedrío, él podría usar la energía de Dios para crear maldades y formas distorsionadas. Por tanto, se decretó que hasta que no demostrara su maestría, manifestando la disposición y la humildad de escoger siempre el Bien, el hombre no podría conseguir la corona de unirse a Dios como un Hijo Creador.

Ahora cito las palabras del Génesis: «Y vio el SEÑOR que la maldad de los hombres era mucha en la tierra, y que todo designio de los pensamientos del corazón de ellos era de continuo solamente el mal».[48] Adán y Eva tuvieron el privilegio de vivir en el Jardín, un lugar apartado del resto del mundo donde se manifestaba Dios mismo a través de las esencias del fuego sagrado del Árbol de la Vida. Era el lugar secreto del Altísimo[49] al que los mortales inferiores aún no se habían ganado el derecho a pisar. El Árbol de la Vida en el centro del Jardín era para alimentar al hombre exterior y al interior con las esencias vitales de Luz. Era una manifestación tangible de la Poderosa Presencia YO SOY, a la que todos los hombres tienen acceso pero que pocos, en realidad, ven ahora, antes de su ascensión.

Cuando Adán y Eva tomaron del árbol del conocimiento del bien y el mal violando así el plan divino, rompieron la alianza que había establecido su refugio del Paraíso. Así, el hombre fue expulsado de su hogar en el Jardín para que labrara la tierra como otros hombres, para «que no alargue su mano, y tome también del árbol de la vida, y coma, y viva para siempre».[50] Después, Adán y Eva recibieron la oportunidad de restablecer el estado de gracia que habían perdido por una desobediencia inconsciente. Se les exigió que pasaran las mismas pruebas que fallaron en el Jardín, pero bajo unas condiciones mucho más difíciles.

Y así tenéis un ejemplo del hecho de que una base firme del cielo que no puede romperse es la ley de la protección de la Imagen Inmaculada, el diseño de Dios, que vive detrás de la puerta de Luz. Esta radiante Imagen de Luz, con todo su gran poder, sabiduría y amor, jamás podía permitir que la profanaran en el lugar santo del Ser de Dios como para caer bajo la esclavitud de la creación exterior y estar sujeta a sus leyes. Porque el Señor también ha establecido las fronteras de su propia morada, y ningún hombre se atrevió a cometer el pecado de la mortalidad estando ante el Sanctasanctórum.

Considerad por un momento qué cosa tan espantosa habría sido —qué autodestructivo y productor de sombra o «no ser»— si se hubiera permitido que el Mal usurpara el lugar del Bien. «Pero cuando veáis la abominación desoladora de que habló el profeta Daniel, puesta donde no debe estar (el que lee, entienda), entonces los que estén en Judea huyan a los montes».[51]

Soy bien consciente del hecho de que, en los misterios de la Tierra misma, y en lo profundo de su corazón, en las muchas evoluciones de este planeta e incluso en las evoluciones solares y galácticas, existen muchas capas y condiciones que no producen la felicidad y el deleite del plan divino cumplido para el Ser de Dios. Cómo se produjeron tales condiciones y cuál sea su fin es mejor dejarlo a un lado para el estudiante medio, al menos en esta fase de nuestra enseñanza...

Para que el hombre no ascendido dé la mano al Cristo, para pasar por la puerta de Luz y entrar al Sanctasanctórum, él debe purificarse por completo, habiéndose comprometido totalmente con el camino de la obediencia y la perfección divina. A menos que el hombre termine este ritual de purificación y haga el voto, él, como los que estuvieron en el Jardín del Paraíso, se expulsará hasta que el amanecer de una consagración más profunda inunde su ser con el deseo de *intentar* otra vez.

La oportunidad es la Madre de los ciclos infinitos del Ser proporcionada al hombre para que produzca su salvación.

Elévate al Sol del Ser

La conciencia sobre el significado de la Vida debe producirse mediante una evolución espiritual gradual que infunda en el buscador una prueba interior de la Verdad y la vibración divina, aunque él y sus compañeros puedan no tener necesariamente una percepción total de la transformación que esté teniendo lugar dentro de toda su conciencia. Es cierto que las modas de la humanidad cambian de generación en generación, pero la moda espiritual del propósito del Creador no cambia. El hombre exterior juzga según los rasgos y las modas de los tiempos, que pocas veces apuntan a la maestría interior del individuo. (Se necesitó la ayuda de un informador para verificar la identidad de Jesús en el Huerto de Getsemaní).

Por tanto, devolveríamos la atención de los hombres al diseño original. Descubrid el poder que yace en vuestra mano cuando os comprometéis totalmente con Él. Vuestra poderosa Presencia YO SOY es la plenitud de todos los descubrimientos. No hay ninguna carencia, ninguna limitación impuesta por vuestra Presencia Divina. Pero en el santo nombre de la misericordia, os digo a todos: Está bien que Dios haya impuesto sus Leyes y alguna restricción necesaria sobre la humanidad en su actual estado no ascendido y sobre el uso que los hombres hagan de la sustancia universal.

La humanidad se ve rodeada de muchos peligros en su búsqueda de la Individualidad. Cuánto más se acerca el hombre a la puerta de Luz, más traman las hordas de la sombra sacarlo del Sendero y robarle la pequeña Luz que ya tiene brillando en la lámpara del Ser. A medida que aumentéis la talla espiritual, expandid vuestra humildad, porque la armadura de la humildad se vuelve cada vez más importante según se van ganando las victorias espirituales. Que ninguno te robe la corona,[52] especialmente el enemigo dentro de tus puertas, la mente carnal del mundo no transmutado.

Por extraño que parezca, queridos, a menudo vemos que con el logro de poder espiritual las personas se sienten sumamente tentadas a abandonar sus formas humildes. Entre los grupos esotéricos que existen por todo el mundo hay muchos cuyos miembros se han vuelto altaneros. A menudo hay una tendencia por parte de los seguidores de esos grupos a «tratarse mutuamente con prepotencia», según lo decís vosotros, en cuestiones espirituales. La frase de Dios escrita con letras de fuego vivo, «Dios resiste a los soberbios, y da gracia a los humildes»,[53] debería mover a esos que aspiran a ser seguidores de Dios a exorcizar al espíritu del orgullo de entre ellos...

Ahora bien, la puerta de Luz se abre de varias maneras: con oración, con decretos, con sintonización y meditación, con afirmaciones de la Verdad, con la percepción de la verdadera Realidad del Ser, con obediencia, con castidad del alma y con la ayuda de la poderosa Presencia YO SOY, el Santo Ser Crístico, los Maestros Ascendidos, las huestes angélicas, los Seres Cósmicos y los constructores elementales de la forma...

Los hombres, por naturaleza, han conservado desde las octavas superiores un gran deseo de velocidad en la manipulación de la sustancia. Muchas personas deploran cualquier forma de letargo e incluso en asuntos espirituales, tratan de obtener rápidas mejoras. Los poderes del cielo y los de la libertad siempre gustan de transmitir la Verdad a la humanidad con la velocidad del rayo y dar toda la ayuda que la Gran Ley permita. Pero los estudiantes deben entender que no existe una fórmula suprema que los levante directamente a través de la puerta de Luz hacia las octavas celestiales sin esfuerzo, sin paciencia y sin obediencia...

Ojalá se pudiera suscitar un mayor grado de perspectiva en nuestros estudiantes. Vuestro mundo podrá ser del tamaño de una bellota o de un sol resplandeciente. Vuestra mente podrá yacer latente como una semilla seca o estallar con el calor ferviente como el maíz. Vuestra conciencia podrá ser del tamaño de un microbio o de una nebulosa espiral. Sea cual sea vuestra talla en un universo relativo, eso es algo secundario a la gran vara de medir de las almas: cómo utilizáis el libre albedrío. Porque Él, que tiene el poder de expandir o disminuir todas las cosas a voluntad, aprecia los juicios de los hombres hechos a Su favor.

Por tanto, la fe es valiosísima ante los ojos de Dios. Si deseáis realizar un mayor progreso del alma, creed en Dios y en su capacidad de recompensar a quienes lo buscan con diligencia. Ved el futuro, tanto si estáis en el cuerpo como si estáis fuera de él, como un pergamino en manos de Dios. Considerad vuestra oportunidad, aquí y ahora, como lo más valioso, el don con el que podéis entrar por la puerta de Luz. Cerrad, por tanto, la puerta donde habita el Mal; las guaridas de iniquidad, las cuevas de materialidad; ¡y rasgad las telarañas de un pensamiento arácnido! Abandonad el cascarón de la ignorancia mortal y elevaos con alas de Luz al Sol del Ser...

Cierra la puerta donde habita el Mal

El hombre es en realidad un ser de Luz, pero sus recursos naturales siguen sin utilizarse. Los niveles subterráneos del subconsciente no solo contienen sus propios secretos, sino también el magnífico conocimiento universal de la Divinidad, sin revelar, jamás tocado por manos humanas, permanece sellado tras la puerta donde habita la Luz. El fíat se pronunció: «Cierra la puerta donde habita el Mal»; y bien dicho está. Sin embargo, desafortunadamente para el aspirante, muchos han cerrado o intentado cerrar la puerta al Mal sin abrir jamás la puerta a la Luz.

Por tanto, se ha encontrado la humanidad atrapada como en un vacío en el pasillo entre los dos modos de vida: el humano y el Divino. A través de una puerta oye a los jugadores obscenos en los escenarios del mundo. Por la otra, los coros angélicos proclaman la unidad del cielo. Sin estar ya orientado en torno a la personalidad humana, no se atreve a volver a la vieja forma de vida; y así, se queda ante la puerta de Luz, a la espera de la gran revelación del Ser.

Contento por un tiempo con seguir con la expectativa de conseguir entrar, le resulta difícil permanecer en la soberana soledad de la búsqueda interior. A veces el camino se ha hecho arduo, la espera monótona; con desánimo se ha visto atraído otra vez por el campo energético humano. Los planos de Sodoma han parecido dar una satisfacción más inmediata y accesible que las alturas de la montañosa ruta de escape. En momentos así es bueno recordar, queridos, que el cielo y el modo de vida de los Maestros Ascendidos está más cerca que la luz dorada del Sol y el rocío cristalino; que es más fácil escalar las cumbres de la verdad que los escalones de la sociedad, con todos sus falsos valores y metas.

Si los hombres, pues, decidieran abrir la puerta a la Luz dejando fuera de la conciencia todo lo inferior a la Imagen Divina, su fe en el Bien, lo duradero y lo Verdadero los sostendría hasta la realización del necesario avance del alma. Tal avance es un requisito previo a que se los haga aceptables ante los ojos de Dios, aptos para vivir ante su Presencia y, por tanto, dignos de recibir la llave dorada de la Verdad que abrirá finalmente la puerta del reino.

El voto inicial que hizo la humanidad no ascendida para volver al camino del Paraíso, para caminar humildemente con Dios y expresar todo lo que Dios quiso para ella, no la hace apta de forma automática para recibir la cadena dorada alrededor del cuello y la promesa del Paraíso. Dios exige pruebas de que el discípulo será fiel a su palabra a través de todas las pruebas y tribulaciones que acompañan al que está consiguiendo la maestría sobre sí mismo, especialmente durante la cosecha de todo lo que ha sembrado. Cuando todo está en orden, sus deudas a la vida saldadas y su conciencia totalmente purificada, el discípulo atraviesa el umbral hacia el Verdadero Ser y la puerta de Luz se abre.

«¿A dónde me iré de tu Espíritu? ¿Y a dónde huiré de tu presencia? Si subiere a los cielos, allí estás tú; y si en el Seol hiciere mi estrado, he aquí, allí tú estás. Si tomare las alas del alba y habitare en el extremo del mar, aun allí me guiará tu mano, y me asirá tu diestra».[54] Esta proclamación, pronunciada por el viejo salmista, significa hasta el momento presente que en cualquier parte que pueda estar el hombre, Dios ya está y por siempre estará. No hay lugar donde Dios no esté, porque él es Todo en todos. Donde está la conciencia, ahí está Dios. Donde está la Vida, Dios está en el interior. Donde está el amor, Dios expande la naturaleza del Ser Verdadero. Donde se expresa la Verdad, Dios revela sus Leyes y la naturaleza de la Realidad.[55]

El relámpago azul de la espada de Astrea

Concluimos este capítulo con dos llamados muy eficaces que pueden hacer todos quienes estén dispuestos a intentar este método de invocación y, al mismo tiempo, den la oportunidad a las Huestes Celestiales de entrar en su mundo y demostrar, incluso a los que más dudan de su existencia o se ríen de la idea de una intercesión divina, que Dios enviará al hombre a sus emisarios para que lo defiendan contra todos los enemigos. ¡El llamado obliga a la respuesta!

Astrea es el complemento femenino del Elohim Pureza. Sus llamas gemelas concentran un impulso acumulado cósmico de la acción del fuego blanco y el relámpago azul para atar a las hordas de la oscuridad y los demonios que atormentan a los poseídos. El círculo giratorio de llama azul de Astrea alrededor de los vórtices de energía negativa destruye las matrices del Mal y lleva la sustancia mal cualificada de la conciencia de las masas al fuego sagrado para que sea transmutada. Respondiendo a los llamados de la humanidad, ella golpea con su espada de llama azul la causa y el núcleo de todo lo que se opone a la libertad de la humanidad y su victoria en la Luz.

El círculo de fuego azul invocado desde el corazón de Astrea es un fuego blanco y azul resplandeciente que oscila como dos anillos concéntricos de fuego —el azul de Astrea, el blanco de Pureza— intercambiando frecuencias a una velocidad tal que parece como la acción del relámpago blanco y azul destellando alrededor de almas, planetas, sistemas solares, galaxias; allá donde haya necesidad del refuerzo de la voluntad de Dios en un diseño original divino contenido en el núcleo de fuego blanco del Ser. Cuandoquiera y dondequiera que invoques el círculo y la espada de llama azul del corazón de Pureza y Astrea, sabrás con total certeza que estará teniendo lugar una acción de impulso cósmico.

Cuandoquiera y dondequiera que haya cualquier forma de discordia, en cualquiera de sus aspectos, debes llamar en el nombre del Cristo a la Elohim Astrea: «Cierra tu círculo cósmico y espada de llama azul alrededor de la causa y el núcleo de esa condición». Entonces debes ver este círculo del fuego sagrado cerrado en torno a la persona por la cintura, alrededor de grupos enteros de personas, alrededor de edificios, alrededor de ciudades, estados, países enteros e incluso alrededor de la Tierra por el ecuador. Debes ver esto en tu mente como un anillo de fuego uniforme, casi geométrico, cortando, como una sierra, capas y capas de discordia y densidad.

Después visualiza la espada de llama azul como una columna de fuego azul perpendicular al círculo de llama azul, rompiendo las matrices de Oscuridad, destruyendo los campos energéticos de la enfermedad, el decaimiento y la muerte. Y, sobre todo, debes ver al Elohim sobre cada persona por la que estés rezando, sosteniendo la espada de llama azul a poco menos de seis centímetros de la columna vertebral y paralela a ella. Esta es la acción con la que la Elohim desmagnetiza el ser y la conciencia de la persona de toda la oscuridad, todas las estrategias siniestras de los caídos y las energías serpentinas de la mente carnal. El rayo de relámpago azul corta atravesando los efluvios psíquicos, los registros etéricos del pasado y la calcinación del cuerpo mental.

La acción del rayo de relámpago azul, cuando se invoca desde el corazón de la amada Astrea en el nombre de la Presencia Divina, funciona con eficacia para limpiar los modelos de creación humana que las personas han ido acumulando durante cientos de encarnaciones. Los estudiantes que recorren el sendero de la ascensión no tienen ninguna necesidad más grande que la de liberarse de sus densidades personales, así como de la contaminación astral de la conciencia de las masas. Hasta que esos registros e impulsos acumulados no se consuman, el aspirante individual no se verá libre de avanzar hacia las iniciaciones de la Gran Hermandad Blanca. Cuanto más libre esté de su pasado y su personalidad humana con sus insaciables deseos, más inmediata será la transformación en la Luz hasta que no haya límites con respecto a las posibilidades de la manifestación Crística en su mundo.

Al haber intercambiado los modelos humanos por los Divinos, el individuo conoce el significado de la exclamación: «¡El cielo y la tierra están llenos de tu gloria!»; porque habrá llevado al cáliz de sus cuatro cuerpos inferiores, ahora recipientes purificados para el Espíritu Santo, las glorias del reino de Dios. Esto se puede lograr solo cuando la habitación de la posada del ser está limpia como preparación para la venida del Cristo.

Decreto a la amada poderosa Astrea

En el nombre de la amada, Poderosa y Victoriosa Presencia de Dios YO SOY en mí, poderosa Presencia YO SOY y Santo Ser Crístico de los Guardianes de la Llama, portadores de Luz del mundo y de todos los que van a ascender en esta vida, por y mediante el poder magnético del fuego sagrado investido en la llama trina que arde dentro de mi corazón, invoco a los amados poderosos Astrea y Pureza, Arcángel Gabriel y Esperanza, amado Serapis Bey y los serafines y querubines de Dios, amados Gurú Ma y Lanello, todo el Espíritu de la Gran Hermandad Blanca y la Madre del Mundo, vida elemental: ¡fuego, aire, agua y tierra! para que coloquéis vuestros círculos cósmicos y espadas de llama azul en, a través y alrededor de:

mis cuatro cuerpos inferiores, mi cinturón electrónico, mi chakra del corazón y todos mis chakras, toda mi conciencia, ser y mundo.

[Aquí puedes incluir llamados por circunstancias o condiciones específicas por las que estés pidiendo ayuda].

Desatadme y liberadme (3x) de todo lo que sea inferior a la perfección de Dios y al cumplimiento de mi plan divino.

1. Amada Astrea, que la Pureza de Dios
    se manifieste aquí para que todos vean
    la Voluntad de Dios en el resplandor
    del círculo y espada de brillante azul.

Primer Estribillo:*
    Responde ahora mi llamado y ven,
    a todos envuelve en tu círculo de luz.
    Círculo y espada de brillante azul,
    ¡destella y eleva, brillando a través!

2. De patrones insensatos a la vida libera,
    las cargas caen mientras las almas se elevan
    a tus fuertes brazos del amor eterno,
    con misericordia brillan arriba en el cielo.

3. Círculo y espada de Astrea, brillad,
    blanco-azul que destella, mi ser depurad,
    disipando en mí temores y dudas,
    aparecen patrones de fe y de bondad.

Segundo Estribillo:
    Responde ahora mi llamado y ven,
    a todos envuelve en tu círculo de luz.
    Círculo y espada de brillante azul,
    ¡eleva a toda la juventud!

Tercer Estribillo:
    Responde ahora mi llamado y ven
    a todos envuelve en tu círculo de luz.
    Círculo y espada de brillante azul,
    ¡eleva a toda la humanidad!

¡Y con plena Fe acepto conscientemente que esto se manifieste, se manifieste, se manifieste! (3x), ¡aquí y ahora mismo con pleno Poder, eternamente sostenido, omnipotentemente activo, siempre expandiéndose y abarcando el mundo hasta que todos hayan ascendido completamente en la Luz y sean libres!
    ¡Amado YO SOY! ¡Amado YO SOY! ¡Amado YO SOY!

[Recita cada estrofa seguida del primer estribillo; repite las estrofas con el segundo estribillo; después recita las estrofas una tercera vez con el tercer estribillo].

Señor Miguel, ¡libérame!

En el nombre de la amada, poderosa y victoriosa Presencia de Dios YO SOY en mí, de mi muy amado Santo Ser Crístico, Santo Ser Crístico de toda la humanidad, amado Arcángel Miguel, amados Gurú Ma y Lanello, todo el Espíritu de la Gran Hermandad Blanca y la Madre del Mundo, vida elemental: ¡fuego, aire, agua y tierra!, yo decreto:

1. San Miguel, San Miguel,
        invoco tu llama,
    ¡libérame ahora,
        esgrime tu espada!

Estribillo:
    Proclama el poder de Dios,
        protégeme ahora.
    ¡Estandarte de Fe
        despliega ante mí!
    Relámpago azul
        destella en mi alma,
    ¡radiante YO SOY
        por la Gracia de Dios!

2.   San Miguel, San Miguel,
        yo te amo, de veras;
    ¡con toda tu Fe
        imbuye mi ser!

3.   San Miguel, San Miguel
        y legiones de azul,
    ¡selladme, guardadme
        fiel y leal!

Coda:
    ¡YO SOY saturado y bendecido
        con la llama azul de Miguel,
    YO SOY ahora revestido
        con la armadura azul de Miguel! (3x)

    ¡Y con plena Fe...

Capítulo 3

Anticristo

¿Quién es el mentiroso,
sino el que niega que
Jesús es el Cristo?
Este es anticristo, el que
niega al Padre y al Hijo

EPÍSTOLA DE JUAN

Anticristo

La falsa jerarquía

SIEMPRE DEBE RECONOCERSE QUE LO Real y lo falso han acompañado a la humanidad durante mucho tiempo. Cuando Dios ha bendecido a los hombres con la Verdad, su falsificación (o Anticristo) también se ha hecho valer. Cada intento hacia el Bien normalmente es invertido y el extremo opuesto del eje se hace pasar a un primer plano en un intento por producir un distanciamiento entre la alianza de los hombres y su Individualidad superior.

Juan el Amado advirtió: «Hijitos, ya es el último tiempo; y según vosotros oísteis que el anticristo viene, así ahora han surgido muchos anticristos; por esto conocemos que es el último tiempo».[1] Muchos han malinterpretado su advertencia, y muchos otros la han aplicado mal. Clarifiquemos el concepto de *Anticristo* para que los niños de Dios, a quienes estuvo dirigida, puedan conocer la advertencia. Porque la intención del discípulo fue enseñar a los seguidores de Cristo el arte del discernimiento divino y cómo evitar enredos innecesarios[2] con lo psíquico, que corroen el alma y la conciencia.

¿Quién es Anticristo?

El Anticristo es alguien que niega a Cristo o se opone a él. Algunos creen que en los últimos días aparecerá el antagonista para poner al mundo en manos de los malvados. Estos creyentes esperan que el antagonista sea derrotado por Cristo en la Segunda Venida. Sin embargo, la Realidad no es tan simple.

El término *Anticristo* simboliza todo lo que quiera entronizar al ego humano y destronar al Santo Ser Crístico; y todo lo que quiera crear división o disensión entre los pueblos, mientras que todo lo que afirma la Verdad de la manifestación del Padre y el Hijo, individualizados como la Presencia YO SOY y el Santo Ser Crístico de todo hombre, todo lo que une al hombre con su Fuente Divina y el bendito Mediador y todo lo que establece la verdadera hermandad y el respeto por las Leyes de Dios, es del Cristo vivo.

El Cristo ha existido con Dios desde que la Palabra viva salió a hacer su voluntad en el mundo de la forma. Declarando la naturaleza infinita del Cristo, Jesús dijo: «Antes que Abraham fuese, YO SOY».[3] El Cristo es el Cordero de Dios que fue inmolado desde el principio del mundo.[4] Por tanto, debería estar claro que la oposición al Cristo no se inició cuando nació Jesús ni concluyó cuando ascendió. La mente carnal siempre se opone a la manifestación del Cristo en todos los niños de Dios. La mente carnal es enemistad con Cristo, porque la muerte del Mal y de la conciencia de la que nació se produce en la victoria del Cristo.

Así, la historia del Anticristo comienza con las nieblas del error que intentaron oscurecer los primerísimos rayos del Hijo-Sol; pero, como siempre, el calor de su Amor disolvió sus formas nebulosas.

Imitación a la creación Divina

Conociendo la historia de Moisés y Aarón en la corte de Faraón en Egipto, recordamos que, cuando Moisés, el gran siervo de Dios, le dijo a Aarón que echara su vara al suelo, esta se convirtió en una serpiente. Entonces Faraón llamó a los hechiceros de su corte, que echaron al suelo sus varas. Estas también se convirtieron en serpientes, pero la de Aarón se tragó a las otras.[5]

Aquí tenemos un ejemplo de magia blanca y negra practicadas una al lado de la otra. Aarón, el mago blanco, se inició en los retiros de la Hermandad. Los hechiceros de Faraón aprendieron sus encantamientos de los magos negros, que quizá recibieron su preparación de la Hermandad y después escogieron el sendero de la izquierda.

El conocimiento de Aarón sobre magia blanca era mayor que el que ellos tenían sobre magia negra. Sin embargo, lo que salvó el día no fue solo el conocimiento de Aarón, sino la presencia del Dios vivo y su Cristo, que consume todo lo que se opone a la Luz al entrar en contacto con ello.

La imitación a la creación divina es el punto fuerte de los magos negros. Ellos no son del Bien Divino, no pueden serlo y no pueden crear el Bien. Solo pueden imitar la creación de Dios y como mucho ofrecen una mala imitación.

Hacen esto con el fin de confundir los temas esenciales de la Realidad y la irrealidad, de la Verdad y el error. Su meta es conseguir la lealtad de quienes son de débil discernimiento y fáciles de seducir con el glamur de la ilusión. Faltándoles la ayuda de su Santo Ser Crístico, estas personas carecen del poder de distinguir lo Real de lo irreal.

La hermandad negra

Las imitaciones de los magos negros no solo alcanzan la práctica de la magia negra y la falsificación de las Enseñanzas del Cristo, sino que llegan a la organización de la jerarquía misma. La falsa jerarquía está compuesta de un grupo de adeptos no ascendidos que viven en el plano astral, organizados para hacerse pasar por la verdadera Hermandad de Maestros Ascendidos que componen la Jerarquía gobernante de la Tierra: la Gran Hermandad Blanca.

La falsa jerarquía también es conocida como *la hermandad negra*. Sus miembros practican las artes negras o la magia negra, un sistema de abusos del poder de Dios para ejercer control sobre otras personas, privándolas así de la inmediata dirección de su poderosa Presencia YO SOY y su Santo Ser Crístico.

En el undécimo capítulo de su segunda epístola a los corintios, Pablo habla de estos falsos hermanos: «Porque estos son falsos apóstoles, obreros fraudulentos, que se disfrazan como apóstoles de Cristo. Y no es maravilla, porque el mismo Satanás se disfraza como ángel de luz. Así que, no es extraño si también sus ministros se disfrazan como ministros de justicia; cuyo fin será conforme a sus obras».[6]

La falsa jerarquía se compone de ángeles caídos luciferinos y los que una vez fueron estudiantes de los Maestros Ascendidos y decidieron utilizar el conocimiento del fuego sagrado que se les concedió para la glorificación del yo en vez de dar la gloria de Dios y para la expansión de su reino. Esto es conocido como la toma del sendero de la izquierda.[7] Los instrumentos de la falsa jerarquía que cooperan desde los niveles astrales incluyen a brujas desencarnadas, entidades desencarnadas y formas masivas o entidades de creación humana.

Los instrumentos de la falsa jerarquía que habitan entre la humanidad encarnados físicamente son los que, como aquella, están dedicados a la destrucción de todo lo que es de Dios. Entre sus filas se encuentran los ángeles caídos, los rezagados, la creación carente de Dios, brujas, practicantes de vudú y otras formas de magia de la selva, y los niños de Dios que siguen sin estar comprometidos con llevar una vida del Cristo y, por tanto, se pueden manipular para llevar a cabo las estratagemas de la hermandad negra en muchas circunstancias.

Todas esas fuerzas trabajan juntas como la legión[8] que se opone al progreso espiritual del hombre, y lo hacen ardientemente para conservar la consolidación de los sistemas sociales que esclavizan a la raza en una ronda incesante de laboriosidad y monotonía económica, haciendo del materialismo la meta de la existencia y justificándolo mediante la filosofía del materialismo dialéctico. Mientras tanto, tratan de hacer desaparecer de la memoria el conocimiento del alma sobre su origen en Dios, el Bien y su regreso final al Padre mediante el ritual de la ascensión.

Los más diestros de la falsa jerarquía, que viven en el plano astral, se aparecen con regularidad a los canales receptivos encarnados. Se hacen pasar por los Maestros Ascendidos con un ingenio tal, que se han engañado a muchos buscadores sinceros. Pensando que estaban ante la presencia de uno o más Maestros

Ascendidos, se han dedicado sin saberlo a la causa de la Oscuridad y han encadenado sus energías a las artimañas de los maestros del engaño.

La falsa jerarquía tiene la política de atrapar a las personas imitando los dictados de los Maestros Ascendidos, lo cual logran repitiendo perogrulladas como loros. Cuando han tranquilizado a sus oyentes hasta ponerlos en un falso estado de paz y una total autosatisfacción, introducen pequeños elementos de una doctrina en total contradicción con la ley cósmica.[9] Estos desvíos de la Verdad básica se formulan con términos deslumbrantes y se justifican ante el ego invocando el orgullo y el deseo de aparentar ser inteligentes entre los hombres y superior a otras personas que no tienen contacto con el mundo invisible

Los buscadores de la Verdad siempre deben tener presente que la curiosidad, el orgullo, el deseo de atención hacia el ego personal y el hambre de fenómenos extraños abren la puerta a las intrusiones psíquicas. Cuando se *encienden tales* intrusiones, como descubrió el aprendiz de brujo, resulta difícil apagarlas.

Por otro lado, la devoción inamovible hacia la Presencia de Dios en toda la Vida, la dedicación al concepto inmaculado y un conocimiento completo y agudo de la Ley de los Maestros Ascendidos, son baluartes espirituales defensivos que proporcionan una protección infinita contra todo lo que quiere oponerse a la maestría individual del hombre sobre sí mismo y a su ascensión final en la Luz.

En la mayoría de los casos, este tipo de difamación del Anticristo con respecto al Cristo no se consigue con distorsiones descaradamente fraudulentas de la Verdad Crística, sino con distorsiones ínfimas. Sin embargo, hemos visto ejemplos donde todo el contexto del material es más o menos una distorsión. Tal material está diseñado con la idea de aprovecharse de quienes, por naturaleza, se rebelan contra un sistema existente y están preparados para destruir lo bueno junto con lo malo. Estas distorsiones tienen la finalidad de perturbar a los hombres y diseminar la confusión y la injusticia entre la humanidad. Los que promueven estas distorsiones están interesados principalmente en desanimar a las personas y hacer que tengan un marcado sentimiento de frustración por la falta de esperanza en que el Cristo gane la batalla por la mente de los hombres.

Algunas actividades echan el resto para esparcir el engaño indiscriminado. En tales casos se producen grandes distorsiones que pueden querer la difamación del carácter de uno o más Maestros Ascendidos. Conocemos un caso así, en el que una mujer diseminó unas declaraciones atacando al Maestro El Morya en ciertas zonas de los Estados Unidos. Ella lo pintó como alguien negro y satánico, e intentó desacreditarlo ante los ojos de sus discípulos. Gracias al poder de una personalidad abierta y una forma de dominio psíquico sobre las personas, tuvo éxito en trastornar a algunos individuos y llevarlos a que asumieran sus principios, de una manera limitada. Los Señores del Karma, claro está, juzgarán y evaluarán correctamente su caso, como lo harán con cada cual individualmente. Porque cualquiera que suministre cualquier forma de engaño o mentiras contra las Leyes de Dios o los grandes Maestros de Sabiduría, finalmente no conseguirá nada.

El Anticristo siempre es aquello que quiere atacar la boca de Dios. En todas las épocas donde se consagra la revelación progresiva antes que el dogma, las fuerzas negativas intentan atacar a la persona o el carácter del profeta.

Al fin y al cabo, las personas tienden a rechazar las palabras y las obras de aquellos cuyo carácter o cuya persona no pueden aceptar. La verdad de un Cristo podría aceptarse; la de un pirata sería cuestionada. Así, la falsa jerarquía dirige a sus instrumentos a que diseminen maliciosas mentiras y sutiles declaraciones contra todos los verdaderos Mensajeros de Dios. Esas declaraciones pueden asumir la forma de insinuaciones de que quizá el Mensajero no esté recibiendo su material directamente de los Maestros Ascendidos o que lo reciba mediante alguna forma de trance psíquico.

Otras veces, los que realizan trabajo espiritual o parecen hacerlo pueden malinterpretar totalmente el carácter del Mensajero de Dios escogido. Esto se basa normalmente en celos sutiles, de lo cual algunas personas pueden no ser conscientes. Podrían reconocer con honestidad que, en el mundo, con todas sus múltiples variedades, muy pocos están completamente de acuerdo, pero existe una verdadera necesidad de que todos trabajen juntos por el bien de la humanidad. En cambio, estas personas parecen sentir la necesidad de proteger sus propias organizaciones degradando a los demás.

No cabe duda de que muchas personas que trabajan para el Anticristo no son conscientes de lo que hacen. Pudieran estar actuando con ignorancia y, en algunos casos, incluso con sinceridad. Todo el concepto se hace más comprensible si reconocemos que debemos separar a las personas de su trabajo. Todos los hombres del planeta en algún momento u otro se han equivocado. Como dijo Sri Yukteswar, uno de los grandes yoguis indios: «Las vidas desvanecidas de todos los hombres están oscurecidas por muchas vergüenzas».[10] En efecto, «no hay justo, ni aun uno»,[11] como dijo San Pablo. No obstante, todos los hombres pueden simplemente afirmar su afinidad con Dios, aceptar la Ley divina de acuerdo con Su santa voluntad y producir su perfección lo mejor que sepan.

Si los hombres ya fueran perfectos (cualquiera entre la humanidad) no estarían aquí para producir su salvación, ahora serían Maestros Ascendidos. Tampoco tendrían la necesidad de producir su salvación si la crucifixión de Cristo y su aceptación bastaran para terminar su curso sobre rectitud.

Probad los espíritus

La observación impersonal es importante. Las obras de los hombres siempre se han de reconocer según su mérito. Pero cuando los hombres chismorrean o hablan unos de otros, tendiendo a destruir su reputación (tanto si la persona a la que están atacando es un Mensajero de Dios como si es simplemente un barrendero), el acto de ir por ahí con historias o pronunciando juicios contra otras personas es un acto impío. Este acto es punible según la ley cósmica por el Gran Legislador mismo, que con frecuencia ha dicho: «No juzguéis, para que no seáis juzgados».[12]

Pero el Cristo indicó con claridad (en la persona de sus apóstoles y seguidores) que es justo y apropiado que los hombres «prueben los espíritus» para ver si son de Dios. «Todo espíritu que confiesa que Jesucristo ha venido en carne, es de Dios; y todo espíritu que no confiesa que Jesucristo ha venido en carne, no es de Dios».[13]

La sencilla explicación de esto es que todo espíritu que no confiese que Jesucristo ha venido en la carne individual de cualquier mónada, cualquier espíritu que afirme que Cristo es único y que no puede venir a la carne del hombre para ayudarlo a que logre su propia Filiación divina, no es de Dios.

Pero cualquier espíritu que confiese que Jesús el Cristo ha venido a la carne en todos los individuos que lo reciban, para que lo reciban y asimilen (por tanto, «debéis beber mi sangre y comer mi carne»),[14] entiende que la venida del Cristo al ser de cualquiera, lo eleva con el paso del tiempo y la adecuada aceptación y obediencia al punto en que puede unirse al Cristo Universal y de hecho convertirse, como hizo Jesús, en el «Unigénito del Padre»,[15] siguiendo así a Cristo en la regeneración. Un espíritu así que confiese esto, es de Dios, porque establece la igualdad de toda la creación en su derecho a progresar y se considerará como un hijo pródigo[16] que verdaderamente regresa al Padre. No existe un solo hijo pródigo, sino muchos, y todos pueden volver. Esto es la Verdad Crística.

Las actividades del Anticristo en el campo político y social

El espíritu del Anticristo, en realidad, no solo está involucrado en una actividad religiosa de tipo negativo, sino que a veces postula cosas positivas que parecen benignas, pero también invaden el campo político y social. Así, los planes de Dios para el hombre con frecuencia se frustran.

Los apóstoles e instructores de la Iglesia primitiva trataron tanto del reino de Dios como del reino del cielo. Al reino de Dios se refirieron como algo que estaba «dentro de vosotros»,[17] mientras que, al reino del cielo, que era lo que el Padre quiso para toda la vida manifestada sobre la Tierra, se refirieron como algo aparte. Así, el reino del cielo podía manifestarse sobre la tierra.

En la gran familia de las naciones, los hombres respetan de

palabra los principios de todas las religiones que quieren promover la paz, la armonía, el amor, la hermandad, la diplomacia y la iluminación. Pero su código de conducta y sus obras con frecuencia se alejan de la palabrería que han dedicado a la libertad inmortal del hombre.

Todos los niños pequeños, tanto si lo saben, como si no, tienen derecho a esperar recibir las bendiciones del reino del cielo sobre la Tierra. Ello se refiere no solo a alimentos, ropa, un techo y una educación, porque cada niño también tiene derecho a recibir guía y Verdad de sus iguales y a esperar que esa guía sea correcta o, al menos, lo más correcta posible. Sin embargo, desafortunadamente, el mundo actual, con todo su progreso científico, está dividido y conquistado, política y geográficamente hablando, por su propia avaricia.

En Proverbios encontramos la siguiente observación: «Y sobre todas tus posesiones adquiere inteligencia».[18] Jesús después dijo lo siguiente: «Padre, perdónalos, porque no saben lo que hacen».[19] En esta era, supuestamente la más sabia, los hombres aún no saben lo que hacen. De hecho, la naturaleza divisiva de las naciones, de las religiones y del hombre está acentuada por doquier para dañar el orden mundial. La difamación de los propósitos de Cristo (el traer el reino de Dios al mundo) y la difamación del Cristo al negársele al hombre el reino del cielo, la Era de Oro de Justicia, etcétera, se lleva a cabo continuamente con cualquier manifestación que divida y conquiste al hombre. Con su boca los hombres dicen que aman, pero sus obras quieren continuamente dividir y expresar condenación y crítica sobre las opiniones unos de otros.

Los hombres tienen derecho, como debe ser, a sus opiniones honestas, tanto si están de acuerdo unos con otros a la perfección como si no lo están. Así es como los hombres expanden su conciencia y logran un crecimiento espiritual, y todos tienen derecho a la libertad de pensar como quieran. Pero debe existir un ideal universal que ofrezca los mayores intereses a la *totalidad* de la humanidad. Este ideal se debe encontrar en el Cristo, en la Luz, en la idea de la universalidad del Hijo.

Tal como Dios consideró que era posible aceptar y amar a Jesús, Dios acepta y ama a todos los que acudan a Él. No hay lugar en el reino de Dios del corazón del Padre para el fraudulento monolito que los hombres han levantado en honor al Cristo con el cual se hieren unos a otros. El Maestro mismo dijo: «De cierto os digo que en cuanto lo hicisteis a uno de estos mis hermanos más pequeños, a mí lo hicisteis».[20] Si la humanidad, pues, debe ser considerada culpable de cometer actos hacia Cristo por cometerlos contra «mis hermanos más pequeños», ¿haría el Padre una ley así para aplicarla a la humanidad y no a Sí mismo? ¿Juzgaría, Él mismo, de forma desigual, tener a un Hijo preferido y luego negarle la Luz a todos los demás?

La guía de Dios hacia una humanidad consternada se ha manifestado en muchas eras. Incluso en la maravillosa historia de Moisés guiando a los hijos de Israel para salir de Egipto y atravesar el mar Rojo, Dios es quien separó el agua, era su columna de fuego y su columna de nube[21] que hizo que pudieran ver una gracia tangible que los acompañó durante su viaje.

En contraste, las religiones del mundo con frecuencia no han asumido su lugar como exponentes de rectitud. Entre los líderes se ha producido una corrupción de la moral y los ideales, y el *obtener* por parte de grupos individuales a menudo se ha antepuesto al *dar*. En todas las épocas, las ansias del hombre no han sido satisfechas. Esas ansias han sido grandes y ninguna ha sido mayor que la del anhelo del alma y el hombre por conocer la Verdad y ser verdaderamente libre. Porque el que hombres y mujeres se traten como si fueran una mercancía en lo que respecta al conocimiento de las Leyes sagradas de Dios, es la mayor farsa que se ha practicado jamás sobre la humanidad. Los hombres se ven impulsados por los vientos de su propia emoción. Volviéndose extremistas, pasan de la virtud al vicio y viceversa.

La divinidad del Cristo

Lo que se necesita en el mundo es la acción equilibradora del Cristo mismo. El Cristo actúa como Mediador y como colchón entre las grandes energías espirituales ardientes de Dios, encarnadas en la Presencia Divina YO SOY, y el resorte enroscado de la serpiente que se ha alimentado en el pecho humano con actos erróneos a lo largo de las eras. El Cristo ha ascendido al cielo y se ha sentado a la diestra de Dios.[22] El Cristo ha sido uno solo con el Padre,[23] pero el Cristo también ha sido uno con el hombre.

Se debe honrar y defender la divinidad del Cristo. Pero la divinidad del Cristo también puede acercarse a la figura humana. No se trata de un simple concepto simbólico o imaginario, sino de un acercamiento a las energías vitales, espirituales y magnéticas del Creador eterno.

«Todas las cosas por él fueron hechas»[24] significa que la Presencia Divina individualizada ha emitido de su corazón el magnífico Ser Crístico de cada individuo. Este Ser Crístico actúa como protector del Cuerpo Mental Superior de ese individuo para formar todas las partes del ego emergente y en manifestación según el modelo divino.

Tal como el ego abandona las depresiones y los abatimientos del yo para dirigirse hacia los picos montañosos de iluminación espiritual, igual que Moisés levantó la serpiente, así será levantado el hijo del hombre.[25] La serpiente significa las energías vitales, la redención y la acción amortiguadora representada en Génesis: «Y pondré enemistad entre ti y la mujer, y entre tu simiente y la simiente suya; ésta te herirá en la cabeza, y tú le herirás en el calcañar».[26]

El Anticristo ha venido

El Anticristo ha venido, en efecto, y está en el mundo, trabajando en especial allá donde haya grupos edificantes, políticos o religiosos, que quieran mejorar la suerte de los hombres. El Anticristo quiere crear disensión y, cuando sea posible, guerras y derramamientos de sangre. El Anticristo persiste en dividir y conquistar a los hombres. Para ello, primero trastorna a uno o más grupos por medio de magia negra, la falsa lealtad al ego y el complejo de poder al que se refiere el dicho: «El poder corrompe y el poder absoluto corrompe absolutamente».[27]

Los representantes del Anticristo persisten en dividir y conquistar, poniendo a negros contra blancos, blancos contra negros, el capital contra los trabajadores, los trabajadores contra el capital, y tratando de poner a todos bajo el dominio del control social o el comunismo. Han mantenido al mundo en las garras heladas de un destino peor que la muerte.

Este complot del Anticristo es viejo. Veamos qué nos puede decir sobre sus orígenes la historia escrita.

Los Nefilín
y la élite de poder

Nuestra búsqueda de quién somos, de dónde venimos y a dónde vamos nos lleva al remoto pasado, más allá de los cálculos de los historiadores; nos lleva a los continentes perdidos de la Atlántida y Lemuria, una época en la que gente de otros mundos llegó a la Tierra en naves espaciales.

Lo que nos ha llegado como escritos y artefactos de la antigua Sumeria, de Egipto, la India e, incluso, de la civilización inca da testimonio de estos visitantes de planetas lejanos, que llegaron con una tecnología superior hace unos 450 000 años. Los extraterrestres no eran benévolos y manipularon las evoluciones de la Tierra, practicaron ingeniería genética y enseñaron a los hombres el arte de la guerra.

Estos extraterrestres fueron seguidos por gente de Maldek, un planeta que en el pasado formó parte de nuestro sistema solar, pero fue destruido por dos bandos en guerra. Lo único que queda de Maldek es el cinturón de asteroides entre Marte y Júpiter. Cuando la gente de Maldek comenzó a encarnar en la Tierra, también trajo consigo una ciencia avanzada y una naturaleza con tendencia a la guerra.

El Mahabharata, un antiguo texto hindú, trata de grandes batallas, carros de guerra voladores y armas avanzadas de destrucción masiva. Todo ello suena como algo sacado de *La guerra de las galaxias* de George Lucas. Pero es una visión del pasado, no del futuro.

La Tierra se ha convertido en un cruce de caminos en la galaxia. Tiene muchas evoluciones distintas, algunas que tienen su origen aquí, otras que iniciaron su camino en otros sistemas de mundos. Algunas son de la Luz, otras se han comprometido con la Oscuridad. Algunas son hombres, otras son ángeles caídos que han encarnado y otras son ángeles de Luz. Es un tapiz complejo.

Orígenes de la civilización occidental

Durante mucho tiempo el hombre occidental ha creído que su civilización se edificó sobre la base de Grecia y Roma. Los parecidos entre sus civilizaciones y la nuestra sin duda apoyan esa creencia. Pero ¿cuál fue la fuente de la filosofía griega y romana y los avances tecnológicos? ¿Cómo desarrollaron el lenguaje y el arte los griegos y los romanos? ¿Quién les enseñó el arte de la guerra y la diplomacia internacional? Los descubrimientos en 1845 de unas antiguas tablas cuneiformes y una civilización perdida y casi olvidada nos dan una mirada clara a nuestro pasado y una severa advertencia para el futuro. Un drama que se desarrolló hace miles de años, hoy afecta toda nuestra vida.

Eclesiastés dijo: «No hay memoria de lo que precedió, ni tampoco de lo que sucederá habrá memoria en los que serán después».[1] Puesto que no hay memoria, no contamos con los hechos de la historia antigua que necesitamos para saber cómo afrontar hoy día a los opresores del pueblo de Dios. Si hemos de anticiparnos a los desafíos del futuro, nos hace falta entender nuestra historia. Necesitamos examinar una civilización sobre cuyos hombros se apoyaron Roma y Grecia y que antecedió y animó a Egipto, Babilonia, Asiria, China y la India. Nos dirigimos a los escritos de Sumeria.

En 3000 a. C. ya había una civilización desarrollada en pleno florecimiento a lo largo del río Tigris y el Éufrates, en Sumeria (Iraq actual). Las tierras bajas de Sumeria estaban ubicadas en lo que después se denominaría el *Creciente Fértil*. Las escuelas sumerias de medicina formaban a neurocirujanos. El gobernante sumerio no podía enviar a sus ejércitos a voluntad; antes debía presentar una solicitud a ambas cámaras del congreso. Las ciudades sumerias estaban repletas de actividad: antiguas recetas de *coq au vin* inspiraron alabanzas en forma de poemas. Los cantos sumerios, basados en la escala musical de siete tonos que usamos en la actualidad, contenían sentimientos familiares. Los sumerios calcularon las posiciones de cada planeta de nuestro sistema solar, incluyendo a Plutón, que no se redescubrió en tiempos modernos hasta 1930. De forma increíble, sabían que la Tierra estaba inclinada sobre su eje y habían calculado su lenta precesión de 25 800 años. Textos y dibujos antiguos muestran que tenían armas como rayos láser, que practicaban la guerra biológica y el control de la población, y que eran capaces de viajar por el espacio.

En el presente, los eruditos siguen desconcertados por los sumerios y no pueden decir con certeza quiénes fueron, de donde vinieron o qué inició su notable civilización. Su aparición fue tan repentina que los eruditos la han calificado de «asombrosa», «extraordinaria», «una llama que prendió de forma muy repentina».[2]

Nuestra moral, nuestras leyes, nuestro sentido de la justicia, nuestra arquitectura, nuestra civilización, todo ello tiene sus raíces en Sumeria. Aquella civilización se inició en 3800 a. C. ¿Acaso el hombre en evolución tuvo una suerte extraordinaria? ¿Qué catapultó a los cazadores nómadas y recolectores primitivos a transformarse en constructores de una civilización avanzada de ciudades, matemáticos, astrónomos, comerciantes, ingenieros y sacerdotes?

Los sumerios tenían una sencilla respuesta: «Lo que parece hermoso lo hicimos por gracia de los dioses».[3] La pregunta sigue ahí y hoy la hemos de contestar nosotros: ¿Quiénes son estos dioses?

Los dioses de Sumeria

Las antiguas tablas revelan los nombres de un panteón de cientos de dioses gobernados por una asamblea de deidades, todas ellas relacionadas entre sí. Estos dioses eran enormemente poderosos, capaces de hazañas extraordinarias. Pero tenían apariencia humana y se comportaban como seres humanos en casi todo.

Al comparar el Antiguo Testamento en el hebreo original con los textos sumerios, babilonios, asirios y demás, el investigador lingüista y arqueólogo Zecharia Sitchin ha desarrollado una teoría única sobre el origen de estos dioses.* Él los describe como «una familia divina, de cercano parentesco, pero dividida amargamente».[4] Los encabezaba el dios Anu, cuya morada no estaba en la Tierra, y su hijo, Enlil, quien llevaba a cabo los decretos de los dioses. Enlil escogía reyes que gobernaran sobre el hombre, el cual no tenía soberanía, sino que era siervo de los dioses. Hammurabi introdujo sus códigos de leyes diciendo que «Anu y Enlil me nombraron para que promoviera el bienestar del pueblo... para que hiciera que prevaleciera la justicia en el país».[5]

El hermano de Enlil, Enki, era el tercer gran dios de Sumeria. Él era su científico principal y un maestro ingeniero. Enki, Enlil y sus hijos peleaban constantemente por lograr posiciones de poder y autoridad. Los dioses eran guerreros feroces y amantes apasionados. Los textos sumerios muestran repetidamente a los dioses seduciéndose o violándose mutuamente, practicando el incesto y el matrimonio endogámico hasta un punto extraordinario.

Los textos sumerios con frecuencia se refieren a ellos como los dioses del cielo y la tierra. En la Biblia se los menciona como los Nefilín.[6] Se trata del pueblo de «shem».

Shem se traduce por lo general como «nombre», lo cual corresponde al versículo bíblico que los describe como «hombres de renombre».[7] Sin embargo, la etimología de la palabra *shem*, según Sitchin, puede llevar a la raíz *shamah*, «lo que está hacia arriba», sugiriendo así que *shem* debería traducirse como «vehículo espacial» y el pueblo de shem como «el pueblo de las naves espaciales».[8] Como corroboración de la evidencia lingüística, existen esculturas que representan a los dioses dentro de cámaras en forma de cohetes y obras de arte que contienen misiles volando y cohetes montados sobre plataformas de lanzamiento.

La palabra *nefilín* se traduce normalmente al inglés como «gigante». Sin embargo, su raíz semítica significa «echado abajo». Según Sitchin, los dioses de Sumeria eran aquellos que fueron echados abajo a la Tierra, echados en sus naves espaciales.[9]

---

*Las teorías de Sitchin son controvertidas y no podemos apoyarlas. Sin embargo, nos proporcionan ideas adicionales sobre ciertas revelaciones de los Maestros Ascendidos acerca del antiguo pasado de la Tierra y las fuerzas de Luz y Oscuridad que afrontamos hoy.

Los Nefilín

Zecharia Sitchin cree que los textos y artefactos sumerios y la Biblia revelan que una raza alienígena de caídos descendió a la Tierra. En 1978 publicó sus teorías en un libro llamado *El duodécimo planeta (The Twelfth Planet)*. Su tesis es que los sumerios primitivos creían que había doce cuerpos celestiales principales en nuestro sistema solar: el Sol, la Luna y diez planetas. Pero nuestro sistema solar tiene nueve planetas conocidos. Al añadir el Sol y la Luna, nos da un total de once cuerpos solamente, once planetas, en el sentido amplio de la palabra. Entonces ¿por qué contaron doce los sumerios? La respuesta de Sitchin: Existe un duodécimo planeta, el planeta hogar de los Nefilín, al que ellos llaman Marduk.

Según Sitchin, hace 450 000 años los Nefilín llegaron a la Tierra en sus naves espaciales para explotar los recursos terrestres. Enki, el Señor de la Minería, fue el pionero de la primera base. Los Nefilín aterrizaron en Sumeria para aprovechar el clima suave y os abundantes recursos petrolíferos necesarios para mantener a la sociedad y fundir los minerales. Pero los recursos minerales de Sumeria eran relativamente pocos. Por tanto, los Nefilín viajaron a la zona de Sudáfrica y otras tierras ricas en minerales en el hemisferio sur para extraer oro y otros minerales. Los artefactos hallados en el sur de África revelan actividades mineras de hace al menos cincuenta mil años.[10]

Utilizando una avanzada tecnología, los Nefilín extrajeron oro, platino, uranio y cobalto. Pero, a pesar de su tecnología, el minería seguía siendo un trabajo duro. Los Nefilín se encontraban en un dilema; querían los minerales, pero los dioses principales no iban a arremangarse y ponerse a trabajar. Enki pronto ofreció una solución que fue bien recibida: ¿por qué no crear un trabajador primitivo, un esclavo? El voto de los dioses fue unánime, y dijeron: «Se llamará *hombre*».[11]

Los textos de Sitchin describen cómo la creación de un trabajador causó una oleada de emoción entre los Nefilín. Convocaron a la diosa del nacimiento, que llevaría a cabo su plan. Ella, a su vez, necesitó la ayuda de Enki, científico principal de los dioses. Después de una serie de experimentos, este tomó al *Homo erectus* y mezcló sus genes con los de un donante Nefilín. En un lugar similar a un hospital, Enki ayudó a la diosa madre a preparar una mezcla a partir de la cual ella formó al hombre. Después, una y otra vez, repitió los encantamientos. De repente, gritó: «¡He creado! ¡Mis manos lo han hecho!». Con ese fíat se creó el proletariado primitivo.[12]

Los antiguos términos utilizados para el *hombre* ilustraban su estatus y su propósito. Era un trabajador primitivo, creado para ser siervo de los dioses. La deidad era señor, soberano, rey, gobernante y amo. La palabra utilizada comúnmente para el culto significaba «trabajo».[13]

El hombre empieza a multiplicarse

La creación del hombre mecanizado resolvió una disputa interna entre los dioses, aunque no pasó mucho tiempo antes de que volvieran a pelearse, esta vez por quién utilizaría a los trabajadores. Pero nubes oscuras y amenazadoras se avecinaban sobre el horizonte, nubes que indicaban un acontecimiento que consta en no menos de ochenta mil relatos y setenta y dos lenguas: el Gran Diluvio.[14] En el Génesis consta que, debido a que «Dios vio que la maldad de los hombres era mucha en la tierra, y que todo designio de los pensamientos del corazón de ellos era de continuo solamente el mal»,[15] decidió producir un diluvio de las aguas sobre la Tierra.

Según Sitchin, este relato bíblico sobre la maldad del hombre es una versión editada del escrito anterior sumerio y comprime en una historia la rivalidad de los Nefilín. Sitchin explica que el texto original hebreo sugiere que el mal del corazón y los pensamientos de los hombres era de una naturaleza carnal o sexual. Sin embargo, los lujuriosos Nefilín no condenarían al hombre por tener el mismo comportamiento sexual que tenían ellos. ¿O sí? Una segunda circunstancia del hombre antediluviano ayuda a esclarecer este problema. En Génesis 6 dice:

Aconteció que cuando comenzaron los hombres a multiplicarse sobre la faz de la tierra, y les nacieron hijas, que
viendo los hijos de Dios que las hijas de los hombres eran
hermosas, tomaron para sí mujeres, escogiendo entre todas.[16]

«Los hombres comenzaron a multiplicarse» es la clave; el
hombre que habían creado los Nefilín comenzó a multiplicarse.
¿Por qué este hecho supuso un problema para los Nefilín?

Sitchin cree que la creación genética en un principio fue
estéril, y debió producirse en masa, hasta que Enki hizo posible
que se reprodujeran sexualmente.[17] Desde entonces, como los
Nefilín, el hombre mecanizado pudo reproducirse y, por consiguiente, controlar su vida. En este sentido, tenían conocimiento.
Por tanto, los dioses Nefilín se enojaron mucho por el hecho de
que su hombre mecanizado descubriera la reproducción sexual.

Observamos que, debido a esta confusión, a través de este
relato bíblico tenemos sobre nuestra cabeza la teoría de que el
pecado original es el sexo, algo que siempre nos cuesta entender.
¿Cómo es que Dios, que nos puso sobre esta Tierra como hijos
de la Luz, «fructificad y multiplicaos»,[18] espera que no hagamos
uso del medio de reproducción sexual normal? ¿Cómo es que
sufrimos de este «pecado» cuando nuestro Dios nos ha hecho,
por así decirlo, víctimas de él?

La enorme culpa que ha acompañado a este ámbito de nuestra vida es en parte el resultado de un malentendido acerca de
este relato sobre lo que ocurrió en realidad con los Nefilín y su
hombre mecanizado. Bajo la perspectiva de los Nefilín, para su
creación, el conocer la reproducción era un pecado, porque así
podía poblar la Tierra y crecer en número hasta levantarse y derrocar a sus creadores.

Las acciones de Enki al presentarles ese conocimiento tuvieron consecuencias de una importancia prácticamente catastrófi-
ca. Lo que ocurrió es que los propios Nefilín, con su conciencia
degenerada, empezaron a procrear con su hombre mecanizado.
Como resultado, sus robots perdieron el código genético exacto
necesario para mantener a los trabajadores primitivos como una

raza esclava. Aún peor, el rápido crecimiento demográfico (la primera explosión demográfica conocida), amenazó con sobrepasar a los Nefilín con una raza inferior, así como con el debilitamiento de su cepa genética. Ese es el significado de Génesis 6.

Sin embargo, el relato bíblico tiene en consideración los propósitos de Dios, así como a los Nefilín, y no siempre estaban de acuerdo. El problema para los niños de Dios era distinto. Los Nefilín no solo se casaban con su creación mecánica, sino que también lo hacían con los niños de Dios, una circunstancia que no podía continuar, pues Dios mismo no lo permitiría.

Ahora entendemos por qué entre los judíos existe una tradición de no casarse con los que no son judíos. Esto es así porque en los tiempos bíblicos, alrededor de los israelitas estaba la creación de los Nefilín y el hombre mecanizado. Y Dios prohibió que los hijos de la Luz se casaran con ellos y diluyeran su semilla de Luz, y al casarse dieran al hombre mecanizado esa semilla con la cual este podría perpetuar su existencia de una forma más poderosa. El hombre mecanizado nunca tuvo esa semilla, porque los Nefilín no pudieron dotarlos de ella. Así, el matrimonio mezclado se convirtió en un gran pecado.

El decreto de Dios contra el matrimonio mezclado no tiene que ver con el matrimonio actual de los judíos con otras naciones, porque en la actualidad hay niños de Dios e hijos de la Luz en todas las razas y naciones. Pero el significado de la advertencia original es el intercambio prohibido de portadores de Luz con los caídos.

Según Sitchin, en el relato sumerio del Diluvio, los dioses se reunieron en sus consejos y decidieron de manera formal destruir su creación mecánica. Lo que no revela el texto sumerio es que la población contenía algo más que los Nefilín y que su hombre producido en masa se convirtió en aprendiz de brujo. Entre la población también estaban, como hemos dicho, los hijos de Dios y los niños de Dios.

Los Nefilín utilizaron tecnologías conocidas por los planificadores militares del presente para llevar a cabo su guerra contra el hombre, incurriendo en otra novedad de los Nefilín: el genocidio. Enlil ordenó que se esparciera una enfermedad. Debido al gran sufrimiento causado por esta guerra biológica, el Noé babilónico, Utnapishtim, acudió a Enki pidiendo ayuda. Desafiando a los dioses, Enki proveyó el remedio.

Enlil, al enterarse de que algo había estropeado su plan, se quejó amargamente a los dioses. «El pueblo no ha disminuido; ¡ahora es más numeroso que antes!».[19] Según Sitchin, pronto Enlil se puso manos a la obra. Esta vez modificó el clima para que no lloviera y fallara la irrigación, lo cual produjo hambruna y el canibalismo se convirtió en algo desenfrenado. Justo cuando la humanidad estaba a punto de ser destruida, Enki volvió a desbaratar los planes de Enlil y la salvó.

Finalmente, en una reunión de los dioses, Enlil señaló que existía una forma más de destruir a la humanidad, pero el plan exigía un secreto absoluto. Y Enlil no confiaba en que Enki permaneciera callado. Demasiadas veces había violado la regla y había rescatado al hombre de las fauces de la muerte.

El Diluvio

Según Sitchin, los Nefilín ya sabían desde algún tiempo que se produciría un Diluvio mortal. Esta catástrofe predecible, pero inevitable fue el resultado de una cadena de eventos naturales. Su teoría es que el Diluvio se produjo unos trece mil años atrás, cuando terminó el último período glacial y comenzó nuestro actual clima templado, y que el evento central que marcó el cambio entre las dos épocas climáticas fue la ruptura del casquete glaciar del continente de la Antártica.[20] Sitchin propone que el paso del Duodécimo Planeta fue lo que provocó que el casquete glaciar se desprendiera de su base.[21]

Con esto en mente, Enlil propuso al consejo una política de abandono, no benigno, sino maligno. Los Nefilín mantendrían en secreto el esperado Diluvio y no se lo dirían al hombre. Obsérvese que los Nefilín no pudieron crear el Diluvio ni pudieron detenerlo. Fue la obra de una mano más poderosa que la suya. Solo pudieron explotar el discurrir natural de los acontecimientos para conseguir sus fines.

Reconociendo que Enki podría volver a rescatar al hombre,

Enlil y el consejo de los Nefilín hicieron un juramento de guardar el secreto y obligaron a Enki a unirse a ellos. Pero Enki tenía algo de estratega y conspirador. Con rapidez encontró un método para cumplir el juramento y a la vez revelar el gran secreto al hombre.

Tal como quiso interpretarlo, el juramento lo obligaba a no revelar el secreto a la humanidad, pero ¿le impedía contárselo a una pantalla? Y si un terrícola muy inteligente estuviera ahí, detrás de la pantalla, y lo escuchara, ¿sería culpable de romper el juramento?

Así, Utnapishtim se enteró del Diluvio que se avecinaba mientras Enki se lo contó todo a una pantalla, sabiendo perfectamente quién estaba detrás. Enki aconsejó a su siervo que construyera una embarcación acuática y le proporcionó instrucciones precisas. Se trataba de un arca, una capaz de navegar bajo el agua. Era un submarino.

Según Sitchin, los Nefilín tenían la intención de escapar del Diluvio en sus naves espaciales. Su partida debía ser la señal para que Noé se embarcara en el arca. El Noé babilónico entró en el arca cuando comenzó el diluvio.[22]

¿Qué movió a Enki a actuar de una forma tan aparentemente encomiable? ¿Fue porque había participado en la creación del hombre? ¿Acaso tenía un buen corazón en realidad?

No. Como es arquetípico en los ángeles caídos, Enki tenía un motivo oculto. Según Sitchin, su indocilidad tenía como fin principalmente el frustrar las decisiones y los planes de su hermano y máximo rival, Enlil. Enki sentía una gran envidia de él porque Anu lo había nombrado Señor de la Tierra. Enki creía que era él quien debía haber recibido ese honor.[23] Cada vez que Enki se unió a una buena causa o hizo actos aparentemente nobles, lo hizo con segundas intenciones: para conseguir poder y gloria. En primer lugar, los Nefilín solo defienden sus propios intereses. Dan ayuda al hombre solo cuando ello favorece su lucha de poder. Esta característica de la élite de poder siempre ha sido cierta y lo es en la actualidad.

En los textos antiguos consta que, aunque los Nefilín sabían que se avecinaba, el Diluvio fue una experiencia aterradora para ellos. El ruido del cataclismo puso a temblar a los dioses. En sus naves espaciales, los dioses se acobardaron como perros, agazapados contra las paredes exteriores. El poder de Dios los abrumó. Los textos recogieron que los dioses, humillados por completo, se sentaron y lloraron, todos ellos con los labios tensos. La diosa madre, los grandes dioses y la diosa del nacimiento, lloraron por la pérdida de la tierra. La diosa madre se lamentó por la pérdida de sus criaturas, que «llenaban el río como libélulas». Los dioses estaban acalambrados por el hambre y «tenían sed de cerveza».[24]

Perdieron la buena vida. No quisieron volver a subir al Duodécimo Planeta. La Tierra les gustaba. Les gustaba tener esclavos en ella. Los Nefilín se habían apegado a la Tierra y a sus habitantes. Según Sitchin, los dioses no habrían sufrido tanto si hubieran conocido el plan de Enki. Pero este, como cree Sitchin, debió haberse encontrado en otra nave.

Enki hizo algo más que salvar a algunos hombres. Las pruebas sugieren que organizó un encuentro... en el monte Ararat. Cuando el arca llegó a tierra, Noé mató y asó algunos animales al fuego. Los dioses, exhaustos y hambrientos, «se reunieron como moscas en torno a la ofrenda».[25] De repente, los Nefilín se dieron cuenta de que el hombre, los alimentos que cultivaba y el ganado que criaba, eran algo esencial. En los textos consta que cuando Enlil vio el arca, se enfureció, pero después prevaleció la lógica de la situación. Asustados, exhaustos y hambrientos, los Nefilín comprendieron que la Tierra aún era habitable y que, si querían vivir en ella, necesitaban al hombre. Enlil demostró estar tan dispuesto como Enki a sacrificar los principios en favor de arreglos políticos prácticos. Tengamos claro el orden de prioridades. Primero, los Nefilín; después, el confort; lo último, el hombre.

Casi todos los hombres desaparecieron en el Diluvio, y era evidente que los Nefilín iban a necesitar que los hombres hicieran el trabajo. Su decisión —«fructificad y multiplicaos»—[26] fue eminentemente práctica.

Según Sitchin, frente a sus circunstancias funestas, los Nefilín no perdieron tiempo antes de impartir al hombre las artes del cultivo de los campos y la crianza del ganado. Se trataba de una circunstancia nueva. La humanidad sobreviviría.

Sin embargo, los Nefilín no iban a admitir a los hombres como socios equiparables. Estos debían recordar quiénes eran los gobernantes y quiénes los gobernados. El gobierno dinástico de los dioses se adaptó a las nuevas condiciones. Los Nefilín establecieron reinados, gobernantes designados para que actuaran como intermediarios entre ellos y las masas. Sin embargo, se trataba de la misma vieja élite de poder Nefilín que monopolizó el poder político, social y económico.

La rivalidad entre los Nefilín Enlil y Enki continuó, la feroz lucha por la supremacía. Dividieron sus tierras y jurisdicciones entre sus herederos. Miles de años después, los reyes de asiria seguían yendo a la guerra tras «la orden de mi dios».[27] Los dioses, por tanto, a través de intermediarios humanos, conservaron los poderes para llevar a cabo los asuntos exteriores.

Los descendientes de los Nefilín, los hijos de sus hijos y también ellos mismos reencarnados, siguen manteniendo su rivalidad. Hoy día, los niños de Dios siguen yendo a la guerra y mueren luchando para resolver las rivalidades entre un grupo Nefilín y otro, sentados en los altos puestos de naciones aparentemente beligerantes.

Estas rivalidades supremas existen en la actualidad en algunos gobernantes de las naciones de la Tierra, que mantienen secuestrados a los pueblos de los países. Los meten en guerras. Usan el genocidio cuando les conviene. Intentan reducir la población de la Tierra con guerras, agentes químicos en los alimentos, el aborto y otras formas de control de población, la contaminación del medioambiente y la lluvia radiactiva.

Civilización tras civilización, los Nefilín se han levantado para formar las élites de poder nacional e internacional a fin de dividir y gobernar al pueblo, a los niños de Dios, así como a su hombre mecanizado. Utilizan a la gente para la continuidad de su vida, que ya está separada de Dios.

La creación de seres sin alma: el hombre mecanizado

¿Qué ocurrió en realidad cuando los Nefilín mezclaron sus genes con el *Homo erectus?*

Cuando los caídos se rebelaron contra Dios fueron separados de la Fuente; ese es el coste de la rebelión. Fueron separados de Dios y la Palabra dejó de estar en ellos. Ya no recibieron el fluir continuo de Luz de Dios porque se rebelaron contra su Presencia. Aunque caminaban por la Tierra como dioses, en efecto eran muertos vivientes. Jesús habló de ellos y dijo: «Sois semejantes a sepulcros blanqueados, que, por fuera, a la verdad, se muestran hermosos, mas por dentro están llenos de huesos de muertos y de toda inmundicia».[28]

Los muertos vivientes no pueden recuperar el trono de gracia. Al final se juzgarán, y ellos lo saben. Así, carecen de escrúpulos porque no tienen nada por lo que vivir excepto comer, beber y postergar ese mañana cuando con certeza morirán. Su motivación, además de postergar el día de su juicio y establecer un reino sintético entre tanto, también es arremeter contra Dios con venganza. Puesto que los caídos no pueden alcanzar a Dios, tratan de destruir las almas de los niños de Dios tentándolos con la buena vida y diciéndoles que, si pecan contra las Leyes de Dios: «No moriréis ciertamente».[29]

Los caídos no pueden dotar de alma a su creación artificial. La mecanización de la producción con técnicas biológicas solo produce en masa a un hombre mecanizado. Este es un robot o una computadora o una criatura política, pero no un niño de Dios, no es progenie del Altísimo, mucho menos un hijo de Dios.

Hijos de Dios

Un hijo de Dios es alguien en quien habita el Espíritu del Dios vivo. Recordando a los niños de Dios su verdadero origen divino, Pablo dijo: «¿No sabéis que sois templo de Dios, y que el Espíritu de Dios mora en vosotros?».[30] Moisés, que conocía todo lo concerniente a los Nefilín, reprendió intensamente a los hijos de Israel con la fiereza del Espíritu Santo, diciéndoles: «Yo dije: Vosotros sois dioses, y todos vosotros hijos del Altísimo; pero como hombres moriréis, y como cualquiera de los príncipes caeréis».[31]

Moisés se enojó porque los hijos de Israel querían que su vida fuera como la del culto idólatra de estos caídos y su hombre mecanizado. Él los había rescatado sacándolos de su civilización de Egipto. Los había llevado a un lugar donde podrían cumplir su destino divino. Sin embargo, ellos ansiaban esa sociedad de los Nefilín. Y así, los reprendió y les recordó que todos ellos eran dioses; dioses en el sentido de que tenían la chispa de Vida y que la realización de todo su potencial haría que fueran Uno solo con el Dios Todopoderoso mismo.

Este es nuestro destino y esta es nuestra evolución. Y todos los Avatares y seres Crísticos de Oriente y Occidente han venido para recordarnos esto, siglo tras siglo. Han venido para desenmascarar a los caídos. Han desmentido al Mentiroso y al padre de mentira, el «homicida desde el principio».³² No obstante, los hijos de la Luz han abandonado a sus Avatares en el momento en que estos fueron perseguidos y crucificados, y se pusieron del lado de una forma popular de culto a la muerte perteneciente a esos caídos. Esta es la enfermedad que acosa a los Estados Unidos hoy día y, debemos comprenderlo esto nos llega de ese antiguo Armagedón.

¿Cuál es la naturaleza de la conciencia? ¿Cuál es la naturaleza de aquellos que nos esclavizan a una cultura de muerte? ¿Quiénes son los verdaderos, los que quieren liberarnos con la cultura de Luz y Vida de la Palabra?

Cuando podamos dar respuesta a estas preguntas y descubrir nuestra identidad interior en Dios, tendremos la confianza y el sentimiento de autoestima y, por encima de todo, el sentimiento del poder de Dios que va y afronta los desafíos que nos acosan como nación. Y así, Moisés quiso decir: «si os comportáis como ellos, moriréis como ellos, y caeréis como los príncipes de los Nefilín».

Quienes han venido a liberarnos, aquellos que están aquí para liberarnos hoy día mediante el poder del Espíritu Santo, siempre han dicho, como dijo Josué, el Hijo de Dios: «Separaos y sed un pueblo aparte».³³ Separaos de esta falsa jerarquía, de esta civilización falsa, de esta mecanización, de este materialismo. Separaos de los falsos dioses y los idólatras, de su propia creación, de su hombre mecanizado.

La circunstancia prevaleciente en el Antiguo y el Nuevo Testamento, que aún predomina hoy, es que los niños de Dios han olvidado que son un pueblo distinto, separado y aparte de los demás. Han olvidado que los Nefilín y la élite de poder no son sus verdaderos gobernantes, sino que sus verdaderos líderes son los Hijos de Dios.

¿Quiénes son los Hijos de Dios? Ellos son los verdaderos pastores del pueblo, designados por Dios como líderes e instructores de los niños de Dios. Pero algunos de ellos abandonaron su misión. Ellos también fueron influenciados. Se apartaron de las iniciaciones del Cristo Cósmico ofrecidas en esa Escuela de Misterios llamada Jardín del Edén.[34] Como resultado de ello, ellos también se volvieron sumisos a los Nefilín y a su cultura mecanizada. Debido a que estos Nefilín estuvieron anteriormente con el Arcángel Lucifer, tan brillante como para ser llamado hijo de la mañana,[35] a algunos hijos de Dios los Nefilín les parecieron los verdaderos intérpretes de la Ley de Dios, su universo, su orden jerárquico y su plan divino.

La arqueología revela la historia estrictamente de los caídos y su hombre mecanizado. Para comprender que no somos de esta creación, sino que en nuestro corazón late una llama eterna que nos convierte en una eterna parte de Dios, debemos ir a los retiros de la Gran Hermandad Blanca. Que existen dos tipos de evolución en el planeta está llegando a ser algo evidente cada día cuando miramos a nuestro alrededor e intentamos comprender qué clase de gente en la sociedad haría las cosas que gobiernos y países, bancas y empresas multinacionales están perpetrando contra gente inocente.

Los Nefilín no crearon la vida en la Tierra; no crearon a los hijos de Dios ni a los niños de Dios. Lo que hicieron fue tomar a un hombre primitivo, el *Homo erectus*, y alterar drásticamente sus capacidades implantando en él su propia imagen y semejanza.

Saint Germain dice:

> Por tanto, señalo con precisión la conspiración de los ángeles caídos conocidos como los *dioses Nefilín* y como los

Vigilantes. Señalo su conspiración para controlar las poblaciones de los mundos, donde han engendrado su creación experimental, su hombre mecanizado. Y, por tanto, a fin de controlar su experimento de laboratorio, han utilizado toda clase de estratagemas.

Ahora, por tanto, otros poderes inicuos que van contra la evolución de la vida en todas partes han considerado adecuado la utilización del hombre mecanizado, el hombre computarizado (el hombre de plástico, si queréis) como los ejemplos que marcan tendencias, gente de la alta sociedad escalando en busca de los dioses y los ángeles caídos para tentar, provocar e hipnotizar a la progenie del Anciano de Días, la progenie de Cristo encarnada.

Su propósito es múltiple, pero se centra en el deseo de robar la Luz de la llama trina, de atraer a los portadores de Luz hacia los valles del mismísimo abismo donde ejercerían las prácticas de la Oscuridad. Y, por tanto, hay ángeles caídos encarnados disponibles para demostrar el «camino que parece derecho»:[36] proporcionar las drogas, dirigir la operación y llevar al hombre mecanizado hacia toda la conspiración, estableciéndolo como maniquí de escaparate para que lo copien los hijos de la Luz.

Por tanto, los glamurosos y los que componen las multitudes de la conciencia de las masas ejercen un impulso acumulado de alcance planetario para magnetizar a los portadores de Luz hacia sus prácticas con las drogas, el rock pervertido y las obras malvadas, aliando y alineando así kármicamente a esos portadores de Luz con las fuerzas más oscuras de los abismos del infierno para llevarlos a unas alianzas, de naturaleza sexual, que dan como resultado la producción de vida, una vida que es de la oscuridad y del abismo, la cual, cuando se combina con la progenie del Cristo, obtiene una transfusión de Luz imposible de conseguir de otra forma.

Así, mediante la filosofía serpentina del camino igualitario de la igualdad total de todas las evoluciones,* vemos que

---

*Los Maestros Ascendidos enseñan que todos somos creados iguales en el Principio, pero debido al ejercicio del don original del libre albedrío, cada cual ha forjado su identidad Divina o ninguna identidad en absoluto.

los portadores de Luz no tienen ningún sentido de su misión o su valía, ni una determinación Divina a niveles internos para guiar a todo el mundo fuera del control de los ángeles caídos. Por tanto, se ven atraídos hacia estas alianzas en crímenes y enredos de afinidad de distintos grados, y la semilla de Luz se diluye; se ve vencida, se ve traicionada. Y descubriremos que, tal como vemos en mi transmisión de hoy para daros un conocimiento necesario, que ello da como resultado la dilución de toda la conciencia Crística planetaria y la traición, uno a uno, de los portadores de Luz que deberían y *deben* asumir la postura que les corresponde en la Vida en este siglo para que se puedan echar los verdaderos cimientos de la era de Acuario.[37]

Ángeles caídos: Rebelión en el cielo

Los escritos judíos de la época del segundo templo reconocieron en los versículos bíblicos que describen a los Nefilín los ecos de las antiguas perdiciones de los ángeles caídos. Volviendo a los archivos de la Gran Hermandad Blanca, que contienen millones de años de evolución espiritual-material de sistemas solares y galaxias, descubrimos que estos caídos formaban parte de los grupos angélicos y Arcangélicos creados incluso antes de la creación de los hijos de Dios.

Los ángeles ocupaban un puesto en el despliegue de los reinos de Dios como siervos de los hijos de Dios. Así, como niñeras o maestros y protectores, vinieron antes para preparar la encarnación de la Palabra, la encarnación de Cristo; no en un hijo de Dios, sino en muchos hijos y muchas hijas de Dios en todos los universos.

Hay Arcángeles con los que actualmente estamos familiarizados —el Arcángel Miguel, el Arcángel Gabriel— y hay muchos otros. Pero había uno que se llamaba *Lucifer*, un Arcángel de gran talla que se rebeló contra el Señor Dios. Se rebeló por no querer ser siervo de la progenie del Altísimo. Era demasiado poderoso, tenía demasiada gloria, estuvo con Dios cuando este creó a Su progenie. Ahora no quería hincar la rodilla e inclinarse ante la Luz de la progenie del Altísimo.[38]

Esta fue la verdadera causa de la rebelión y la guerra en el cielo que consta en el Apocalipsis. Y así comprendemos por qué en Isaías está escrito:

> ¡Cómo caíste del cielo, oh, Lucero, hijo de la mañana! Cortado fuiste por tierra, tú que debilitabas a las naciones. Tú que decías en tu corazón: Subiré al cielo; en lo alto, junto a las estrellas [los hijos] de Dios, levantaré mi trono, y en el monte del testimonio me sentaré, a los lados del norte; sobre las alturas de las nubes subiré [sobre la mismísima gloria Shekinah], y seré semejante al Altísimo. Mas tú derribado eres hasta el Seol, a los lados del abismo.[39]

¿Quiénes son estos Nefilín que están en evidencia en este mismo momento? Son los mismos, los caídos denominados de forma colectiva como el *Dragón* en la visión del Apocalipsis de San Juan.[40]

Mucha gente cree que el Apocalipsis es algo que está a punto de tener lugar. Sin embargo, muchas de sus ocurrencias en efecto ya se han producido y están teniendo lugar en el gran drama de decenas de miles de años de una historia que todos hemos vivido. Cuando encarnamos una y otra vez, un velo desciende, una pérdida de memoria para que no recordemos las experiencias que hemos tenido. Sin embargo, nuestra curiosidad acerca de esas experiencias no se sacia. Vamos a ver películas de ciencia ficción, leemos libros de ciencia ficción buscando pistas sobre ese recuerdo y registro que está justo por debajo de la superficie de nuestra conciencia actual.

Y así, Juan escribió en su libro del Apocalipsis, que le entregó el ángel del Señor Jesucristo como un dictado:

> Después hubo una gran batalla en el cielo: Miguel y sus ángeles luchaban contra el dragón; y luchaban el dragón y sus ángeles; pero no prevalecieron, ni se halló ya lugar para ellos en el cielo.
>
> Y fue lanzado fuera el gran dragón, la serpiente antigua, que se llama diablo y Satanás, el cual engaña al mundo entero; fue arrojado a la tierra, y sus ángeles fueron arrojados con él.[41]

¿Qué es el cielo y qué es la tierra? No son más que frecuencias vibratorias. Estos rebeldes contra Dios no podían seguir ocupando las altas frecuencias y, por consiguiente, fueron echados abajo en una espiral en desaceleración hacia cuerpos de la «tierra, terrenales»,[42] que ahora ocupamos nosotros. Estas almas que somos ocupan el templo con que estamos vestidos. Nuestro cuerpo no es nuestra identidad, es un vehículo de conciencia para un viaje temporal en la Tierra. El único problema es que este viaje temporal ha continuado durante cientos de miles de años, porque no hemos afrontado nunca el problema de los Nefilín, los caídos.

Hemos olvidado este escenario, pero aparece en el subconsciente y no podemos alejarnos de él. Por eso, de niños nos intrigaban las películas del Oeste con los sombreros blancos y los negros; y ahora con las fuerzas del Bien y del Mal trasladadas a los cielos en la ciencia ficción. Tenemos un continuo deseo de observar el resultado de esta interacción de las fuerzas de Luz y Oscuridad.

Así, el Arcángel y una tercera parte de los ángeles que le siguieron, como está escrito en el Apocalipsis,[43] fueron echados a la Tierra y dejaron de moverse como ángeles y como dioses para hacerlo como hombres, como hombres mortales limitados a unos cuerpos de barro, ya sin el inmenso poder que tenían antes de su rebelión. Se les dio un período de tiempo en cual desarrollar su existencia de un tiempo, y tiempos, y la mitad de un tiempo. Esto lo encontramos en Daniel y en el Apocalipsis.[44] Esto se refiere a ciclos, no a años, algunos de ellos con una duración de decenas de miles de años para un solo ciclo. Esta es la oportunidad que el Dios Todopoderoso concede al ser individual que una vez estuvo con él en el cielo para que se arrepienta, confiese la Luz que ilumina a todo hijo de Dios que viene al mundo como la verdadera Palabra, la verdadera Luz, como Dios mismo, y para que se incline ante esa Luz.

¿Tan difícil es inclinarse ante la Luz de Dios que ilumina nuestro templo? Yo puedo inclinarme ante la Luz de Dios en ti. Puedo inclinarme ante la chispa de la creación. ¿Quiénes son estos grandes y poderosos que nunca se rinden, que no hincan la rodilla para confesar que la noble creación del Dios Todopoderoso tiene un propósito y solo uno: encarnar esa verdadera Luz, esa Palabra; sí, ser la encarnación de la Palabra?

Si ellos reconocieron esto, esta élite de poder perdería su baluarte. Para ellos, elevarse y reconocer a Dios en los hijos de la Luz sobre la Tierra significaría reconocerlos como superiores a ellos mismos. Tendrían que renunciar a sus puestos de poder país tras país y reconocer que el verdadero gobierno debe descansar sobre los hombros del Señor Cristo[45] que vive en todos los niños del Dios Altísimo.

Estos Nefilín han usurpado los tronos de los hijos de Dios país tras país e, incluso, planeta tras planeta. Y lo llevan haciendo muchísimo tiempo. Esta es la hora de darle la vuelta a las cosas, de la revolución de los portadores de Luz. Pero hay cierto conocimiento sobre historia y conceptualizaciones de nuestra identidad individual que debemos afianzar con firmeza en nosotros, si queremos afrontar este enemigo como David se enfrentó al gigante Nefilín, Goliat.[46]

Así, estos ángeles cayeron de la gracia que era su razón de ser: servicio al Padre en el Hijo. Fueron expulsados del cielo a los planos de la Materia por el Arcángel Miguel y sus huestes. Y la advertencia está escrita:

> ¡Ay de los moradores de la tierra y del mar! porque el diablo ha descendido a vosotros con gran ira, sabiendo que tiene poco tiempo.[47]

El ¡*ay!* que le llega a la gente de la Tierra es que estos caídos, con su ciencia, tecnología y evolución superior, están en posición de superar a los niños de Dios en inteligencia. Por tanto, un gran mal ha llegado a este planeta, y lo vemos hoy día en todas las formas de manipulación de la gente país tras país. No se limita al comunismo o el capitalismo, es una élite de poder que ocupa toda la gama y que está obcecada con el control de la gente de la Tierra.

Desde que se expulsó a los Nefilín a la Tierra, han intentado mantener su menguante identidad como dioses. Ya no son dioses, pero nosotros los elevamos a esa categoría y nos involucramos en su culto idólatra. Se han rodeado a sí mismos con adornos materiales como sustituto del reino espiritual que una vez conocieron. Han creado una especie de *reino del cielo* en la Tierra. Y para hacerlo, han utilizado su tecnología y los recursos naturales de la Tierra allá donde los han podido encontrar para crear y sustentar su reino, con la humanidad, con su creación mecánica y con los niños de Dios como sus esclavos.

Relatos paralelos en la Biblia

Cuando Sitchin mira los escritos del Génesis, considera que el dios al que se refieren los textos es uno de los Nefilín. No se fija en Jehová o el SEÑOR Dios Todopoderoso o el Dios que se le reveló a Abraham como *El Shaddai* o el *YO SOY EL QUE YO SOY* que se apareció a Moisés. Sin embargo, en el Génesis y por toda la Biblia hay relatos paralelos. Entremezclado en los textos de las sagradas escrituras se encuentra el relato de los dioses Nefilín por un lado y el Dios único, el Señor de Israel, y los Maestros Ascendidos por otro.

Vemos figuras destacadas, Hijos de Dios que han aparecido como descendientes de Abraham. Los vemos guiando a los hijos de la Luz lejos de la idolatría de sus vecinos de la civilización cananea. Entonces comprendemos que en los relatos de las escrituras hay más de lo que salta a la vista, y estas son más que una simple transferencia de textos sumerios a escritos sagrados. Los registros de los retiros de la Hermandad revelan la venida de los hijos de Dios a la Tierra con el gran Gurú, Sanat Kumara, conocido como el Anciano de Días.

Daniel, el Hijo de Dios, comulgó con el Anciano de Días y lo vio cara a cara.[48] Los profetas vivieron la Presencia de Dios. Nosotros, tú y yo, tenemos nuestros testigos interiores de que Dios es la Luz y exalta su propia Luz dentro de nosotros y nos lleva por senderos de rectitud.

Antiguas Eras de Oro

Antes de esta historia de los Nefilín, miles y cientos de miles de años antes, hubo Eras de Oro en la Tierra cuando su gente sabía quién era, sabía que era de la Luz y de Dios. Esta gente tenía inmensos poderes en el uso de la ciencia de la Palabra hablada. Estas civilizaciones son anteriores a Lemuria, que se hundió bajo el Pacífico, y a la Atlántida, que es muy reciente en comparación. Estas civilizaciones existieron en el continente africano, en Asia, en Suramérica y en otras zonas de la Tierra que ahora están bajo los océanos o las arenas del desierto. Tales Eras de Oro son un vago recuerdo que precede al que tenemos de Armagedón, la guerra del Bien y el Mal y la más reciente Caída del Arcángel.

En aquellas Eras de Oro, los individuos provenían de Dios y tenían cuerpos transparentes de Luz. La gente entendía la encarnación de la Palabra en cada Hijo e Hija de Dios. Utilizaban la Palabra para precipitar civilizaciones de oro, magníficas estructuras, arte y ciencia. Vivían cientos de años en el mismo cuerpo y no experimentaban la muerte, la enfermedad o la discordia. Este es el motivo por el que siempre tratamos de alcanzar un camino de perfección y una forma superior de Vida. Sabemos que es posible porque ya ha existido antes.

Llegó un tiempo en que algunas de las Eras de Oro más recientes entraron en declive porque la gente dejó de reconocer y dar adoración y gloria a Dios por todos los logros. Cuando las personas están dotadas de un poder ilimitado (como Cristo dijo antes de ascender: «Toda potestad me es dada en el cielo y en la tierra»),[49] es fácil olvidar que «no puedo yo hacer nada por mí mismo, el Padre en mí es el que hace las obras».[50]

Lucifer se olvidó de eso, y lo mismo hicieron algunas de aquellas civilizaciones de oro. A través de ese olvido y el abuso de la ciencia de la Palabra hablada, se produjo un rápido declive. Los grandes Jerarcas de Luz se retiraron a las octavas superiores y se produjeron grandes cataclismos. El hundimiento del continente de Lemuria es un ejemplo.

La misión de rescate de Sanat Kumara

Debido a la ausencia de adoración a la Llama de la Vida, se produjo un rápido declive de conciencia y, en consecuencia, de la apariencia exterior. El cuerpo se volvió más denso y tosco, hasta descender al nivel del simio. Así es como los Nefilín encontraron la Tierra cuando llegaron. Llegaron a escena en la época del *Homo erectus*. Esa también es la época en que Sanat Kumara, reconocido en los antiguos escritos orientales como el primer Gurú de todo el planeta, acudió ante los consejos del Dios Todopoderoso y sus Hijos y suplicó que se concediera otra oportunidad para que esta evolución caída de los niños de Dios en la Tierra regresara a su Fuente. Se ofreció venir a la Tierra; y hubo muchos otros que se ofrecieron a venir con él.

Estos hijos de Dios que se ofrecieron como voluntarios sabían que tendrían que encarnar en cuerpos densos e ir avanzando a través de una evolución muy densa. Comprendían que, debido a que los niños de Dios habían traicionado el plan divino que Dios les había dado, estos eran vulnerables ante las evoluciones de los Nefilín, porque en sí mismos tenían cualidades parecidas por las que se ignoran las Leyes de Dios. Así es como los niños de Dios se redujeron a este estado tan bajo. Por eso los rezagados tuvieron permiso para venir.[51] Por eso los Nefilín pudieron penetrar en este hogar planetario.

Sanat Kumara, por tanto, figura como el gran arquetipo de Luz, como el principio paterno en los textos principales de las religiones del mundo de Oriente y Occidente. Es conocido con muchos nombres. *Karttikeya* es uno con el que se lo conoce en la tradición india.[52] Sanat Kumara llegó encabezando a los hijos de la Luz que encarnaron. Pero, poco a poco, tras siglos de encarnaciones en esta evolución y oleadas de vidas tan densas, algunos hijos de Dios olvidaron su Origen, su razón de ser y el propósito de su misión. Por tanto, los Nefilín comenzaron a gobernar la Tierra y a tomar el poder e incluso hicieron que los hijos de Dios, a quienes debían servir, pues para ello se habían creado, estuvieran sometidos a ellos.

Esta farsa ha continuado durante miles de años. Hoy día y en este momento, los hijos de Dios están despertando para volver a ser conscientes de su antiguo recuerdo, para comprender quién es el Anciano de Días y el propósito específico por el que estamos aquí, en esta misión de rescate, que es para devolver a los hijos de la Luz esa llama trina de su Identidad Divina, la cual perdieron porque dejaron de adorar a Dios como Luz, Dios como el Todopoderoso en su universo, Dios como Luz y llama que late en el corazón de los hombres.

Jesucristo, Avatar de Piscis

Ahora podemos entender las palabras y la misión de Jesucristo, Avatar de la era de Piscis. Este Hijo de Dios vino con un gran mensaje. Está escrito que Dios envió a su Hijo al mundo, «no para condenar al mundo», no para condenar a los hijos de la Luz por seguir a los dioses falsos de los Nefilín, «sino para que el mundo sea salvo por él».[53] Y está escrito que a los que creen en su nombre, tenía el poder de hacerlos hijos de Dios.[54] El poder que recibió este Avatar fue el de transferir y devolver a los hijos de la Luz esa chispa original de Luz que perdieron cuando se perdieron al rebelarse contra Dios.

Jesucristo es el gran iniciador de tu conciencia Crística individual y la mía para devolvernos la Llama y la Luz. Gautama Buda vino con una misión parecida, así como Zaratustra y muchos otros cuyos nombres no conocemos porque vinieron en tiempos muy remotos. Así, nos damos cuenta de que, en cada país, en cada raza, en cada civilización han venido Hijos de Dios con este mensaje.

Las mismas evoluciones están presentes con nosotros en la actualidad como lo estuvieron en los tiempos de Noé (los hijos de Dios, los niños de Dios, los dioses Nefilín y su hombre mecanizado), evolucionando unas al lado de las otras en el planeta Tierra.

¿Cómo se las puede distinguir? Jesús dijo: «Por sus frutos los conoceréis»;[55] por su conciencia, reflejada en sus obras. El Gran Director Divino ha dicho que él no propone una caza de brujas de estos caídos,[56] porque el único medio lícito de lidiar con ellos es la transmutación. La transmutación se produce con el fuego sagrado del Espíritu Santo y aparece cuando entonamos la Palabra.

Comenzando con la Palabra y el AUM sagrado, debemos extraer esa Luz, que comenzará a acelerar nuestras vibraciones personales hasta que nuestro cuerpo, nuestros átomos y nuestras células y moléculas comiencen a contener más y más Luz de la Palabra creativa misma. Nos volveremos más ligeros; no estaremos tan densos; empezaremos a vivir en planos superiores de conciencia, aunque sigamos moviéndonos en este vehículo físico.

Lo que se necesita es el proceso autotranscendente que los Gurús de Oriente y Occidente han enseñado, el poder liberador de la Palabra. Cuando la evolución de portadores de Luz decida separarse y ser un pueblo apartado y acelerar, veremos que aceleraremos para salir de las dimensiones de los seres densos, los muertos vivientes y los que pertenecen a la creación mecánica.

Pero ¿qué hay de esa creación mecánica que no tuvo nada que decir acerca de su creación? Está escrito que, si confiesan el nombre del Avatar, del Señor Dios Todopoderoso, ellos también serán salvados; que los Avatares que vienen de forma periódica a la Tierra como la Palabra encarnada tienen el poder de transmitir, incluso, al hombre mecanizado, una Llama de la Vida. Y esa chispa de Vida es esencialmente la única diferencia entre un robot creado por antiguos científicos y un niño de Dios.

Por tanto, incluso los individuos que se encuentran en la situación de haber sido creados como una raza esclava, que ahora quizá se hayan casado con otras razas y sus descendientes pudieran formar parte de todas las razas de la Tierra, incluso ellos tienen la oportunidad de entrar en contacto con la Palabra Encarnada, ese Salvador, y recibir el don de la Vida eterna. El precio es sencillamente obediencia a las Leyes del Dios Todopoderoso y a la llama de amor viva.

Un incremento de Luz de los Santos Kumaras

El repentino estallido de creatividad y avance tecnológico en la época sumeria no surgió exclusivamente por la llegada de los caídos en sus naves espaciales. Sumeria puede atribuir parte de su gloria a los Nefilín, pero no toda. Los Hijos de Dios también sobrevivieron a ese Gran Diluvio y regresaron a Sumeria. Su meta era elevar a la humanidad iluminada y enseñarle las artes y las ciencias de la cultura.

Dios no confió el desarrollo intelectual de su creación en

evolución solamente a los caídos, sino a aquellos que Helena Blavatsky identificó en *La doctrina secreta* como los que otorgan la inteligencia y la conciencia al hombre. Son conocidos con muchos nombres; nosotros los conocemos como los Siete Santos Kumaras. Sanat Kumara, el Gran Gurú, es uno de los siete.

Los siete son los patrocinadores de la iluminación progresiva de los hijos de la Luz. No mediante la ingeniería genética, sino por medio de la iniciación, ellos han transferido Luz para aumentar el potencial de la mente y acelerar la evolución del cuerpo. Ello explica la aceleración de la evolución de las oleadas de vida de la Tierra.

La evolución del hombre no avanzó simplemente por la ingeniería genética del *Homo erectus.* Mientras los Nefilín se ocupaban de acelerar la evolución, los Santos Kumaras daban a los hijos de la Luz que provenían de las civilizaciones que manifestaron una Era de Oro una nueva oportunidad de tomar la decisión de servir al Dios vivo. Para ello dieron una iniciación que consiste en un incremento de Luz que acelera el chakra de la coronilla y hace que el cerebro y sus funciones se aceleren.[57]

El cerebro es el efecto exterior de la causa interior. La causa interior es la Luz contenida en el chakra de la coronilla. Cuando aprendamos a elevar la Luz en el templo físico y a utilizar la Luz del corazón para expandir los siete chakras, podremos contener más Luz en el cuerpo y, por tanto, el cuerpo mismo evolucionará hacia la conciencia superior.

Hoy día nos enfrentamos a decisiones sobre si seguiremos a los falsos dioses y la ingeniería genética o si escogeremos ir con los grandes iniciadores de la raza, los designados por Dios mismo, que son los Maestros Ascendidos, quienes son verdaderamente seres Crísticos, que tienen amor en su corazón y la compasión de engendrar las verdaderas cualidades de Dios, así como la capacidad de dominar nuestro entorno. Su patrocinio, por tanto, ayuda a los niños de Dios a aprender las artes y las ciencias traídas por la Hermandad, que trabaja detrás de bambalinas a niveles internos, así como a través de representantes encarnados físicamente.

Hay muchas personas en la Tierra que sirven a los Maestros Ascendidos y no tienen la menor idea de que están en contacto con la Gran Hermandad Blanca. Son gente compasiva, llena de amor, humilde, sea cual sea su ámbito de actividad. Sirven para liberar a la vida, y para ellos la llama de la libertad es más importante que una paz sin honor. Ya sea en las ciencias, la religión o las actividades humanitarias, hay almas por todo el planeta que de hecho están vinculadas con los Hijos del Dios vivo y verdadero, a través de esta comunión de los santos, y lo único que necesitan es que se lo recuerden externamente para que la mente exterior comprenda la conexión interior del alma. Y estas personas son grandes innovadores del Bien de todas las procedencias.

Debemos entender el Mal encarnado

Debemos salirnos de las trazadas de ideas anteriores sobre demonios que van por ahí con cola y tridente. Debemos comprender que los demonios son solo ángeles caídos que han abusado de la ciencia de la Palabra hablada y han elevado su velo de energía, toda su creación del hombre mecanizado y el materialismo.

Los ángeles que nunca cayeron quieren exaltar a los niños de Dios hacia una forma de Vida superior, una Luz superior, una aceleración superior, el universo espiritual. Pero los ángeles caídos quieren atrapar a los niños de Dios en la perpetuación de una cuasi vida en el universo material. Siempre que puedan mantener a los hijos de la Luz reencarnando en estos cuerpos terrenales densos, podrán exprimirlos a diario para obtener su Luz, su suministro, su dinero, sus talentos, su conciencia, y así sustentar este materialismo incesante e irreal gracias al cual medran.

En efecto, monstruos genéticos aparecen en medio de nosotros sin ser detectados como los propios Nefilín y su creación robótica, que aterrorizan a países enteros con sus asesinatos, sabotaje y matanza sin control de millones de víctimas inocentes (tanto si fuera en las dos guerras mundiales, en la toma de poder comunista de Rusia, Europa oriental y China, el holocausto nazi o el aborto de los tiempos modernos, ya sea con agentes químicos, pesticidas o lluvia radiactiva y desechos o con el desastre de

la central nuclear de Three Mile Island o Chernobyl), siempre
llevado a cabo con la característica insensibilidad por la vida, la
ambición sin fin y los deseos de poder.

No temáis a los que matan el cuerpo...

En los pocos años que les quedan, los caídos, los propios
Nefilín del principio, están obcecados con la destrucción de las
almas de los niños de Dios. Lo que desean destruir es el alma de
la gente de Dios y, por tanto, Jesús dijo: «No temáis a los que
matan el cuerpo, mas el alma no pueden matar; temed más bien
a aquel que puede destruir el alma y el cuerpo en el infierno».[58]

¿Cómo se puede destruir a vuestra alma en el infierno? El
alma puede destruirse si abandonas tu razón de ser en Dios y
sigues a los dioses falsos y les das, pedazo a pedazo, el valioso
átomo semilla, la identidad esencial de la Vida que persiste encarnación tras encarnación. Tu verdadera identidad es un don que
Dios te ha dado; es para que tú se la devuelvas. Si decides dársela
a los ángeles caídos, se aprovecharán de ti y te dejarán tirado.

Tal como hemos visto repetida la encarnación de la Palabra,
hemos visto la reencarnación de los Nefilín. Los feroces dioses de
Sumeria reencarnaron y se propagaron por la Tierra como Gen-
ghis Khan, con sus hordas de hombres mecanizados; o Hitler, con
sus ejércitos de robots y jefes de estado trastornados, locos con la
exterminación de los judíos, un clásico ejemplo de los consejos de
guerra de los Nefilín empleando a robots para eliminar a millones
de niños de Dios.

¿Qué característica observas en estos caudillos militares que
estuvieron en los juicios de Núremberg? Un ego descomunal, un
orgullo descomunal, la capacidad de negar totalmente lo que
hicieron, la capacidad de asesinar a millones y millones de niños
de Dios.

Debemos entender que hay dos clases de personas que viven
en la Tierra. Y hasta que no lo comprendamos, nunca nos ocu-
paremos de llevar a esta Tierra hacia una Era de Oro. Esta Enseñanza es el eslabón perdido en tu sendero individual, tu carrera
profesional, la vida que tendrás, cómo será tu familia, cómo

traerás niños al mundo y cómo los educarás. Es algo más que una religión, es la ciencia de la Vida universal.

El trigo y la cizaña

Hitler y sus locos jefes de estado son fáciles de identificar, pero cuando los Nefilín se vuelven benefactores y vemos que no hacen otra cosa que apoderarse del dinero de los impuestos y regalarlo para obtener una buena reputación, se nos hace difícil identificar quién está a la derecha y quién a la izquierda, quién es de la Luz y quién no. Con el corazón, el alma y la Palabra interior es que debes conocerlos por sus frutos.[59]

Los hijos de la Luz no siempre han reconocido a los opresores. No se dan cuenta de que los destructores de la gente también son los liberadores, y el juego es de toma y dame. A fin de conservar su buen nombre, deben hacerse pasar por el liberador al mismo tiempo que destruyen a la gente que desean conquistar. Allá donde se producen asesinatos a sangre fría en masa, allá encontramos detrás de eso la manipulación y los diseños sedientos de sangre de gente que de algún modo no son gente, no como el resto de nosotros.

Jesús explicó con detalle la diferencia entre el trigo y la cizaña. El trigo, dijo, son los hijos de la Luz y la cizaña es la progenie del malvado que ha sembrado el enemigo; y no serán separados hasta los últimos días, cuando los ángeles lleguen y aten en manojos la cizaña y la quemen como paja, y los hijos de la Luz sean libres.[60]

Por algún motivo, ese mensaje de Jesucristo no ha calado. Sobre todo, parece no tener relevancia hoy día, pero es algo muy relevante. Y así, la cizaña crece junto al trigo y hasta el juicio final nunca se sabe si un individuo vive de Luz prestada de los hijos de Dios o si es una fuente de Luz y está verdaderamente unido a Dios. Por tanto, Jesús nos advirtió: «No juzguéis, para que no seáis juzgados».[61] Pero no juzgar no significa que no debamos poseer criterio Crístico y discernimiento para ver lo que tengamos que ver y escoger bien a nuestros representantes.

Hoy día la gente no está dispuesta a afrontar los hechos y las cifras que hay. Los Nefilín y su creación pecaminosa están vivos y coleando en el planeta Tierra. Son los espiritualmente malvados en altos puestos en la Iglesia y el Estado, el gobierno y la economía, la educación, las artes, los medios de comunicación y a la vanguardia de la manipulación científica del futuro.[62] Son los que dicen: «Nosotros somos los dioses y el futuro nos pertenece». Nadie los desafía. Ahora a nosotros corresponde decir: «No. El futuro es del Mundo. El futuro es de la Palabra Encarnada. Y yo elijo por libre albedrío ser esa Palabra».

Dios nos ha dado esa opción. Pablo lo dijo. Podemos escoger ser herederos conjuntos con la conciencia Crística universal que Jesús encarnó,[63] que Gautama encarnó, que los santos de Oriente y Occidente han tenido. Las palabras y las obras de los hijos de Dios los separan de los Nefilín.

El karma de la Atlántida

Actualmente estamos aproximadamente a doce mil años tras del último Diluvio. El ciclo de doce mil años es único. Representa un período de iniciación para las evoluciones de la Tierra.

Hemos cerrado el ciclo. Hemos vuelto a todas las cosas que se hacían en la Atlántida en lo que se refiere a ingeniería genética y manipulación. Hemos vuelto al punto en que debemos ejercer el libre albedrío y asumir el control de nuestra historia, nuestra era, nuestro país y los países de la Tierra. Porque si se repiten los mismos acontecimientos, si las infames creaciones salen de los tubos de ensayo de los laboratorios y la Tierra se vuelve a infestar de más y más maldad y de unas cargas más y más pesadas para las personas, solo podemos prever que esta ausencia de armonía de Dios en la vida sobre la Tierra precipitará otro gran cataclismo. De todos los males que provocaron que el juicio del SEÑOR Dios descendiera causando el hundimiento de la Atlántida, con la apertura de las inundaciones de las profundidades, la manipulación genética que dio como resultado la creación artificial de formas de vida malvadas fue el mal más grande y el peor.[64] Esto está reemergiendo a una velocidad fantástica. Por tanto, estamos a punto de afrontar las pruebas con respecto a si permitiremos o no que esta manipulación de la Vida que es Dios continúe para nuestra autodestrucción.

Así pues, cuando la ingeniería genética atlante se eleva por encima del nivel de la ciencia tradicional, pregúntate qué clase de gente hay detrás de ello y quién utilizará la ingeniería genética y con qué fin. Luego pregúntate si estás seguro de que pasaremos por la noche oscura de la reemergencia de la cultura Atlante sin un cataclismo. Los estruendos de ese cataclismo ya se sienten en los terremotos, en las condiciones climáticas extremas; y hay un temor generalizado en el cuerpo planetario de que nos tendremos que enfrentar a un cataclismo intenso en los años que se avecinan.

Dios nos ha dicho mediante su Espíritu Santo que esto se puede detener. ¿Cómo? Con el poder de la Palabra, con la invocación de la Palabra, contigo meditando en esa Palabra, hablando esa Palabra y amando esa Palabra con tu vida para unirte a ella. Por consiguiente, te conviertes en la Palabra Encarnada.

Con esta finalidad naciste. Naciste para mezclar tu alma con esa corriente en movimiento de la Palabra, la Palabra universal que era con Dios en el principio, sin la cual nada de lo que ha sido hecho, fue hecho.[65] No fuimos creados sin esa Palabra en nosotros y, por tanto, a esa Palabra volvemos. Esto es la clave, porque lo que crea puede eliminar. Y la Palabra puede eliminar toda la mecanización destructiva de los caídos que existe por todo el mundo.

El profeta nos dice que las Huestes del SEÑOR están acampadas en las colinas. El líder de la batalla, el líder de los ejércitos del cielo que figura en el Apocalipsis, no es otro que Sanat Kumara.[66] Hay Arcángeles e Hijos de Dios que lo apoyan, y están ahí preparados para entregar a la Tierra en manos de los niños de la Luz. Pero debemos hacer el llamado. Se nos exige que usemos la Palabra hablada para invocar a Dios a que se manifieste en la Tierra. Existe una Ley muy importante: las legiones de Luz no pueden entrar a este plano de la tierra a menos que las invoquemos, porque Dios nos dio el señorío y el libre albedrío en la Tierra.

Es nuestra Tierra. No le pertenece a los Nefilín. No le pertenece a su creación impía. Pertenece a los hijos de la Luz y a los hijos de Dios. Si queremos intercesión divina, debemos pedirla. Ello significa oración, decretos dinámicos, meditación; el uso cada día de la ciencia de la Palabra hablada para invocar la presencia de Dios, para decir: «Señor, baja a la Tierra. ¡Toma el mando! Juzga a los caídos y lleva a esta Tierra a la victoria».

El enemigo interior

EN ESTOS ÚLTIMOS DÍAS, MUCHA GENTE acoge la idea de que una única figura, el Anticristo, está a punto de aparecer. Se han escrito muchos libros sobre este tema y todo el mundo busca al Anticristo.

Sin embargo, la enseñanza de la Hermandad dice que no es importante que profetizaran quién es el Anticristo, cuándo aparecerá, en qué forma y en qué país. En cambio, es importante enseñar a la gente de Dios en la Tierra a preparase para el encuentro con el Anticristo en cualquier forma que este se manifieste.

El Anticristo más peligroso para el individuo es el Anticristo que se aloja dentro de su mente. Este anti-Yo se conoce como la mente carnal. Este anti-Yo es el yo sintético o el yo irreal y está compuesto de impulsos acumulados de karma y de creación que se han acumulado durante muchos, muchos siglos y miles de años de vida en el planeta Tierra u otros sistemas de mundos.

El Morya dice: «Que nadie niegue que existe un Anticristo. Porque el Anticristo es cada una de las fuerzas dentro y fuera de la psique del hombre que quiere derrocar a ese Dios vivo y verdadero dentro de vosotros. Comprended que no se trata necesariamente de una persona que vaya a aparecer en un momento determinado, sino que es la decisión por parte de muchos de encarnar las fuerzas destructivas del universo para apagar la Luz de la libertad, nación tras nación».[1] «El Anticristo es tanto una persona como un estado de conciencia. El Anticristo penetra donde hay debilidad, donde no hay cimientos morales, donde la sociedad se derrumba».[2]

El mayor Anticristo al que te estás enfrentando ahora mismo es el enemigo interior. ¿Quién te amenaza desde fuera? ¿Quién te está quitando tu Cristeidad ahora mismo? Solo el enemigo interior.

Si buscas al Anticristo por el planeta, lo habrás perdido. Si te lo imaginas como el oriental de turbante azul de Nostradamus[3] o a alguna persona malvada que vaya a aparecer, nunca afrontarás al enemigo interior.

El morador del umbral: el enemigo interior

Morador del umbral es un término utilizado a veces para designar al antiyo, al yo irreal, al yo sintético, la antítesis del Yo Real, el conglomerado del ego creado a sí mismo, mal concebido debido al uso inapropiado del don del libre albedrío, que está compuesto por la mente carnal y una constelación de energías mal cualificadas, campos energéticos, focos y magnetismo animal que componen la mente subconsciente.

El contacto del hombre con el yo antimagnético reptiliano, que es el enemigo de Dios y su Cristo y de la reunión del alma con ese Cristo, se produce con el cuerpo de los deseos o cuerpo astral y a través del chakra del plexo solar. El morador del umbral es, por tanto, el núcleo del vórtice de energía que forma el *cinturón electrónico*, el cual tiene forma de timbal en torno a los cuatro cuerpos inferiores desde la cintura hacia abajo.

La cabeza de serpiente del morador a veces se ve salir a la superficie del estanque negro del subconsciente. Este cinturón electrónico contiene la causa, el efecto, el registro y la memoria del karma humano en su aspecto negativo. El karma positivo, como obras realizadas a través de la conciencia divina, queda registrado en el Cuerpo Causal y sellado en anillos de fuego electrónico alrededor de la Presencia YO SOY de cada individuo.

Cuando la serpiente dormida del morador se despierta por la presencia del Cristo, el alma debe tomar la decisión, con su libre albedrío, de matar mediante el poder de la Presencia YO SOY a este tenaz Anticristo personal y convertirse en el defensor del Yo Real hasta que el alma esté completamente reunida con Él, que es el Señor justo, el Señor, Justicia Nuestra,[4] el Yo Verdadero de toda corriente de vida en el sendero de iniciación.

El morador se aparece al alma sobre el umbral de la percepción consciente, donde llama a la puerta para conseguir entrar al reino *legítimo* de la individualidad autorreconocida. El morador entraría para ser dueño de la casa. Pero es Cristo y solo Cristo cuya llamada a la puerta debe recibir tu respuesta; solo a él debes invitar a entrar.

La iniciación más seria del sendero del discípulo de Cristo es en enfrentamiento con el yo irreal. Porque si este no es eliminado por el alma unida a la Mente Crística, saldrá para devorar a esa alma con toda la ira contenida en su odio hacia la Luz. La necesidad que existe de tener con nosotros al Instructor en el Sendero y al Gurú Sanat Kumara, manifestado físicamente en el Mensajero de Maitreya, es que aquel mantenga el equilibrio, tanto en lo espiritual como en la octava física, por cada iniciado en el Sendero que se esté acercando a la iniciación del encuentro, cara a cara, con el morador del umbral. El morador del umbral planetario está personificado en las fuerzas del Anticristo.

Cristo y el morador

El Maestro Ascendido Kuthumi, nuestro psicólogo divino, viene a enseñarnos acerca de la guerra que ha de tener lugar entre el Cristo y el morador dentro de nuestros cuatro cuerpos inferiores:

> Es difícil convertirse en un matadragones cuando la época de la caballería hace tiempo que pasó. A algunos les parece un poco desagradable tomar la espada y matar al yo irreal. Pero, entretanto, mientras tienen el estómago demasiado delicado (y su ego también) para realizar este acto, el morador los devora, entreteniéndose, estancándose y a menudo retrocediendo poco a poco sin darse cuenta. Porque en la relatividad, algunas veces parece que uno avanza cuando está detenido o retrocediendo…
>
> «¿Qué significa —habéis dicho— este matar al 'morador del umbral'?» …
>
> Amados, por libre albedrío todos han forjado acción, palabra, deseo. Algunos, como vibración, han sido puros y perfectos, edificando la Cristeidad individual y el manto, la vestidura sin costuras. Por ignorancia, una ausencia de tutela,

olvido de la Primera Causa y del origen en las esferas superiores, otras vibraciones así que han emanado de las acciones, las palabras y los deseos, han caído; porque no poseen el equilibrio del vuelo de Alfa y Omega. Han caído y comenzado a formar una espiral como un sistema solar en torno al plexo solar, el «lugar del sol».

Impulsos acumulados, pues, de vidas enteras durante muchos miles de años han construido la antítesis del Yo, a veces con un desconocimiento total de la mente exterior, que pensó ser tan sincera y deseosa de hacer el bien que en su deseo de hacer el bien llegó a la conclusión equivocada de que el deseo enderezaría todas las cosas. Sin embargo, la Ley percibe que hay acción correcta, que hay acción incorrecta, y la prueba está en el Cuerpo Causal —el recipiente puro de Luz de todas las acciones buenas en la Materia— y en este cinturón electrónico.

Ahora bien, en el ojo de ese vórtice de energía mal cualificada, en el mismísimo ojo del vórtice, está el punto de conciencia e identidad que emerge como la conciencia colectiva de todas las malas obras. Cada vez que se toma una decisión que se registra como lo irreal, una parte de la mente irreal debe utilizarse para tomar esa decisión. Así, el cúmulo de acciones posee una conciencia colectiva, y el morador es la manifestación colectiva de todo lo que ha existido erróneamente. Esto emerge como una identidad, una fantasía, se podría decir, pero un impulso acumulado que blande el poder humano de forma muy seria y hasta en gran medida.

Esta identidad es el impostor del alma y del Ser Crístico. Una parte del alma está invertida en el impostor por libre albedrío y otra parte del alma está invertida en el Cristo. Así, el campo de batalla y el Armagedón es del alma, la cual, como sabéis, puede perderse.

Ahora llegan el Cristo, los Maestros Ascendidos y sus chelas para atraer al alma lejos de la irrealidad, para demostrar al alma qué es lo Real, qué es la Luz, qué es la Meta eterna. Este es vuestro cargo como pastores y siervos ministrantes y estudiantes de los Instructores del Mundo. Cuando el alma está iluminada y vivificada y consigue una percepción a través de Cristo, comienza a tener la capacidad de ver por sí misma a través de esa inteligencia Crística qué es irreal.

Pero ver no es necesariamente creer. Ver, por tanto, es el primer paso; creer, el segundo.

La acción de negar lo que es irreal está llena de los problemas de la psicología del individuo. Y así, a veces, las lecciones duras (arder en la prueba de fuego,[5] dolor en este mundo) han de convencer al alma de que la Vida es más importante y, por consiguiente, ese individuo debe desprenderse de ciertas situaciones, circunstancias, creencias y comodidades.

Acercamos al alma al precipicio del conocimiento del Bien Absoluto y el Mal Absoluto tanto como sea posible, conservando al mismo tiempo la integridad del alma y sin causarle al individuo demasiado miedo, sin demasiada percepción de la gran Oscuridad interior que se opone a la gran Luz.

Por tanto, amados corazones, hay que matar al dragón, no de una vez, sino poco a poco. Y esto es algo de lo que deberíais ser conscientes, aunque se os lo ha dicho antes. Cada día, de acuerdo con los ciclos cósmicos, sale a la superficie de este estanque oscuro del cinturón electrónico un poquito de la cabeza del morador. Es una oscuridad quieta, y a ese morador, a ese monstruo que se ha creado a sí mismo, uno puede verle quizá la cabeza, la oreja, el ojo o la nariz. Esto, por tanto, lo veis en vuestras acciones y reacciones. Lo veis en cavilaciones de la mente; a veces solo una onda delatadora sobre la superficie o quizá la cola, cuando la bestia se ha sumergido hacia el fondo.

Por tanto, debéis escuchar y observar qué es lo que acecha. Y en cuanto encontréis una tendencia al temor, a los celos, a enojarse o lo que sea, ¡perseguidlo como la punta del iceberg! ¡Trabajad en ello! Este trabajo es un verdadero trabajo profundo del Espíritu. No siempre es fácil estar en el sendero de la confrontación.

El sendero de adaptación al morador

Vengo con el mensaje de Maitreya y vengo a amplificar sus mensajes anteriores. Porque él ha hablado del sendero de adaptación en el cual, en vez de matar al morador, uno encuentra formas de circunvalarlo por aquí y por allá.[6] Y así, comenzáis a construir la torre de Luz; acumuláis un gran impulso de decretos y de servicio, confiando en que, de algún modo, ese aterrador encuentro desaparezca. Pero no desaparecerá. Y el día en que descubráis otra vez que toda la bondad no es una ofrenda aceptable será el día en que, ante la presencia de Maitreya, volveréis a encontraros cara a cara con ese morador del umbral.

Podréis ir a donde queráis para evitar el encuentro con la Mensajera sin jamás notar al morador acumulando un impulso humano positivo en lo que respecta a esos logros exteriores, ya sea a través del yoga, los decretos o esta o aquella disciplina. Y podréis sentiros muy felices con vosotros mismos, y otras personas podrán estar muy contentas con vosotros. Desde luego, esa no es la cuestión.

La cuestión es si vuestra Presencia YO SOY y Ser Crístico se sienten felices y si vuestros Instructores os dirán que, a la luz de la iniciación cósmica, vuestra ofrenda es aceptable. Así, amados, evitar a los Maestros o evitar el instrumento a través del cual podemos hablaros es evitar el Día del Ajuste de Cuentas de vuestra responsabilidad kármica que se ha denominado, en términos bíblicos, el día de la venganza de nuestro Dios...[7]

Rebelión y desobediencia

Comprended, pues, la adaptación al aspecto de la bestia conocido como *rebelión contra el Gurú* y *desobediencia al Señor Dios*. Comprended que esa rebelión fundamental ha supuesto la ruina de muchos chelas, sobre algunos de los cuales ni siquiera habíamos calculado de que pudieran triunfar.

Aunque mantuvimos el concepto inmaculado, teníamos frente a nosotros el registro del pasado. Dimos la oportunidad con la esperanza más pura, con apoyo y con todo el impulso acumulado de nuestra Presencia Electrónica. Sin embargo, amados, otros que fracasaron salieron perdedores de la carrera simplemente por la falta de esta enseñanza del Señor Maitreya, la cual, al haber ayudado a muchos, os doy otra vez.

La adaptación, por tanto, a la rebelión, yendo a su derecha y a su izquierda, volviéndose un adicto al trabajo, como si dijéramos, haciendo muchas buenas obras humanas y sociales o con la práctica de rituales, la oración y el yoga, el seguimiento asiduo de, quizás, el ascetismo o la disciplina personal o la dieta alimenticia, todas esas cosas pueden ser una cuidadosa acumulación de virtud humana por parte del individuo, para evitar (al menos de forma subconsciente) aquello que es el paso más importante que hay que dar: el paso del encuentro con ese satélite en órbita en el cinturón electrónico que se ha interpuesto entre el alma y su Presencia YO SOY, es decir, la rebelión contra el Señor Maitreya o Sanat Kumara o contra la Ley misma, porque esta fue pronunciada, quizá, por un recipiente imperfecto. Esta rebelión, por tanto, se convierte en un bloqueo que se perpetúa a sí mismo, porque se ha establecido en órbita por libre albedrío y no puede sacarse de órbita sin el libre albedrío.

Cuando ponéis planetas en órbita en este cinturón electrónico, creáis vuestra astrología y psicología personal subconsciente, que son la misma cosa: focos de vuestro karma. Ahora bien, al pensar en el sistema solar en el que vivís y si consideráis el peso, el volumen y la magnitud de los planetas, podréis aprender la lección de que es mucho más fácil poner un planeta en movimiento que retirarlo, tal como los mundos que salen de vuestra boca no pueden recuperarse, no importa qué grande sea el arrepentimiento, a no ser que sea con la llama violeta.

La necesidad de la relación Maestro-discípulo

Así, para eliminar el planeta de la rebelión, debéis estar unidos al Sol Central de vuestro ser, la Presencia YO SOY, el Ser Crístico y el logro exteriorizado del chakra del corazón. Por eso predicamos acerca del Sagrado Corazón. Por eso existe una unión de la religión de Oriente y Occidente a través del sendero del corazón, porque todos los que han triunfado lo han hecho mediante este fuego sagrado.

Escuchad bien, por tanto. Para retirar un planeta de

rebelión del cinturón electrónico, debéis poseer una fuerza de Luz igual o mayor y un fuego sagrado manifestado en el corazón para contrarrestarlo y disolverlo, de otro modo debéis darle la mano al Maestro o al Gurú que tenga el desarrollo y pueda transmitiros la Luz que puede manteneros sobre las aguas cuando en cambio os hundiríais, como Pedro.[8]

De ahí la necesidad de la relación Maestro-discípulo. Porque no hay ni uno solo entre vosotros o entre la gente de la Tierra hoy día (excepto los que ya están en nuestros retiros internos) que pueda triunfar solo, que no tenga en su cinturón electrónico algo que requiera el refuerzo de los Maestros que les han precedido para eliminar, para eliminar, digo, lo antes posible, porque no tenemos un millón de años para que os sentéis a hacer la llama violeta y practicar estas disciplinas...

Los ciclos no se deben perder. Las pruebas no deben posponerse. Y cuando lo veáis, reconocedlo y seguid adelante. Amados, cuando ese aspecto rebelde del morador no se desafía, no se ata y no se echa fuera (y esos son los pasos que hay que dar; porque ese planeta puede atarse antes de que se eche fuera definitivamente, lo cual significa que se ha sometido a vuestro libre albedrío y a vuestra Cristeidad, pero no se ha eliminado por completo), cuando permanece, por tanto, y vosotros os encontráis en una zona gris al no haber matado al morador y no haber entrado en la unión completa con Cristo, esas son las aguas traicioneras...

La ofrenda aceptable es el Bien Crístico

Cuando os encontráis en esa zona gris, corriendo de aquí para allá como ratones asustados intentando acumular buen karma, pero sin afrontar el problema, la ofrenda de la rectitud y la bondad humanas *no* es una ofrenda aceptable. Si el individuo no está dispuesto a tomarse en serio esta enseñanza y cambiar, entonces se enojará, como Caín se enojó cuando su ofrenda no fue aceptada.[9] Caín exigió a Maitreya que su bondad humana fuera recibida como sustituto por la bondad Crística, que la Ley se cambiara para él y que, en vez de cumplirla, bastara toda esa grandiosa bondad humana.

Y las personas hacen lo mismo una y otra vez, y sus

estratagemas y sus obras se vuelven más y más grandiosas, algunas veces abarcando la Tierra. Y dicen: «¡Seguro que esta buena obra, este gran legado, este gran acto que he hecho y que ha bendecido a millones de personas será una ofrenda aceptable!».

La ofrenda es aceptable solo cuando es el bien Crístico. ¿Qué es el bien Crístico? Es el alma unida a Cristo que ha matado al morador a través de ese Cristo y, por tanto, puede decir: «He hecho esto para gloria de Dios y no para adaptarme a mi rebelión, no como sustituto a mi renuncia, no como una exigencia de que Dios me tenga que aceptar según *mi* camino y no según el Suyo».

Ahora bien, cuando la ofrenda que no es el bien Crístico es rechazada, como lo es y lo será siempre, se produce una ira que ocurre a nivel subconsciente, la cual aparentemente puede manifestarse como depresión. Cuidado con la depresión o los cambios de humor, porque ello es señal de serios problemas. La depresión es ese estado de la zona gris en la que el individuo ni ha matado al morador ni ha entrado completamente en el corazón de Cristo. Es la situación más peligrosa del alma en esta octava del universo Material. Por tanto, debéis desear apartaros con rapidez de ese punto de peligro.

Algunos de vosotros tenéis sueños repetitivos en los que camináis por puentes muy poco seguros, cruzando profundos abismos o pasando por estrechos pasajes o estando confinados en una caja. Os despertaréis en sudor frío, sentiréis terror por la noche. Y así, os está llegando una lección desde vuestro Cuerpo Mental Superior que os dice que os habéis puesto en una circunstancia peligrosa, que debéis pasar por ella, debéis dar un paso, no podéis volver y no podéis quedaros detenidos; debéis avanzar.

Entran en escena los gurús falsos ofreciendo a las almas frutos falsos

Porque aquí puede llegar el tentador, aquí podéis ser vulnerables ante los que os ofrecen mercancías y frutos que no son los frutos iniciáticos de Maitreya.

Así, entran en escena los gurús falsos para provecharse

de las almas que se han negado a pasar por la iniciación de desafiar a esa rebelión fundamental. Ahora encuentran a un gurú falso, ahora se satisfacen porque todo está bien. Pueden conservar su rebelión, porque el gurú falso es la encarnación del morador del umbral de la rebelión contra Maitreya. Y seguirán a los falsos instructores vida tras vida, suprimiendo totalmente cualquier otra percepción de la Luz de Cristo.

Porque esa percepción exigiría y los obligaría a volver al punto de encuentro y al punto en el que elegir. Así, tienen un sistema de conocimiento, educativo y académico; todas estas cosas confirman y sostienen un sistema de civilización basado en el orgullo y el desarrollo del ego humano, la ética situacional, la modificación del comportamiento y todo lo que ocurre en el moldeado del animal humano.

Comprended ahora cómo el individuo que hace diez mil o doce mil años, al rechazar a Maitreya, tomó la decisión consciente de conservar al morador de la rebelión, reacciona en este momento o en cualquier siglo cuando los representantes de Maitreya y la Gran Hermandad Blanca aparecen con la verdadera Enseñanza y los verdaderos requisitos de la Ley. Ahora la ira que es subconsciente, que solía manifestarse externamente como depresión, se invierte y se ubica en la superficie en una campaña total para destruir la sociedad o la organización o el orificio de la Luz verdadera.

El alma mantiene el equilibrio de la elección correcta, fortalecida por la oración y la meditación

Benditos, en mayor o menor medida, de vez en cuando el morador en vosotros se rebela contra vuestra Cristeidad. Pero el alma debe escoger. Porque el alma, en última instancia, aunque penda de un hilo, mantiene el equilibrio de la elección correcta. Así, cuando no sepáis a dónde ir o no distingáis la derecha de la izquierda, rezad, rezad pidiendo sintonización y unidad con nosotros.

Aprended los pasos de la oración y la meditación que hemos enseñado en nuestra publicación[10] para que podáis ser fortalecidos también por la oración y la meditación como la mano derecha y la izquierda de la presencia de los

Bodhisatvas que vienen a reforzar vuestro deseo de ser todo lo que Dios quiso que fuerais.

Así, la depresión engendra ineficacia, más rebelión, desobediencia, hasta que finalmente se produce un clamor y un rechinar en el cinturón electrónico y en los cuatro cuerpos inferiores. Y a menos que ese individuo escoja deprisa la Luz de su poderosa Presencia YO SOY y escoja alinearse con nosotros, los ayudantes que pueden ayudar, ese individuo deberá con certeza tomar la decisión de salir corriendo hacia el monte o los cañones de las grandes ciudades, donde poder perderse y ponerse a la mayor distancia posible del que puede ayudar, si no nosotros, la Mensajera.

Comprended, pues, amados corazones, que todos los que hacen eso deben tener una excusa, y tal excusa debe estar basada en algún sentimiento de injusticia, alguna ofensa o algún defecto real o imaginado de nuestro testigo, nuestros chelas o nuestra organización. Es una pena, amados corazones, que la ofensa personal basada en una rebelión fundamental pueda derribar al jinete, pueda desarzonar al caballero y este pierda así una gran oportunidad. Esta obra de las eras es una obra gozosa cuando os tenéis unos a otros, cuando tenéis la comunidad y una alegría ilimitada, posible en esta circunstancia con la que sois bendecidos, teniendo este centro con todo lo que ello augura a vuestra corriente de vida.[11]

La fuerza anti-Buda en el planeta Tierra

La traición a la Luz del Hijo de Dios por parte del yo irreal en cada uno de nosotros es un vínculo con la fuerza planetaria anti-Buda, anti-Cristo. Se puede ver en el cinturón electrónico a la altura del chakra de la sede del alma, manifestado como un centro solar negro, un vórtice literal de Oscuridad que se traga la Luz del alma a medida que gira en un sentido contrario a la rotación del Gran Cuerpo Causal. A menos que se ate y eche fuera con el fíat del Dios Todopoderoso mismo, este morador no dejará de agitar las cosas buscando la esclavitud del alma.

Jesús nos ha dado un decreto nuevo y fantástico para este fin, para atar y echar fuera al morador del umbral de esta fuerza anti-Buda con todas sus ramificaciones. Al hacer el decreto para que el morador sea atado y echado fuera, alcanzamos el núcleo de la creación que se opone a lo Divino. Alcanzamos el núcleo de lo anti-Dios o anti-Yo y exigimos que sea atado.

Este decreto, «¡Yo arrojo al morador del umbral!» (página 220-221), es más intenso en comparación con el primer llamado a juicio dictado por el amado Jesús («¡No pasarán!», página 218). Este último supone el juicio de las palabras y las obras, el juicio de las acciones, paso a paso; este decreto puede producir el juicio como retorno kármico hacia el individuo por un único acto, por una única encarnación, por un único impulso acumulado; mientras que el decreto del morador sirve para atar y echar fuera todo el conglomerado de la mente carnal enroscada en el centro del cinturón electrónico. Se trata de la semilla original del Mal en su principio, que ha crecido hasta el momento presente desde el punto de su comienzo sea cual fuere, hace millones de años, cien mil años o cinco años.

El «morador del umbral» es el punto donde se concentra la conciencia que está detrás de la creación humana, la mente detrás de la manifestación. La Hermandad adoptó este término porque transmite que el morador se encuentra en el umbral de la autopercepción, donde los elementos del subconsciente cruzan la línea desde el mundo inconsciente al mundo consciente del individuo, y el yo irreal desconocido se vuelve conocido. Una vez que emerge, el morador habrá entrado en el reino de la voluntad consciente, donde, a través de las facultades para tomar decisiones de la mente y el corazón, el alma podrá escoger si quiere *animar* o matar los componentes de esta antítesis de su Yo Real.

El morador está justo ahí, listo para atravesar la puerta de la conciencia; pero sobre ese umbral, en la línea que separa los planos de conciencia, la acción protectora de la Mente Crística, los santos ángeles y el libre albedrío de la persona estarán para evitar que el morador emerja de hecho y entre en acción en nuestro mundo.

Ahora bien, hay personas, claro está, que no vigilan. Por tanto, se convierten de manera repentina y feroz en instrumentos de un monstruo descontrolado. Y así, cuanto más se trastorne psicológicamente la gente y tenga divisiones en los cuatro cuerpos inferiores, mayor será su tendencia a manifestar aberraciones con las que el morador podrá conseguir entrada a su mundo mediante la palanca de la mente consciente.

Esa gente puede ser gente esquizofrénica, puede escuchar voces y llevar a cabo cualquier cosa, desde el caos hasta los pequeños pasatiempos ridículos que repiten todo el día, siendo todo ello la emergencia del morador, mofándose y provocando al alma en algo que se convierte en un comportamiento compulsivo; la adicción a las drogas, el alcohol, el azúcar, o incluso la posesión demoníaca, el crimen, el acoso sexual a niños y vicios de toda clase. Una vez que tiene el control de la mente consciente, el morador asume el poder sobre la casa entera, atrayendo a desencarnados y demonios que traen muerte y destrucción a muchos espectadores inocentes antes de que la víctima, siendo ella misma un instrumento de la fuerza siniestra, sucumba.

En nuestra sociedad se supone que la diferencia entre alguien cuerdo y alguien trastornado es el control o la falta de control de ese monstruo del lago Ness, ese morador del umbral que habita en los subniveles del cuerpo emocional. La persona que toma la decisión consciente de no permitir que la mente carnal se desahogue a través de los altibajos de la vida, está cuerda, porque ella, y no la bestia, está al mando.

Muchas personas están totalmente dominadas por la mente carnal y están bien cuerdas al mismo tiempo, o al menos así lo parecen. Entonces, cuando llegas a conocerlas, ya no te parece que estén tan cuerdas, pero logran dirigir los bancos, grandes negocios y empresas corporativas de todo tipo en este planeta, y el planeta logra sobrevivir. Y a veces nos preguntamos por qué y cómo funciona todo eso.

El enfrentamiento cara a cara

En la vida llega un momento para el individuo que entra en contacto con el Sendero, los Maestros o sus representantes, en que se encuentra cara a cara con Cristo y con lo anti-Cristo;

Cristo en la persona del hombre de Dios y anti-Cristo en el morador del umbral personal dentro de sí mismo. Y puede que vea a ambos cara a cara.

Normalmente esto no ocurre el día en que se produce el encuentro con la Gran Hermandad Blanca, pero poco a poco, esto tiene lugar. Algunas veces la gente se las arregla para seguir a los Maestros, el Sendero y las Enseñanzas durante muchos años sin vivir el enfrentamiento. O bien lo evitan o bien tratan de evitar la apariencia de haber tenido el enfrentamiento, pero al final, cuando los Maestros lo decidan, forzarán el enfrentamiento y obligarán a sus chelas a escoger entre el Ser Crístico y el morador.

Esto puede ocurrir en cualquier momento del Sendero. La gente lo siente y, por tanto, podría evitar todo contacto con la Gran Hermandad Blanca o con sus agentes. Incluso se oponen a ello con armas, pensando que contravendrán la Ley y el día inevitable del ajuste de cuentas.

Tal fue el caso de Saulo de camino a Damasco. En este caso, fue el Maestro Jesús quien forzó el encuentro en el que Saulo quedó ciego en el proceso alquímico en que la Luz confunde la Oscuridad. Jesús hizo que Saulo escogiese entre su morador, el anti-Cristo o anti-Yo que perseguía a los cristianos, y su Yo Real personificado y representado en el Maestro Ascendido Jesucristo.

Cuando Saulo eligió a su Señor, escogió el sendero del discipulado que conduce a la Cristeidad individual. Y el Maestro ató su morador hasta que él mismo pudiera matarlo «el último día» de su karma. Dotado del poder de Cristo en su Gurú Jesús, Saulo, ahora de nombre *Pablo*, habiéndose despojado del hombre viejo y habiéndose vestido con el nuevo, fue a dar testimonio de la Verdad que lo había liberado de su propio impulso acumulado de creación y la mente humanas que lo creó: el morador del umbral.[12]

Desde su enfrentamiento y conversión personal por el Señor, Pablo después pudo decir a los romanos, con la convicción que da solo la experiencia: «Porque el ocuparse de la carne es muerte, pero el ocuparse del Espíritu es vida y paz. Por cuanto los designios de la carne son enemistad contra Dios; porque no se sujetan a la ley de Dios, ni tampoco pueden».[13]

Decisiones diarias en el Sendero

En el tema que concierne al Cristo y el morador, todos recibimos una oportunidad, en la meditación de nuestro corazón, en la comunión paciente y privada entre Dios y nosotros, de tomar decisiones, poco a poco, sin estar bajo la inmediata presión de la orden inmediata a Josué: «Escogeos hoy a quién sirváis».[14]

Podemos pasarnos años o incluso encarnaciones enteras ejerciendo nuestro libre albedrío, porque la Ley es muy misericordiosa y nos permite que resolvamos este problema de nuestro ser, dándonos la capacidad de ver con claridad que poseemos algún elemento de la creación humana, algún rasgo característico que no nos gusta para nada. Sabemos que no lo queremos, lo hacemos pedazos cada vez que lo vemos. Reaparece de vez en cuando, lo volvemos a hacer pedazos. Dios sabe que nuestros intentos son sinceros y que no estamos engañando, y nos deja en paz. Nos deja conquistar, nos deja vencer.

Existe otra situación en la que la gente se esconde de Dios, se entretiene, posterga las cosas demasiado, y la Gran Ley dice: «Hasta aquí hemos llegado. Has consentido a tu creación humana durante miles de años. Has llevado a cabo tu rebelión contra Dios durante demasiadas vidas, ¡y esta vez es la hora de la verdad! Tu decisión y tu decreto concerniente a esta situación será lo que cuente». Y el Maestro desafiará a su chela: «O renuncias a tu terquedad y das un cambio radical ahora o dejarás de ser considerado un chela de la Gran Hermandad Blanca».

La Gran Ley lleva a cabo esta acción porque el Maestro ha cargado con el karma de su chela durante varios siglos y los ciclos del patrocinio a su chela se han terminado. No tiene otra opción más que obligar al chela a elevarse. Si este no responde, el Maestro deberá dejarlo para que se las arregle él solo, hasta el día en que el chela decida plantarse, afrontar y conquistar por sí mismo, volviéndose a ganar así el derecho a la gracia del Maestro.

La iniciación de matar al morador personal y planetario

Después, a lo largo del camino de la maestría sobre uno mismo, está, por supuesto, la iniciación que llega cerca del punto de la crucifixión, cuando el individuo posee un logro Crístico y un saldo de karma considerables y se le exige que mate al morador total y completamente.

Jesús no habría podido estar en la cruz si no hubiera matado al morador. De hecho, la ilustración que ofreció sobre la eliminación del morador fue su enfrentamiento con Satanás en el desierto, tres años antes de la crucifixión.[15] Aquel era el morador del umbral planetario, el propio Satanás, la personificación y la señal del morador personal de todos.

Después, el Hijo de Dios volvió a afrontar al morador planetario cuando se enfrentó a los Vigilantes y a los Nefilín, los sumos sacerdotes y los fariseos, los ancianos del pueblo y los poderes de Roma. Esto fue posible solo porque ya había matado al morador personal. Esto fue lo que dijo: «No hablaré ya mucho con vosotros; porque viene el príncipe de este mundo, y él nada tiene [encuentra] en mí».[16] El impulso acumulado que el planeta tiene del morador del umbral, es decir, el inconsciente colectivo no definido de todas las evoluciones del planeta puede dirigirse, y lo hace, contra el individuo que aún no ha matado a su mente carnal personal. Ello implica algo obvio: que la mayoría de la gente está bajo la influencia de la conciencia de las masas todos los días. Y cuanto más haya conquistado las artimañas de su propio yo irreal, menos influenciada estará por los altibajos de la confusión en el mundo.

Sin embargo, el impulso acumulado del planeta se conectará con el anti-Cristo personal, activándolo, para sorprender desprevenido incluso a las almas que están más cerca de su victoria sobre la bestia. En ese momento, el individuo deberá matar no solo a la mente carnal personal, sino que al hacerlo deberá hacer retroceder el impulso acumulado del planeta y vencer al Mentiroso original, así como la mentira que el originador del Mal ha propagado en su progenie.

Ahora bien, podrás oponer resistencia día a día a las tentaciones de tu mente carnal y del morador planetario, pero podrás no haber matado del todo al representante personal del Malvado. Por tanto, uno puede ganar cada vez que consiga vencer, y también puede ganar de manera definitiva por haber matado totalmente a la bestia.

La Y en el Sendero

Llega un punto en que las personas que están sobre el Sendero han recibido la plenitud de la Enseñanza, la Luz, los Maestros y el amor de la comunidad. Esa plenitud no se mide en años, sino que se mide por la evolución de la corriente de vida. Ello puede producirse en un año, en tres, en veinte o en muchas encarnaciones. Pero llega un punto en que el individuo posee una conciencia plena del Cristo en los Maestros, en el Mensajero, una conciencia plena de qué es la oscuridad y qué es la mente carnal. Y la persona deberá llegar al punto en que decida estar a favor o en contra de su Presencia YO SOY, la Hermandad; a favor o en contra de la falsa jerarquía. A esto se lo conoce como la Y. La Y en el Sendero es el punto iniciático donde uno se convierte, en efecto, en Cristo o Anticristo.

Uno puede negarse a renunciar al morador, negarse a atarlo, a matarlo y a enviarlo al juicio con antelación, es decir, antes de que el alma deba rendir cuentas al Consejo Kármico al final de esta vida. Jesús le enseñó esta ley del karma a Pablo, quien escribió a Timoteo al respecto: «Los pecados de algunos hombres se hacen patentes antes que ellos vengan a juicio, mas a otros se les descubren después».[17]

En vez de renunciar en el punto de la Y, el iniciado puede, en cambio, aceptar al morador. En vez de comer la carne y beber la sangre del Hijo de Dios[18] (asimilando la Luz de Alfa y Omega en el Cuerpo de Cristo), beberá literalmente del cáliz de la blasfemia de los ángeles caídos y comerá a su mesa la infamia de su anti-Palabra.

Al tomar el camino equivocado, el iniciado de hecho se reviste con, personifica, se identifica con y se convierte en el morador del umbral encarnado. El alma y el cáncer de la mente carnal han crecido juntos y ahora son inseparables. Por tanto, un individuo así estaría en el sendero de la izquierda. Su voluntad, no la de Dios, es suprema. Un adepto en el sendero de la izquierda se denomina *mago negro*.

Ahora bien, estos acontecimientos pueden producirse de forma muy rápida, incluso de la noche al día. La oportunidad de servir al Maestro durante la cual el individuo recorre el Sendero del discipulado en gracia como seguidor de Cristo, disfrutando aún de la protección y el patrocinio de la Hermandad, continúa hasta la hora de la decisión.

Un día, uno ve al chela como parte de la comunidad en la gracia de los Maestros, disfrutando de la Escuela de Misterios y la oportunidad de saldar, mediante el servicio, las obras y las decisiones correctas, el karma con el que el Gurú ha cargado durante su período de aprendizaje. Pero al día siguiente, el día de la decisión llega. El individuo podría tener que enfrentarse a cualquier nivel de su ser, no necesariamente *con la Mensajera*, aunque puede ser *a través de* la Mensajera. Y en ese momento podría decidir no ceder ante su Señor y Maestro. No hincará la rodilla, no confesará la supremacía en su vida de su Santo Ser Crístico. En cambio, se considerará a sí mismo, su yo terco y no transmutado, como ese Cristo.

Confundiendo al yo inferior con el Yo Superior a través de su ceguera espiritual que él mismo ha creado, entroniza al morador del umbral en el lugar de su Santo Ser Crístico. Su personalidad, su psique, el discurrir de su conciencia, todo ello fluye hacia el yo irreal. En vez de decir «yo y el Padre Uno somos»,[19] declara «yo y mi ego uno somos»; y así es. ¡He aquí al hombre mecanizado! He aquí al «hombre que quiso ser rey» de Rudyard Kipling, que encuentra su destino en el abismo del plano astral.[20] Aunque cree que tiene el control, la no entidad termina en la no existencia.

El destino de los que eligen al morador

Esto mismo les ocurre todos los días en el planeta Tierra a las personas que han elegido encarnar la fuerza anti-Buda. Estas son iniciaciones avanzadas, pero hay que tener presente que el planeta Tierra aloja a almas muy antiguas a las que les ha llegado la hora. Como dijo Jesús a los sumos sacerdotes, los ancianos y los príncipes del templo que pudieron haber escogido a Cristo pero, al asesinarlo, solidificaron sus posiciones con Satanás e hicieron de su casa la suya: «Esta es vuestra hora», elegir estar o no estar en la conciencia Crística, «y la potestad de las tinieblas», es decir, el poder de las tinieblas de vuestro morador en el umbral y vuestro karma.[21] «Ahora yo, el Enviado, os encargo que atéis y echéis fuera la mente carnal que es enemistad con Dios, si queréis habitar para siempre con el Padre y el Hijo».[22]

La encarnación de la Palabra por parte de Jesús forzó el enfrentamiento, la decisión y el juicio de estos ancianos que sabían perfectamente en todos los niveles de su conciencia quién era él y quiénes eran ellos. Y en su momento, ellos escogieron. Fue una prueba justa, con todas las de la ley, y fallaron.

Del mismo modo, tu Santo Ser Crístico forzará el enfrentamiento, la elección y el juicio no solo de los caídos, sino también el de tu alma. Juzguemos, por tanto, con juicio justo.[23] Porque sabemos, amados, que con la medida con que repartamos justicia unos a otros, así se nos la repartirá sobre nuestra cabeza desde las alturas.[24] La Ley no falla en repartir recompensa a cada cual, misericordia por misericordia.

Nos pesa mucho en el corazón ver a alguien rechazar la Realidad a cambio de la irrealidad. Pero esto no nos resulta nuevo. Hemos observado con el paso de los años a traidores de la Luz en todos los campos de interés en la vida convertirse en la oscuridad más Oscura de la noche al día y volverse archiengañadores de los corazones inocentes.

Por tanto, esta gente se ha convertido en su morador del umbral. Ya ni siquiera *fingen* seguir las verdaderas Enseñanzas del Cristo enseñadas por la Hermandad. Niegan que las Enseñanzas sean ciertas, niegan que los Maestros existan y niegan el sendero de iniciación bajo Maitreya y a través del Gurú encarnado.

Y, lo que, es más, adoptan una doctrina falsa sobre la responsabilidad Crística por su pecado —es más, por todos los pecados del pasado y de todas las vidas anteriores— diciendo: «Jesús murió por mis pecados; estoy libre de todo mi karma. Estoy absuelto; no hay nada que pueda o deba hacer para saldar mis deudas con la Vida. Mi creencia es mi pasaporte al reino».

Nada les importa que su acción precisamente es generadora

de karma. De hecho, han personificado al morador de tal forma y están tan satisfechos de ser libres como para consentir a ese morador con todos sus apetitos y toda su vehemencia contra la Ley de la Vida, que o bien no les preocupa o bien no son conscientes del hecho de que van directo a chocar con el destino.

Esta circulación como salida de los planos de la realidad hacia la «oscuridad exterior» o la autoextinción de la «segunda muerte» (dos doctrinas en concreto de Jesús que los caídos no pueden justificar)[25] pueden llevar muchos, muchos ciclos según la ley cósmica. Lo importante de esto, que Pablo explica con elocuencia en su carta a los romanos, es que el hombre adámico no puede sobrevivir, ni aquí ni en el más allá, a menos que se convierta en el hombre espiritual, renovado, lleno del Espíritu y caminando en total comunión con Dios.

Entretanto, el *exdiscípulo* de Cristo, que ahora es siervo del hombre natural,[26] de sus deseos, placeres y conocimiento superior, forma una fuerte personalidad exterior hecha a imagen de la mente carnal, un *buen ser humano*, de logro y aceptable en los círculos de todos los que, asimismo, han abandonado el Camino de la Responsabilidad Eterna que conduce de forma inevitable al enfrentamiento con Cristo y la renuncia a todo pecado contra el Espíritu Santo.

Esta es una solución totalmente simplista y temporal para el cisma entre el Cristo y el morador que aún existe en la psique. Esta evasión de responsabilidad con respecto a las propias acciones y la decisión de no matar al morador en la Cruz y en el cruce de caminos de la vida, es algo que consienten los falsos pastores y su falsa doctrina de salvación. Aunque observan superficial e intelectualmente los ritos de culto, toleran la mente carnal de todo el mundo, incluyendo la suya propia, y no exponen el verdadero desafío en el sendero de Cristeidad personal que Jesús enseñó.[27]

El decreto «¡Yo arrojo al morador del umbral!», por tanto, tiene que ver con el enfrentamiento (por parte de los estudiantes de la Luz que hayan escogido el sendero del discipulado bajo Jesucristo o uno de los Maestros Ascendidos) con los individuos encarnados que han escogido de libre albedrío unirse con su propia mente carnal, rechazando a Cristo y a su Mensajero (sea quien sea el que venga en nombre del Señor) y convertirse, de hecho, en ese morador.

Estos sinceros estudiantes quizá no hayan llegado a la Y. Quizá sean los niños queridos de Dios que no tienen el logro de encarnar plenamente al Cristo. Quizá no se encuentren en ese punto de iniciación Crística. Quizá no sean un ser Crístico con la capacidad o bien de combatir al morador personal o planetario o bien de defenderse contra el Anticristo.

Sin embargo, estas almas devotas de hecho están siendo enfrentadas y son blanco de esos egoístas que han encarnado al morador del umbral, pero que con astucia se disfrazan de ciudadanos benignos y concernidos que trabajan por la libertad de todos. Jesús los etiquetó para que no nos engañaran con sus palabras demasiado amables «lobos con piel de cordero», demonios que pretenden ser liberadores. Y esas palabras contienen más verdad de lo que muchos estáis preparados a afrontar.

Has de comprender que el que encarna a ese morador, siendo obstinado e imponiendo su voluntad inapropiadamente sobre otras personas (la definición básica de *magia negra*), al haber superado el punto de la Y, en realidad está encarnando ese impulso acumulado del Mal que es el equivalente a la Luz que tenía cuando se apartó del templo y cayó de la gracia. Es decir, ha invertido su dispensación original de Luz para generar Mal. Es más, ha deificado a ese Mal en sí mismo como su progenitor.

Un demonio es alguien que ha deificado el Mal

Ahora bien, el Mal, en sí mismo, es energía mal cualificada, la mala intención que hay detrás y la entidad que abarca las dos cosas. Debido a la naturaleza misma del Mentiroso y su mentira, la conciencia que hay detrás, el Mal en su principio es engañoso y falso. De hecho, es un velo de ilusión, un velo de energía que amortaja a la Deidad y todas sus obras maravillosas. La ilusión o *maya*, como la llaman los hindúes, parece entonces más real que la Realidad misma. De hecho, las ilusiones de los hombres se convierten en sus dioses y el Mal se deifica.

Se puede ver con toda claridad que un demonio (un diablo) es alguien que a deificado el Mal y la totalidad del velo de energía. Un demonio es alguien que ha deificado al morador del umbral colocándolo como Cristo y se ha declarado a sí mismo como maestro y salvador del mundo, ya sea en la política, el arte, en la silla del filósofo o a la cabeza de la OLP, de la banda de Baadar-Meinhof o del Pentágono.

Un demonio es el hombre adámico autoproclamado como mesías por su ego-energía en vez de la salvación de El Señor, Justicia Nuestra. Así, tenemos a los que deifican el velo de energía pretendiendo ser los liberadores de la raza; y si los seguimos, en vez de seguir a «Cristo en vosotros, esperanza de gloria»,[28] caeremos todos en la zanja que termina en el río Estigia.

Puesto que aquel que encarna al morador, que por consiguiente deifica el Mal, puede haber sido un Vigilante[29] o un ángel caído, el logro en el momento de la Caída puede haber sido muy grande. Porque esos caídos tenían una gran Luz, ya que habitaban en las cortes del cielo con nuestro Padre y nuestra Madre. Por tanto, cuanto mayor sea la Luz en el momento de la Caída, mayor será la Caída y mayor será la extensión de tiempo y espacio en la que arrepentirse. Porque Dios, con su misericordia verdaderamente grande, le concederá una oportunidad proporcional a su cargo en la Jerarquía en el momento de la Caída para que se arrepienta y regrese a Él.

Quienes tuvieron una gran Luz pudieron haber recibido una oportunidad de saldar su karma y volver al trono de gracia aún mayor que la de quienes tuvieron menos Luz. Esto es el corolario de la ley del karma, como está escrito: «Porque al que tiene, se le dará; y al que no tiene, aun lo que tiene se le quitará».[30]

Y así, sabemos que la oportunidad concedida a algunos ángeles caídos ha sido muy, muy, *muy* larga, hasta que incluso el salmista clamó hace miles de años: «¿Hasta cuándo los impíos, hasta cuándo, oh, Señor, se gozarán los impíos?».[31] Porque el poder de su morador del umbral parece interminable según van contra los niños de Dios, que parecen mucho menos poderosos y a menudo indefensos.

De hecho, los ángeles caídos que juraron enemistad eterna contra Dios del cielo —¡ante la plena presencia de su Gloria!— se mueven libremente en la Tierra, encarnando al morador con bravatas, sofisticación, riqueza y sabiduría mundana, hasta que alguien encarnado se enfrente a ellos, alguien que tenga el valor de ser portavoz del Escogido.[32] Pues por definición, por la ciencia del Ser, el Escogido que viene en el nombre del Señor YO SOY EL QUE YO SOY posee el logro de Luz manifestado físicamente igual a los seres oscuros. El Enviado no cayó de la gracia, sino que encarnó con el fin específico de desafiar a la progenie del malvado en nombre de las ovejas esquiladas de Dios.

Por ello Juan el Bautista y Jesucristo, así como los profetas y los Avatares de todas las épocas, han venido a la Tierra: «Para juicio he venido yo a este mundo».[33] Ellos vienen porque quieren dar un alivio temporal a los benditos niños de Dios, que son atormentados por estos caídos, pero no tiene la capacidad, la conciencia Crística exteriorizada, de dirigirse contra ellos.

La ciencia de la Palabra hablada para el juicio

En esta hora de la era de Acuario y la dispensación de Saint Germain, vemos que, por la ciencia de la Palabra hablada, cuando hacemos los decretos dinámicos en el nombre del Cristo, en el nombre de todo el Espíritu de la Gran Hermandad Blanca o de cualquier Maestro Ascendido, estamos decretando con toda la magnitud de su logro sellado en su Cuerpo Causal de Luz.

Cuando tú decretes en el nombre de Saint Germain, de forma instantánea tu llamado recibirá el respaldo de todo el poder de la Luz cualificada por el Maestro Ascendido Saint Germain durante miles de años. Su corazón púrpura de fuego multiplicará el poder de tu corazón y es como si Saint Germain y tú fuerais uno solo. De hecho, lo sois.

Por tanto, al enfrentarte al Adversario interior o exterior, sabes que Saint Germain tiene un poder equivalente o mayor que, digamos, el que tenía el Arcángel (o cualquier otro caído) cuando cayó. Por tanto, Saint Germain es capaz de cumplir el decreto de la Palabra a través de ti, incluso si tu Luz exteriorizada no es suficiente para el encuentro con el Anticristo.

Por eso los pequeños hijos de la Luz, los que no han equilibrado la llama trina, los que acaban de llegar a las Enseñanzas de los Maestros Ascendidos, pueden, en nombre de Jesús, hacer su decreto para atar y echar fuera al morador del umbral y, como representantes del Escogido, formar parte de nuestros esfuerzos coordinados para dirigirnos contra las situaciones en el mundo como el crimen organizado, las guerras, los enormes campos energéticos de energía negativa y los problemas en la economía, que están controlados hasta cierto punto por los Vigilantes y los caídos que hace mucho tiempo decidieron encarnar al morador del umbral y a quienes nadie ha desafiado en esta octava física (es decir, en esta tierra) desde que apareció el último ser Crístico.

Como resultado de la dispensación de los juicios de Jesús, su llamado a nuestro Padre y su Presencia con nosotros, con lo cual ahora podemos en efecto desafiar por el poder del Cristo a los hacedores del mal, estamos viendo unos cambios planetarios sin precedente. Los caídos están conmocionados y asustados. Les cuesta creer que se los pueda desafiar y que la Luz (o el *portador de Luz*) pueda ganar, tan acostumbrados como están a mirar con desdén y a controlar con la intimidación a los niños de Dios, que no tienen ni mucho menos el impulso acumulado en la creación del Bien que ellos tienen en la creación del Mal. Es decir, los niños de Dios no tienen en el sendero de Luz de la derecha, del Bien Absoluto, el impulso acumulado que tienen los caídos en el sendero de la Oscuridad de la izquierda, del Mal Absoluto. ¡Pero es que jamás contaron con que el Fiel y Verdadero[34] fuera a salvar el día para el Señor y sus ungidos!

En el punto en el que el réprobo decidiera encarnar al morador, en ese punto del Sendero invirtió la Luz que hubo adquirido hasta ese momento. Si consiguió robar el fruto del árbol del conocimiento del bien y el mal y no fue desafiado entonces ni lo es ahora por un hijo de Dios, continuará malversando la Luz, convirtiéndola en una Oscuridad mayor. «Si la luz que en ti hay es tinieblas, ¿cuántas no serán las mismas tinieblas?»[35] Así, él practica la elusión de karma con recursos fraudulentos, engañando a los hijos de la Luz, incitándoles a que se acusen unos a otros, a que discutan entre ellos, a que tengan discordia, a que se metan en guerras y genocidios en defensa de las estratagemas políticas de «divide y conquistarás» de los Nefilín y, en general, a que se metan en un montón de problemas.

Esta desigualdad entre los hijos de la Luz y los hijos de este mundo (la progenie de Cristo y la de los Vigilantes y los Nefilín) llevó a Jesús a decir: «Los hijos de este siglo son más sagaces en el trato con sus semejantes que los hijos de luz... sed, pues, prudentes como serpientes, y sencillos como palomas».[36]

Creando karma por su insensatez, poniendo su atención en los caídos con idolatría, los hijos de la Luz les dan su energía inconscientemente. Es la ley del karma: aquello en lo que pongamos nuestra atención o a lo que demos nuestra devoción, en eso nos convertiremos; es decir, la energía fluye hacia el objeto de nuestra atención y devoción.

El morador del umbral encarnado

Los caídos hacen un espectáculo de sí mismos, prefiriendo la política, los medios de comunicación y el espectáculo como centro de atención. Al concentrar nosotros la atención en sus excentricidades escandalosas, hilarantes o espectaculares, ellos amasan nuestro dinero y nuestra Luz. Por tanto, un caído andando por la Tierra hoy día como el morador del umbral encarnado, aunque esté arruinado espiritualmente, puede en efecto reunir más poder y más Luz para sí, que después convertirá en Oscuridad para controlar y destruir a los mismos a los que ha robado con las estratagemas que ha llevado a cabo.

Muchas de esas intrigas giran en torno al dinero, porque el dinero es poder. El dinero, aun cuando solo sea papel, representa oro; representa energía, representa suministro, la abundancia de Dios, y tiene un valor determinado exclusivamente por el trabajo de la gente y por su confianza. «En Dios confiamos».*

Cuando quienes han escogido encarnar al morador en vez

In God We Trust, 'En Dios confiamos', es el lema oficial de los Estados Unidos. (N. del T.)

del al Cristo amasan el dinero, ello significa poder. El dinero y el poder son coordenadas de control necesarias. Es evidente que las *serpientes* (término escritural para los ángeles caídos que han cualificado mal la Kundalini,[37] la *fuerza serpentina*, para controlar a otras personas a través del abuso de los chakras) han utilizado su poder, obtenido como dinero, para cambiar las circunstancias y los eventos del mundo a su favor y para propagarse según su clase. Y así, ya que las cosas parecidas se atraen entre sí, su progenie también es la que ha elegido encarnar al morador del umbral.

Por tanto, las dinastías de los intereses de poder y dinero continúan con *la tradición*, reencarnando hasta que la ley de los ciclos decrete su juicio por medio de los Hijos de Dios, Ascendidos y no ascendidos. Y así, los ciclos de manipulación continúan hasta que el que está alineado con la Gran Hermandad Blanca levanta la mano derecha, levanta la voz al Señor Dios, el Todopoderoso, y dice: «¡En el nombre de Jesucristo, hasta aquí hemos llegado! ¡Basta!»; y después hace el decreto para atar y arrojar al morador del umbral de los manipuladores de la gente.

Este llamado es muy importante, porque cuando digamos «yo arrojo al morador del umbral», estaremos refiriéndonos al morador personal y planetario, estaremos refiriéndonos a todo aquel que, en la Tierra, encarnado o desencarnado, haya levantado el puño para retar al Todopoderoso a que le mate, todo aquel que haya odiado la Luz, declarado la guerra contra el Fiel y Verdadero y derramado la sangre de sus hijos e hijas en los ritos y la venganza del Infierno.

Sin importar quiénes sean los autores del Mal (y nosotros no tenemos por qué saberlo), los ángeles del Señor Cristo, las legiones de los Arcángeles y los Elohim, atarán y dejarán inactivo al núcleo del Mal Absoluto en ellos y en todos los que estén alineados con ello. Este es el juicio justo y verdadero que separa lo Real de lo irreal, abriendo así la puerta hacia la salvación de millones de personas oprimidas en todo el mundo y salvando al mundo de la venganza final de los falsos dioses: el holocausto planetario.

Tenemos la honesta esperanza en que aquellos cuyas obras

impías reciben nuestro desafío (incluso los aliados de las prácticas inicuas) puedan liberarse de los intensos engaños del morador y dar un giro para servir al Dios vivo. Al hacer este llamado, nos hacemos defensores del alma y del derecho que tiene el individuo de verse libre de las estrategias siniestras de la mente carnal, libre de ser su Yo Real. Esta es una misión de rescate por todos los que están atrapados en las garras de las ilusiones del plano astral y sus habitantes.

Este llamado es la espada de Jesús. Con ella, él va a salvar a las «ovejas perdidas de la casa de Israel» que han caído en el culto al éxito, al estatus social, al hedonismo y al materialismo excesivo. Con todo el amor de su corazón, nuestro Maestro nos pide que recemos sin cesar por quienes no pueden ver que están esclavizados por su propia indulgencia con el yo irreal. Y ver es lo que deben hacer, antes de poder creer.

Esto es el aumento de la conciencia Crística en la Tierra. Es el Hijo de Dios quien hace el llamado a juicio y el decreto del morador como señal a sus ángeles de que la consumación de la era de Piscis se avecina y la cosecha de la cizaña, sembrada entre el trigo, está cerca.

Es hora de que los grupos de ángeles conocidos como los Segadores reúnan la semilla de los hijos del Malvado, sembrada entre la buena semilla del Hijo del hombre.[38] Cuando ambos llamados, dictados por Jesús, se combinan con los llamados al Elohim Astrea, al Arcángel Miguel, el llamado para revertir la marea y la llama violeta (véase páginas 62), verás que los Arcángeles podrán entrar para hacer un trabajo milagroso por Dios y sus hijos de Luz en la Tierra.

Las oraciones de Jesús dan Vida, y no inducen la muerte. Son el cumplimiento, a través de sus discípulos al final de Piscis y el comienzo de Acuario, de su eterna razón de Ser: «Yo he venido para que tengan vida, y para que la tengan en abundancia».[39] Para tener vida y tenerla en abundancia, necesitamos el fuego sagrado, el fuego consumidor de nuestro Dios[40] para consumir la mortaja de muerte. Y eso es el morador, la máscara de la muerte que te quitas en Halloween para echarla a la llama de la libertad.

Nosotros tenemos la responsabilidad de hacer el llamado y los ejércitos del cielo bajo los Arcángeles tienen la de implementar la respuesta, sujeta a la voluntad de Dios y la adjudicación del Hijo, en Jesús y en nosotros. Alabado sea Dios por que solo la voluntad de Cristo se pueda manifestar y que ni nuestra opinión humana ni la de nadie más pueda alterar el edicto divino que pronunció el Padre en el Principio y que el Hijo ratifica en el fin.

Nosotros somos hijos de Dios. Trabajamos en el rayo amarillo de la iluminación Crística. Los Elohim trabajan en el rayo azul, el rayo del poder del Padre, y los ángeles lo hacen en el rayo rosa del Espíritu Santo. Los tres son uno solo a través de su devoción universal a la Virgen Cósmica. Si nosotros llevamos a cabo nuestro cargo a través de la Mente de Dios, los ángeles realizarán su trabajo a través de su amor y los Elohim y elementales realizarán el suyo a través de Sus edictos supremos. Nosotros solo debemos asegurarnos de invocar la protección necesaria de las Huestes del Señor en nuestro servicio y decretos diarios.

El juicio

Cuando emprendimos nuestro camino como almas vivas de la llama de Alfa y Omega, recibimos una asignación de energía equivalente a cierto número de ciclos de evolución en el tiempo y el espacio. Esto pudiera consistir en varios cientos de miles de años, varios millones de años; la cifra no importa. El principio es que tenemos libre albedrío y el derecho a experimentar con él solo durante una cantidad determinada de tiempo y espacio. Al término del paso del alma por estos ciclos, por tanto, llega el juicio. Y a esto se lo conoce como el juicio final, la cuenta final de lo que se ha hecho ciclo a ciclo.[1]

Si el cincuenta y un por ciento de la energía asignada al alma se ha cualificado con Luz, el alma se habrá ganado el derecho a mantener una identidad. Se le concederá la ascensión en la Luz y se convertirá en parte de la Presencia YO SOY y, después, en un átomo permanente del Cuerpo de Dios para siempre. Unida a Dios, sellada y encendida en Dios, jamás podrá volver a salir. Permanecerá en la conciencia de Dios, expandiéndose durante la eternidad.

Si no hay señal de una cantidad suficiente de esfuerzo dedicado a la Luz, si el alma no puede demostrar justa causa sobre por qué se debería perpetuar su existencia, si ha utilizado la Luz continuamente para reforzar el ego y el culto al ego, al final de ese ciclo se encontrará ante el alto tribunal de los Veinticuatro Ancianos, que está localizado en este sector de la galaxia en la Estrella Divina Sirio. Esta es la Corte del Fuego Sagrado. Los Veinticuatro Ancianos son seres cósmicos, doce pares de llamas gemelas que representan a las Doce Jerarquías.

El alma se pondrá sobre el estrado de la Corte. Si esta decide, junto con el Ser Crístico del alma, que el alma no ha demostrado justa causa sobre por qué su identidad deba continuar, la llama de Alfa y Omega atravesará el estrado y la identidad del alma se anulará. El Ser Crístico de esa corriente de vida se unirá al Cristo Universal; su Presencia YO SOY lo hará con la Presencia YO SOY Universal. Toda la energía utilizada para crear al alma y la que esta usó en sus malas creaciones se devolverá a la Estrella Divina para que sea cualificada de nuevo. La recualificación se produce en un gigantesco campo energético de fuego sagrado que el Apocalipsis llama «lago de fuego».[2]

La visión de este lago de fuego y el conocimiento que tienen de él los caídos ha dado como resultado el desarrollo de la doctrina de las llamas del infierno y la maldición, castigo eterno en los fuegos del infierno. Los caídos son quienes han creado esta teología falsa y ellos son quienes se la han proporcionado a los santos inocentes.

De hecho, en el momento en que cualquier energía mal cualificada entra en contacto con el lago de fuego, este consume la causa y el núcleo de la sustancia mal cualificada. La energía es restaurada a la perfección de Dios, es devuelta al Núcleo de Fuego del Imán del Gran Sol Central como parte de la Fuente de Vida, y se vuelve a utilizar, tal como el alfarero vuelve a moldear la arcilla que ha formado de una manera que ahora quiere deshacer. Por tanto, en lo que concierne a la maldición, esta es el deseo del Malvado de amenazar a los hijos de la Luz con un sufrimiento eterno. Los hijos de la Luz no deben preocuparse del destino del alma ni de la doctrina de los luciferinos.

Tiempo y espacio para arrepentirse

Durante el dictado en el que anunció el juicio de Lucifer, Alfa explicó que este, el Caído, cuando se rebeló, tenía cierta cantidad de Luz que había cualificado como Bien, como Luz, mientras estuvo al servicio de Dios. Ese impulso acumulado de energía más el logro que tenía antes de la Caída le dio la posibilidad de obtener cierto período de tiempo y espacio para arrepentirse, para volver a venerar al Todopoderoso. Ese período de tiempo ha sido muy largo para los inocentes, para los niños de Dios. Ha durado miles de años en el cuerpo planetario.

Durante ese período, debido al enorme logro que Lucifer tuvo, debido a su capacidad de manipular la energía y debido a que las almas no tienen ese logro, Lucifer y los caídos tuvieron el control de la vida en los planos de la Materia, pero no hasta el punto de que las almas no pudieran elevarse. Durante ese período de tribulación, muchas almas vencieron la mente carnal interior y al Caído exterior, y con sufrimiento, tribulaciones y tentaciones, superándolo todo, pasaron por el ritual de la ascensión y regresaron a Dios como Seres Ascendidos.

El juicio a Lucifer

Ahora nos encontramos al final de la dispensación de Piscis, el fin de un período en el que Jesús vino a demostrar el Cristo, a manifestar la Luz que Lucifer no puedo desafiar, no pudo derrotar. Por tanto, al final de esta dispensación, ha ocurrido que a Lucifer se le ha acabado el tiempo; no más ciclos asignados, no hay más oportunidad.

Es más, él abusó de su puesto en la Jerarquía, lo cual no tenía permitido, al aparecer para desafiar a los Mensajeros de la Gran Hermandad Blanca. La manifestación de la Ley es tal que quienes representan a la Gran Hermandad Blanca tienen la protección contra el Caído. Del mismo modo, los Mensajeros no pueden tocar al Caído, porque es la humanidad la que debe escoger a quién prefiere, a los Mensajeros de los seres Crísticos o a la mente carnal. Cuandoquiera que el Caído, Lucifer, dirigía un ataque directo a los Mensajeros, perdía cierta cantidad de oportunidad y energía. Esto ocurrió incremento a incremento, durante un período de quince años, hasta que finalmente los Señores del Karma le quitaron la cantidad total del cincuenta y un por ciento de su Oscuridad.

Sucedió, por tanto, que Lucifer fue llamado a juicio, atado por el Arcángel Miguel en respuesta a los llamados de los seres Crísticos y llevado a la Corte del Fuego Sagrado para ser procesado ante los Veinticuatro Ancianos. El juicio duró diez días, y durante ese período los Veinticuatro Ancianos realizaron un examen de todo el registro de las acciones de Lucifer y los caídos. Se escuchó el testimonio de muchas almas de Luz encarnadas en Terra y otros planetas y sistemas en la galaxia, junto con el de Maestros Ascendidos, Arcángeles y Elohim.

Se hizo un repaso, al final del cual se le concedió a Lucifer la oportunidad de arrepentirse hincando la rodilla ante el Cristo, ante el Dios Todopoderoso, y adorar a la Presencia YO SOY. Él blasfemó ante los Veinticuatro Ancianos y declaró que jamás adoraría la imagen del Cristo. Se le acabó el tiempo. Estando sobre el estrado, la energía de Alfa y Omega atravesó su forma y anuló a aquel al que se conoció como el Hijo de la Mañana.[3]

La semilla Anticristo

Alfa tenía una gran preocupación de que, al anunciar este acontecimiento, los hijos de la Luz, los estudiantes de los Maestros Ascendidos se confiaran y que consideraran que la victoria estaba ganada. Esto es solo el principio. La guerra ahora está en el alma de cada persona. En los cuatro cuadrantes del ser, se nos exige que exorcicemos al Anticristo, las semillas del Anticristo, de rebelión, que hayamos plantado ahí al asociarnos con los caídos, con la generación rezagada.

Cuando los caídos fueron echados a la Tierra, muchos se vieron obligados a encarnar por edicto de los Señores del Karma. Por tanto, caminan entre nosotros. Entre nosotros hay ángeles caídos que son los que instigan las filosofías y los movimientos del Anticristo, llevando a los niños de Dios hacia perversiones de todas clases, instigando la corrupción en el gobierno, en la economía, en todos los países de la Tierra. Son un grupo de individuos muy peligroso porque tienen el poder de las huestes angélicas y transmiten un sentimiento enorme a través del cuerpo emocional, porque ese era su impulso acumulado antes de que encarnaran.

Después, muchas huestes angélicas de Luz que no cayeron se ofrecieron a encarnar para compensar el trabajo de los ángeles caídos. Por tanto, también tenemos en la Tierra a muchos ángeles de Luz que sirven a la Luz, que ayudan a la humanidad, que son portadores de la llama del amor, que son instructores. Y muchos de esos ángeles de Luz forman parte del cuerpo estudiantil de los chelas de los Maestros Ascendidos, porque desean obtener la Enseñanza para enseñar el camino a la humanidad.

Ahora, por tanto, desde nuestra encarnación en el planeta, independientemente de la categoría en la que encajemos, tanto si somos hijos e hijas de Dios, niños de la cuarta, quinta y sexta raza raíz, como si formamos parte de las huestes angélicas que vinieron a rescatar a la humanidad, si vinimos con Sanat Kumara o si vinimos de otros planetas en la misión de rescate, la mayoría de nosotros, hasta este punto en que hemos recibido la revelación de las Enseñanzas de los Maestros Ascendidos, habíamos olvidado toda esta historia de la Caída, toda esta historia de por qué estamos aquí, qué está ocurriendo, por qué amamos la Luz, pero nos encontramos enredados en madejas de Oscuridad y en una situación en la que tenemos karma con almas de Luz y almas de Oscuridad.

La mentira de los caídos

Llegamos al punto, por tanto, en que vemos que, después de haber llegado de una forma u otra en esta misión de rescate, después de encarnar, nos olvidamos de por qué estábamos aquí y de quiénes éramos. Nadie nos dijo que teníamos una Presencia YO SOY; y el velo de Maya se hizo muy grueso. Sin un Instructor, no podíamos conocer el camino. Nos creímos la mentira de los caídos de que solo hay un Hijo de Dios. Aceptamos la condenación en masa de los Luciferinos, mencionados en el Apocalipsis: «Este es el acusador de nuestros hermanos, el que los acusaba delante de nuestro Dios día y noche».[4] El «acusador de nuestros hermanos» es otro nombre de Lucifer, que acusa o condena a las almas de Luz, amplificando y magnetizando continuamente la condenación hasta que los hijos de la Luz se sienten sin ningún valor, permitiendo que los absorba la conciencia de las masas y dejando de defender la Verdad, porque no comprenden que la Verdad está en ellos.

Vemos que, al entremezclarnos con ellos, hemos incurrido en karma. Hemos reaccionado ante los caídos. Hemos sido sujetos a su ira; hemos respondido con venganza. Por tanto, las madejas de karma nos han tejido, nos han atado a los ángeles caídos, algunas veces de una forma muy personal en situaciones familiares. Por eso en muchas familias se ven personas de Luz y a personas que no aman la Luz, se ve cisma y división.

Por tanto, se observa que, casi sin excepción (y es importante no tener ese orgullo espiritual que nos hace pensar que somos una excepción), los niños de la Luz en Terra han absorbido las influencias de los caídos. Sin darnos cuenta, hemos asimilado a niveles subconscientes sus filosofías, su modo de vida, su moralidad, su énfasis en *la buena vida*.

«Comed, bebed y divertíos, porque mañana moriréis» es el lema de los luciferinos, porque saben que al final pasarán por la segunda muerte. Por ello, enseñan esa doctrina a los hijos de la Luz y los llevan a un culto al placer, a un culto de esclavitud sensual y, por tanto, hacen que los hijos de la Luz pierdan su alma.* Los caídos, sabiendo que se anularán, solo tienen una meta. «Si vamos a desaparecer de todos modos —dicen— nos llevaremos con nosotros a los hijos de la Luz». Este es el motivo por el que siguen por sus caminos.

Los caídos han establecido formas de gobierno falsas. Han llevado a las personas a su bando. El nazismo es un claro ejemplo de un gobierno de caídos, de magos negros encarnados utilizados para llevar a millones de hijos de la Luz a su bando haciendo sonar la voz con fiereza, tocando tambores, el ritmo militar y la exultación por el concepto de una raza superior.

Apelando al orgullo que los luciferinos ya implantaron en los hijos de la Luz, los llevan hacia esa hipnosis masiva, los atraen mediante el magnetismo del orgullo. Esto ha ocurrido muchísimas veces. Civilizaciones enteras se han alzado y han caído como resultado de la entrada de los luciferinos en las altas esferas del gobierno para pervertir tan solo levemente la verdadera filosofía del Cristo y del Dios Todopoderoso.

---

*Las filosofías y estrategias del culto al placer se examinan en «The Cult of Hedon» («El culto de Hedón»), en el libro 6 de la serie Escala la montaña más alta, *Paths of Light and Darkness (Senderos de Luz y Oscuridad)*.

El dragón, la bestia, la gran ramera y el falso profeta

A menos que la gente comprenda con claridad y exactitud que la batalla se libra en los cuatro cuerpos inferiores y en el alma, la segunda muerte de Lucifer, toda la victoria de Armagedón, incluso la victoria de una Era de Oro no significará la consecución de la inmortalidad para el alma del individuo.[5] Cada alma individual, debido a que escogió salir del Núcleo de Fuego de la Unidad, debe tomar la decisión por sí misma. Debe sentarse en el centro de la llama Crística tal como los Veinticuatro Ancianos se sientan en la Corte del Fuego Sagrado en Sirio. El alma debe invocar al Ser Crístico para manifestar el juicio al dragón, la bestia, la gran ramera y el falso profeta. Cada una de estas perversiones de la Divinidad controla uno de los cuatro cuerpos inferiores.

Si estudias el Libro del Apocalipsis, comenzando por el capítulo once, encontrarás la misión de los Dos Testigos, los dos profetas que traen la Enseñanza de los Maestros Ascendidos para la era.[6] Los Dos Testigos vienen y dan la Enseñanza, afrontando también el reto del dragón.

Además, está la venida de la Mujer en el capítulo doce, «una mujer vestida del sol, con la luna debajo de sus pies, y sobre su cabeza una corona de doce estrellas»,[7] donde las doce estrellas denotan su maestría sobre las Doce Jerarquías del Sol. El capítulo doce es la señal de la era de Acuario, la venida del Rayo Femenino, la elevación del Rayo Femenino. Y cuando el Rayo Femenino es elevado, produce el Cristo, el Divino Varón, que es el cumplimiento de la misión de la Madre Divina en todos nosotros.[8]

Los capítulos trece, catorce, quince y dieciséis hablan del dragón, la bestia, la gran ramera y el falso profeta. Por supuesto, el Apocalipsis está escrito en código. Es críptico. El ángel de Jesús se lo entregó a Juan. Los últimos versículos dicen que cualquier hombre que manipule el Libro del Apocalipsis de cualquier forma, su nombre será eliminado del Libro de la Vida.[9]

Es una advertencia bien fuerte para todos los que estuvieron en sus celdas en los últimos milenios rescribiendo las sagradas escrituras y para los caídos que se infiltraron en las iglesias y eliminaron de las Enseñanzas de Cristo y de las Enseñanzas del Antiguo Testamento aquello que revelaba con claridad la naturaleza de la Caída de los luciferinos, la naturaleza de su creación, algo que evidentemente revelaba la Enseñanza sobre la reencarnación, las leyes del karma. En su día, todo esto se encontraba en nuestras sagradas escrituras. Todo esto se ha manipulado.

Algunos dicen que las sagradas escrituras son la absoluta Palabra de Dios. Bien, allá donde está la Palabra de Dios, eso es Palabra de Dios. Allá donde no está, no lo es. Y ese es el problema al que nos enfrentamos, que la gente intenta estructurar una teología y una doctrina de la que afirman que no nos podemos desviar, cuando no tienen todos los textos de la Ley y la Palabra.

Jesús, por supuesto, sabía que lo harían. No se molestó ni en escribir libros, ¿lo has observado? Dio la Enseñanza; dejó que sus discípulos la escribieran. Sabía que la Enseñanza tendría continuidad en la llama del corazón, del fuego al fuego y otra vez al fuego. Eso es lo que debía ser la sucesión apostólica: la transmisión de la tradición de la verdadera Enseñanza de Cristo, no el ritual muerto, no el celo intemperado, no el fanatismo, sino la Llama. Eso es lo que los sacerdotes y las sacerdotisas del altar de Dios deben transmitir a la gente.

En cambio, la Llama se perdió. La Enseñanza se manipuló. Así, cuando Jesús dictó el Apocalipsis a Juan en la isla de Patmos, a poco de que Juan ascendiera, incluyó esta advertencia. Por tanto, no lo manipularon. Ahí está, intacto. Pero es críptico. El motivo por el que es críptico, el por qué está en código, es que los que lo quisieran manipular serían demasiado ignorantes para saber qué cambiar.

Y eso es lo que sucedió con las visiones de Ezequiel y de Daniel del Antiguo Testamento.[10] Esos escritos no se pudieron manipular porque a primera vista, a los caídos y a los rebeldes les parecen absurdos, puesto que uno debe encontrarse en el Espíritu Santo para comprenderlos.

Ahora hablemos de la batalla de Armagedón en nuestro campo energético.

El dragón: perversión del Padre

Al dragón lo colocamos sobre la línea de las doce (véase ilustración 2, página 204). El dragón es la perversión suprema de Dios como Padre, Dios como legislador, Dios como poder. El dragón, en su inmensidad, simboliza ese campo energético, ese vórtice de energía que ha tomado el poder de Dios y ha creado la imagen de la bestia, ha creado una forma monstruosa. Y esa conciencia del dragón, diametralmente opuesta a Dios Padre, inicia los ciclos oscuros y da el poder pervertido a la bestia. En la línea de las doce está el acusador de nuestros hermanos mencionado en el Apocalipsis.

La perversión del poder Divino es la condenación. Esa condenación es el bombardeo, la agresión a la mente que te abate continuamente diciéndote que no puedes tener éxito, que imbuye en la conciencia de las masas la voluntad de fracasar. Es la presión sobre el chakra de la coronilla, la presión de las energías de la coronilla hacia los chakras inferiores y después, por la acción del dragón, el hacer que las energías sean mal utilizadas en lujuria y sensualidad.

Este es el cuadrante del cuerpo etérico, el cuerpo de fuego. Aprendemos que el dragón es la perversión del fuego, del fóhat de la creación. La creación de la bestia misma y del dragón es el abuso al fuego sagrado del hombre y la mujer, a los Elohim, a la semilla y el óvulo del Dios Padre-Madre, creando esta forma monstruosa que está furiosa con toda la acumulación de la rebelión de los caídos. Esa vibración actuará en el subconsciente, en tu cuerpo etérico, como condenación propia, como condenación hacia otras personas, como negación de Dios.

Mira cuánta gente bajo la influencia de este dragón en su subconsciente niega a Dios. Quizá no sea una negación directa («Dios no existe»), no tan obvia como el ateísmo, pero quizá sea una perversión de Piscis, una duda sobre la existencia de Dios, temor a que Dios nos castigue, temor a que no sea justo, un temblar o una consideración de que Dios está lejos, que Dios es un dios que odia (la perversión de Acuario), que no es un Dios de amor.

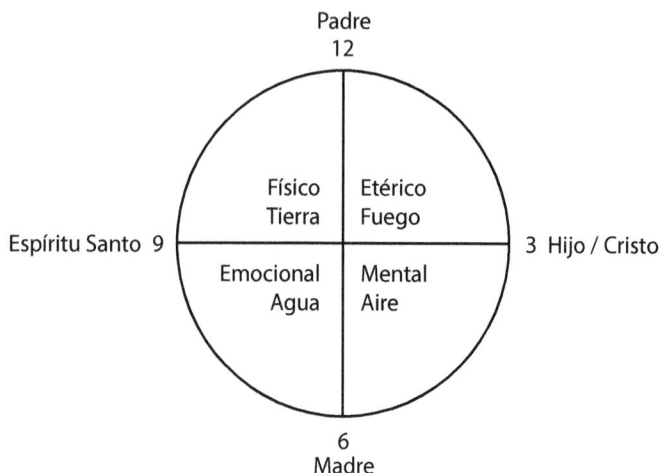

ILUSTRACIÓN 1: Cuatro personalidades de Dios

El Dios Único se manifiesta en cuatro personalidades: Padre, Madre, Hijo y Espíritu Santo. Estas personalidades corresponden a los cuatro planos de la Materia y los cuatro cuerpos inferiores del hombre. Con la división de los cuatro cuadrantes, frecuencias de la energía de Dios, la trinidad de cada cuadrante se convierte en las doce cualidades Divinas representadas en la ilustración 3.

ILUSTRACIÓN 2: Cuatro personalidades del Anticristo

Opuestas a las cuatro personalidades de Dios, tanto dentro del Macrocosmos del universo como del microcosmos del hombre, están las cuatro personalidades del Anticristo, descritas en Apocalipsis 13-16 como el dragón, la gran ramera, la bestia y el falso profeta.

ILUSTRACIÓN 3: **Las Doce Jerarquías del Sol**

Las Doce Jerarquías del Sol son doce mandalas de Seres Cósmicos que animan las doce facetas de la conciencia de Dios, sosteniendo el modelo de esa frecuencia para todo el cosmos. Las identifican los nombres de los signos del zodíaco.

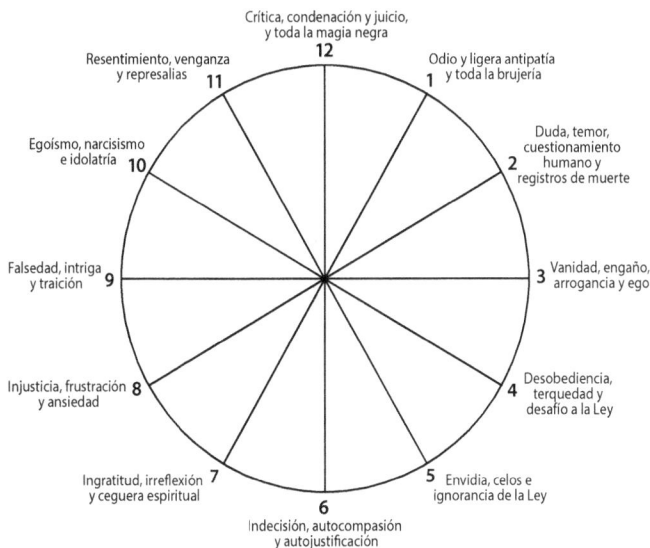

ILUSTRACIÓN 4: **Abusos de las doce cualidades Divinas**

El relegar a Dios a un cosmos remoto donde no forma parte de nuestra vida personal, eso es negar a Dios. Esta es una sustancia anti-Dios, muy sutil. Al fin y al cabo, si el dragón apareciera de tu subconsciente, si se apareciera en una pantalla ante ti, si te hablara y dijera: «yo soy el dragón, soy la perversión de Dios y voy a asegurarme de que fracases», ¡tú tomarías la espada y lo matarías! Pero el dragón es sutil. Él es tu propia conciencia carnal.

Se trata simplemente de la duda sobre si la Presencia YO SOY es Real. Es la duda de que la Presencia YO SOY pueda cumplir la Ley del Ser en nosotros. Es la duda de que la Presencia YO SOY vaya a venir cada vez que hacemos un llamado. Es la duda de que la Presencia YO SOY sea capaz de derrotar por completo al dragón del mundo, al impulso acumulado del mundo y al subconsciente colectivo de las masas.

Por tanto, comprendamos que, cuando sentimos ese impulso de condenación hacia nosotros mismos y hacia otras partes de la vida, ese impulso de odio o de una leva antipatía hacia nosotros mismos u otras partes de la vida, de duda, muerte y la creencia en la muerte, todo eso es la conciencia del dragón que roba el fuego de nuestro cuerpo etérico, privándonos de la gloriosa victoria de la Luz de las jerarquías solares en ese cuerpo.

Esto es una conciencia, una conciencia muy sutil de *malicia*. Se trata de malicia bajo la superficie. A menudo esta malicia no está activa excepto en las personas mentalmente trastornadas o quienes se ven capturados de repente para cometer asesinatos y crímenes en masa. Pero está ahí. Es como un campo energético negro y plateado a nivel subconsciente que surge y pincha e incita esas emociones y energías a veces agresivas que sentimos repentinamente. En realidad, no nos vemos cara a cara con esta clase de fuerza hasta que la desafiamos, hasta que aceptamos totalmente y de todo corazón a Dios, las Enseñanzas, el Sendero y la meta de la ascensión. Porque mientras no estemos en el Sendero, formaremos parte de la conciencia de las masas.

Solo hay dos puntos donde poder estar: o bien en el Sendero o bien en la conciencia de las masas. No hay término medio. El término medio es un punto engañoso. La gente cree que está en el medio, pero no es así. En realidad, está en la conciencia de las masas. Solo cuando uno decide ir contra la corriente de la conciencia de las masas es que se enfrenta a todas esas fuerzas, las cuales, entonces, se vuelven muy, muy incómodas y empiezan a bramar sus gritos y sus agonías de muerte dentro de la conciencia. Y ahí es cuando uno vive la batalla de Armagedón y la confrontación con el Anticristo.

La gente llega a las Enseñanzas de los Maestros y piensa: «Cuando estaba en esta o aquella iglesia, no tenía ningún problema en absoluto. Estoy en las Enseñanzas de los Maestros y me pasa de todo, y mantener la Luz es una verdadera lucha. ¿Qué me está pasando?». Y así, puesto que a la gente no le gusta luchar, muchas veces vuelve a la calma, la facilidad y la corriente favorable de la ortodoxia, ese aspecto de la ortodoxia que es la Enseñanza pervertida de la Hermandad.

El exorcismo del dragón

Para corregir las cosas en el cuerpo etérico, el dragón debe exorcizarse. ¿Cómo lo exorcizamos? Tenemos el decreto «Protección alrededor del reloj» (página 232). Tenemos la llama violeta. Tenemos a la Poderosa Astrea (página 118). Tenemos a nuestro Ser Crístico y a nuestra Presencia YO SOY. Y podemos hacer el fíat:

En el nombre del Cristo, en el nombre del YO SOY EL QUE YO SOY, exijo que se ate al dragón en mi cuerpo etérico. Exijo la transmutación de la causa y el núcleo de la conciencia del dragón, la semilla del dragón y el óvulo del dragón, y todo lo que quede de la influencia del dragón en mi subconsciente. ¡Hágase en esta hora en el nombre de Jesucristo! ¡Y venga el Arcángel Miguel y la poderosa Astrea a mi cuerpo etérico a purificarme de la causa y el núcleo de todo lo que es inferior a mi Presencia YO SOY y a mi Ser Crístico!

Ahora crea una oración propia, haz tu llamado y hazlo con fervor. Aplica las Enseñanzas de la Hermandad. Cuando sientas la tentación y la fuerza del dragón, ponte de rodillas si fuera necesario, y niégate a que te domine. Llama al Arcángel Miguel para que tome su espada y mate al dragón. Todo el Espíritu de la Gran Hermandad Blanca reforzará el llamado del hijo de Dios que desea proteger el campo energético de su microcosmos.

El Anticristo y la bestia: perversión del Cristo

En la línea de las tres, retando al Cristo, está el Anticristo mismo. Este Anticristo, desde ese punto de la línea de las tres del Cristo, es lo que engendra las demás perversiones de la Divinidad: el dragón, el falso profeta y la gran ramera. El Anticristo es el fulcro de todo lo *anti*. Lo que está en la línea de las doce es anti-Padre. Lo que está en las línea de las seis, como la gran ramera, es anti-Madre. Y lo que está en la línea de las nueve, oponiéndose al Espíritu Santo, es anti-Espíritu o anti-Espíritu Santo. Es simplemente una frecuencia exactamente opuesta a la de la Luz, lo cual se opone a ese campo energético.

También en la línea de las tres, sirviendo bajo el Anticristo, está la bestia. En el Apocalipsis se mencionan dos bestias: la bestia que sube del mar y la bestia que sube de la tierra.[11] Estas son las dos bestias que, bajo el Anticristo, pervierten el cuerpo emocional y el cuerpo mental. La bestia es la mente carnal, la serpiente que se arrastró sobre su vientre ante Eva, ahora crecida por completo. La bestia del Apocalipsis es la forma adulta y madura de esa serpiente del Génesis, que creció porque las almas la aceptaron. Al aceptar la mentira del punto medio entre el bien y mal relativos, alimentamos a la serpiente y esta creció convirtiéndose en la bestia.

La bestia controla casi todo el cinturón astral y el plano mental del planeta. No en su totalidad, porque los seres Crísticos y los que tiene la verdadera Luz y la verdadera Enseñanza (que no son solo los estudiantes de los Maestros, porque hay almas verdaderas que tiene la Luz verdadera, que son devotos verdaderos en todas los ámbitos de la vida, en todas la iglesias y en todas las religiones), están ahí, sostienen la llama y no permiten que el cuerpo emocional o el cuerpo mental se contaminen.

Pero en su mayor parte, el plano mental está contaminado con la bestia del orgullo intelectual, la ambición y la competitividad; y la bestia que contamina el plano astral es la contaminación de todos los abusos de la llama de la pureza de la Madre Divina. Saint Germain ha dicho que el plano astral es la cloaca de la conciencia de la humanidad. Y debido a las tentaciones de la bestia que conducen a perversiones y abusos de la energía de Dios de todo tipo, el plano astral es lo que es en la actualidad.

Mucha gente que estudia el Libro del Apocalipsis se dedica a nombrar a personas encarnadas que personifican al dragón, la bestia, el falso profeta y la gran ramera. No es necesario hacer eso. Puede que haya uno o varios individuos en el planeta que puedan afirmar que tienen una mayor concentración de la bestia, del dragón, de la gran ramera, que el resto de las personas y que puedan destacar entre nosotros por tener una mayor maestría y un mayor campo energético del velo de energía. Pero señalar a alguien, incluso a Lucifer, nos desvía de la victoria y del campo de batalla de nuestra propia alma.

Es muy peligroso decir: «El Demonio me hizo hacer esto», «*la fuerza* me hizo hacer esto», «tal y cual me hizo hacer esto», «y por eso pequé y caí». Eso es exactamente lo que dijo Adán: «Eva me dio la manzana y yo comí». Y Eva dijo: «Pues la Serpiente me tentó y yo comí». Y todo el mundo echa la culpa a los demás por abandonar la conciencia.

Debemos mirar a nuestro interior. Debemos examinar nuestro cuerpo mental. Debemos mirar las líneas de nuestro reloj. «¿Estoy manifestando el control Divino en el Ego Divino —decimos— o voy por ahí como un pavo real con mi ego humano, intentando impresionar a todo el mundo con mi conocimiento espiritual, obteniendo títulos de todas clases y cosas para poder ser un instructor y que todos vean lo bueno que soy?». Te has preguntado: «¿Es el ego humano o el Ego Divino el que se ha establecido?». Debemos pensar en estas cosas. Debemos saber que cuando estamos en el Sendero, nada es evidente, todo es sutil.

Por eso debemos estudiar para presentarnos ante Dios

aprobados,[12] porque estas cosas son sutilezas de vibración. Y el ego va por ahí pareciendo ser benigno, sonriendo y diciendo que es fantástico y encantador y un ejemplo perfecto de este o aquel maestro o enseñanza, dejando impresionado a todo el mundo. Pero no tiene la Llama. Por eso Jesús advirtió contra los falsos instructores que vienen con el Anticristo, que vienen en nombre del Cristo y no tienen la Llama.[13]

La pregunta es, ¿puede el instructor dar la Llama? ¿La Luz fluye? El instructor debe ser tan solo un panel transparente de cristal. Si el instructor se atribuye méritos, el cristal tendrá una mancha. Si tú y tu alma os atribuís méritos por algo y no dais gloria a Dios, estaréis manteniendo una identidad aparte de Dios. «Mi Padre hasta ahora trabaja, y yo trabajo. No puedo hacer yo nada por mí mismo. El Padre que mora en mí, Él hace las obras».[14]

Tengamos cuidado con el Anticristo interior. Procuremos que no se manifieste como ese orgullo henchido y bien escondido de la línea de las tres o como rebelión contra la Ley de Dios en la línea de las cuatro o como celos y envidia de los hijos y las hijas de Dios que han triunfado, en la línea de las cinco. Procuremos, por tanto, limpiar el cinturón mental y el camino para la venida de la Enseñanza, limpiar el camino para que el fuego sagrado de Alfa sea bajado al plano mental.

La gran ramera: perversión de la Madre

Ahora veamos en la línea de las seis cómo la gran ramera se traga la imagen de la Virgen Cósmica. El sello de la Virgen Cósmica es la Enseñanza de la Madre Divina, la sabiduría de la Madre. En el libro de Proverbios se nos aconseja que busquemos Sabiduría, que la sigamos.[15] Este es el consejo del Padre al hijo, el consejo de que busque el aprendizaje de la Madre Divina que tiene en su mano las enseñanzas del Padre con las que los niños de Dios pueden volver a la llama de Alfa.

En el nombre de la Madre viene la gran ramera. Se presenta

como organizaciones, como grandes movimientos en masa que, casi como un gran pez globo, atrae a los niños de Dios hacia una enseñanza, hacia una doctrina, hacia una teoría política que, en vez de llevarlos al fuego sagrado, los saca de la circunferencia del Ser de Dios. La gran ramera es todo lo que se opone a la pureza de la Madre dentro de nosotros. Es la perversión de la llama de la Madre. Es la perversión de la fuerza vital.

Para expulsar a la gran ramera hace falta valor. Cada perversión del Rayo Femenino en el hombre y la mujer debe desaparecer. A escala masiva, lo vemos como pornografía, lo vemos como el abuso del cuerpo de la Madre en la publicidad, la promoción de sexo por doquier, el abuso del sexo; lo vemos en la destrucción de los niños de la Madre de todas las edades en este período en que la llama de la Madre se está elevando.

Se está elevando como un continente, como Lemuria. Ejerce presión sobre la humanidad implacablemente. No se la puede hacer retroceder. Pero al elevarse, entra en contacto con todo lo que se ha opuesto a ella en todos los siglos. Y así, se producen cataclismos en la conciencia, se produce confusión, se produce la locura, y la llama continúa elevándose y elevándose. O bien nos mezclamos con ella, moviéndonos con ella, decidiendo gobernar nuestras energías, o bien nos encontraremos alineados con la gran ramera y no nos daremos ni cuenta de que nos han quitado las valiosas energías de la Madre.

Por consiguiente, tengamos cuidado con las sutilezas: la desarmonía en el cuerpo de los sentimientos, la ingratitud, la ansiedad, la tensión nerviosa, el sentimiento de injusticia. Cuando levantamos el puño hacia Dios y decimos: «¡No es justo! ¡Lo que me has hecho no es justo! ¡Has matado a mi madre, has matado a mi padre, te has llevado a mi hijo, me has dado esta horrible enfermedad, este horrible desgracia!», ese sentimiento de injusticia, de rebelión contra nuestro karma, es una rebelión contra la Madre, contra Dios, contra la Ley de la Vida que se forma en nosotros a través de la Madre. Tengamos cuidado, pues. Todo el plano astral del planeta es la gran ramera, la perversión de la Madre.

El Elohim Astrea nos da la siguiente enseñanza sobre cómo es atada la gran ramera: «Habéis oído hablar de los caídos y que muchos han sido llevados a juicio en meses recientes. ¡Ahora llega el juicio a la gran ramera y a los impostores de la Madre Divina y a los impostores de Kali y Durga y la Virgen María y todos los que implementan la voluntad de la Virgen Cósmica! ¡Ahora, el juicio se pronuncia hoy y la acción de Astrea va a atar a la gran ramera! [...] Se realiza en el nombre del Cristo vivo por la acción de Pureza y Astrea, de acuerdo con el juicio y la justicia aplicados hoy por los Veinticuatro Ancianos. Esos impostores de los Seres Femeninos de la Jerarquía, a quienes les ha llegado su hora, deben ir a la Corte del Fuego Sagrado para que sean juzgados en esta hora».[16]

Este juicio es comparable al juicio a Lucifer. Significa que los impostores clave de la Madre Divina en el plano astral, igual que Lucifer estaba en el plano astral y no encarnado físicamente, han sido llevados a juicio. Este juicio a los que viven en cuerpos físicos espera el cumplimiento de su ciclo, de toda su asignación de energía.

El juicio en el Macrocosmos ha llegado. El fíat se ha pronunciado. El juicio no llegará a nuestros cuatro cuerpos inferiores hasta que nosotros lo ratifiquemos, hasta que expulsemos a la gran ramera y consagremos a la Madre Divina. Dios actúa, y nosotros debemos actuar para ratificar sus acciones o nos encontraremos separados y apartados del flujo del gran mar cósmico.

El falso profeta: perversión del Espíritu Santo

Sobre la línea de las nueve está el falso profeta y todo el linaje de falsos instructores. Cuando cualquier Avatar, cualquier ser Crístico, deja el planeta mediante el ritual de la ascensión, la llama trina del corazón se une a la del Cristo y a la de la Presencia YO SOY. Esta trinidad de acción asume la totalidad del alma en la Presencia YO SOY. Cuando esto sube, se produce una emisión desde la Presencia que baja para llenar el vacío, para consolar a los que quedan atrás, para consolar a los discípulos. Por ello, al Espíritu Santo se lo conoce como el Consolador.

En los últimos días de su misión en Tierra Santa, Jesús dijo a sus discípulos lo que iba a pasar, que se marcharía, que debía irse, que debía ser crucificado para que la Ley y los Profetas se cumplieran; pero ellos no debían estar apesadumbrados y tristes, porque al irse, él les enviaría otro Consolador, y «él os enseñará todas las cosas».[17] Así fue como, aquel día de Pentecostés, los discípulos se reunieron y se produjo un estruendo como de un viento recio y la venida del Espíritu Santo.[18] Fue la misma vibración que la espiral de la ascensión. Y aquel Consolador les dio dones del Espíritu para ser instructores, les dio el don de lenguas, les dio el don de ir y cumplir su misión. Fue el afianzamiento en su corazón del manto del Cristo.

El verdadero Instructor de toda la humanidad es el Espíritu Santo. Cuando rezamos a todo el Espíritu de la Gran Hermandad Blanca, nos dirigimos a la focalización del Espíritu Santo que todos y cada uno de los Maestros Ascendidos ha dejado atrás para el consuelo de los discípulos en el camino. Ese Espíritu aparece en la línea de las nueve bajo la jerarquía de Libra para la precipitación de Dios como Padre, Dios como Cristo, Dios como Madre en el plano físico.

Nosotros no podemos comprender ni recibir las Enseñanzas de los Maestros Ascendidos a menos que tengamos el Espíritu Santo. A no ser que tengamos la llama, la esencia de la radiación, no podremos sentarnos en una sala y comprender o retener las palabras de los dictados. Ni siquiera podremos leer las palabras de los Maestros y entenderlas a menos que la llama de nuestro corazón y nuestra alma responda.

Jesús también sabía que, puesto que vendría el Consolador, también vendrían falsos instructores y profetas de todas clases. Por tanto, a lo largo del Nuevo Testamento se nos advierte sobre los falsos profetas, los falsos instructores. «Así que, por sus frutos los conoceréis».[19] Todo lo que dicen los falsos instructores está bien, las referencias que citan son correctas; sin embargo, se mantienen independientes de la Jerarquía, independientes de la Gran

Hermandad Blanca. Atraen hacia sí discípulos y permiten que estos les alaben por la Luz. Controlan la vida de sus estudiantes, interfieren con el libre y el flujo natural de la Luz de la Presencia y el Ser Crístico.

Algunos de ellos incluso saben lo que dicen, y esa es la marca del falso profeta. Por tanto, camuflan con cuidado lo que está pasando. Con su boca y sus palabras dicen que dan gloria; pero en sus sentimientos, su subconsciente y en su corazón, están hinchados con la vanidad de los caídos.

La única manera de aislar al falso instructor es con la llama del Espíritu Santo dentro de ti. Solo poniendo a prueba sin cesar la vibración, solo haciendo que el mundo no te manche, pasando por la batalla de los cuatro cuadrantes, exorcizando a estos cuatro aspectos del Anticristo dentro de ti, serás capaz de identificar a los que no han exorcizado esas fuerzas. Siempre que estas fuerzas permanezcan en el interior, bien podrías resultar víctima de ellas provenientes del subconsciente de otras personas. Pero la inocencia de tu alma siempre estará protegida por la oración fervorosa, por la intercesión del Arcángel Miguel, por la Gran Hermandad Blanca, hasta que madures en la sabiduría de la Madre por la cual tendrás ese discernimiento perfecto y capacidad Crística de distinguir.

El juicio en el Macrocosmos debe ratificarse en el microcosmos

Cuando Alfa anunció el juicio de Lucifer, también explicó el trabajo que debemos realizar:

> El reto del momento es consumir con el fuego sagrado la causa, el efecto, el registro y la memoria de todo lo que los caídos han impreso sobre el cuerpo de la Madre, ese cuerpo de todo el cosmos. Ahora observemos cómo el Caído ha dejado semillas de rebelión incluso en los cuatro cuerpos inferiores de los niños de Dios. Y así, el Malvado vino y sembró la cizaña entre el trigo.[20]
>
> ¡Vayan ahora los hijos de la Luz! Vayan a los campos

blancos con la cosecha. Separen, como los segadores con las huestes angélicas, la cizaña del trigo. ¡Y que esto se haga mediante el fíat de Alfa y Omega! ¡Que esto se haga mediante la acción del flujo de fuego sagrado de la Presencia YO SOY de cada cual!

Más peligrosas incluso que el Caído son las semillas de rebelión que quedan por ser consumidas, porque la semilla contiene en sí el modelo de la totalidad. Y, por tanto, emito la Luz del núcleo ígneo del flujo de nuestra Unidad para la anulación de la semilla del Caído. Emito esta energía hasta el nivel del plano etérico, el plano de fuego. Más allá no puedo llegar sin el consentimiento de vuestro libre albedrío y vuestra invocación, porque el fuego sagrado quemará y consumirá el trigo con la cizaña a menos que primero el fuego sea asimilado en la conciencia de los portadores de Luz.

Que el fuego sagrado, pues, en el incremento que cada cual pueda soportar, sea sellado en el tercer ojo, la coronilla y en el corazón como una trinidad de acción que pueda invocarse y emitirse en el plano de la mente y el cinturón mental de todo un cosmos. Es la Mente de Cristo lo que los caídos han decidido atrapar y de lo que han decidido abusar. Ellos no tienen ningún poder de Alfa y Omega; pero el núcleo de fuego de la Vida dentro de los niños del sol se ha utilizado para afirmar ese poder, para concordar con él y reforzarlo.

Por tanto, yo digo, retirad, por la autoridad de vuestro libre albedrío, toda afirmación, todo consentimiento que hayáis dado a los caídos, a su rebelión, a la semilla y a la mente carnal de vuestra propia creación. Solo así se limpiará en cinturón mental del remanente del Caído.

Ahora, ¡sea desenmascarada también la bestia que ocupa el abismo sin fondo del subconsciente y el cuerpo de los deseos! Y véase que esta creación instigada por los caídos también ha recibido el sello de vuestra aprobación. Porque lo que queda sin transmutar, lo que no hayáis desafiado, lo que exista en la conciencia, es por consiguiente la creación del libre albedrío. Y hasta que lo reclaméis, permanecerá como una mancha sobre todo el cosmos.

Solo cuando desafiéis al morador del umbral de vuestro

cosmos y vuestra conciencia —el rebelde— podréis respirar el aliento de la Vida y saber que ¡YO SOY libre! Por tanto, ese juicio que le ha llegado al Caído, impartido por Alfa y Omega, también debe resonar en la conciencia de cada alma viva. Y el «Alfa a Omega», el átomo de identidad en el núcleo de fuego de vuestro ser debe emitir la espiral que dicte el juicio por el cual el morador del umbral pasará por la segunda muerte y dejará de existir y dejará de tener ninguna morada en toda la conciencia de esa vida que llamáis propia, pero que, estoy aquí para decíroslo, me pertenece; me pertenece para darla, me pertenece para tomarla. Y puedo reclamar ese núcleo de fuego, esa réplica del Gran Sol Central, cuando los ciclos pasen y la Ley del Ser devuelva la gota al Océano.

¡Tenéis un cosmos! ¡Tenéis un campo energético que se os ha asignado! ¡Purifíquense los cuatro cuadrantes de vuestra creación de todo residuo del Caído! Purifíquense por vuestro libre albedrío alineado con el mío, alineado con los Veinticuatro Ancianos, que dictan el juicio en la Estrella Divina. ¡Y que el cuerpo de la Tierra también quede libre de las impresiones de rebelión y el ego establecido aparte del Ser Divino!

¡Estén alerta todos! Sepan todos que la desaparición del Macrocosmos de aquel que instigó la rebelión de los ángeles significa la emisión de una gran Luz en el Macrocosmos. Vosotros sois glóbulos de identidad suspendidos en el Macrocosmos de mi propia autopercepción. Y esa Luz, que inunda el mar cósmico, no puede penetrar en la esfera de la identidad que sois a menos que queráis que así sea. Por tanto, vengo a decir: ratificad y confirmad el juicio dentro de vuestro ser, y solo entonces sentíos satisfechos en la Ley y en la victoria.

El juicio está cerca. Comprended que, a no ser que emitáis el juicio en vuestro propio microcosmos y eliminéis todo apoyo al velo de energía, cuando llegue el juicio y las madejas de conciencia se encuentren tejidas inextricablemente con las del mal, el glóbulo entero deberá pasar por las espirales de Alfa y Omega. Y este es el ritual, pues, de la anulación de aquello que el mar no puede absorber, porque por libre albedrío aquello no lo ha querido.

Se os aparta como un diamante suspendido en cristal,

suspendido en rubí, suspendido en ágata. Ved cómo debéis poseer la cristalización de la llama Divina que YO SOY. Vosotros decidís el destino de vuestro cosmos. Así sea. Así, recibid la advertencia de que, quizá, ahora existe un peligro incluso mayor que cuando el Adversario se personificó ante vosotros; porque ahora queda solo la percepción subjetiva, y esa subjetividad es la carga del alma que anhela ser extraída de esa sustancia que no tiene nada que ver con la Luz.

¡YO SOY Alfa! ¡YO SOY Omega! Cuando sepáis que sois Alfa, que sois Omega, entonces y solo entonces os encontraréis en el núcleo de fuego blanco del Gran Sol Central. Hijos del Uno: ¡forjad vuestra identidad Divina![21]

La invocación del juicio

Esta es la hora del cumplimiento de la profecía de Daniel:

En aquel tiempo se levantará Miguel, el gran príncipe que está de parte de los hijos de tu pueblo; y será tiempo de angustia, cual nunca fue desde que hubo gente hasta entonces; pero en aquel tiempo será libertado tu pueblo, todos los que se hallen escritos en el libro.

Y muchos de los que duermen en el polvo de la tierra serán despertados, unos para vida eterna, y otros para vergüenza y confusión perpetua. Los entendidos resplandecerán como el resplandor del firmamento; y los que enseñan la justicia a la multitud, como las estrellas a perpetua eternidad.[22]

Esta es la hora del despertar de la serpiente dormida, el morador del umbral; esta es la hora del juicio para quienes elijan no ser Dios, sino la encarnación del Mal; esta es la hora del juicio de muchos que han escogido el sendero de la izquierda, muchos que se han unido al Anticristo, muchos que han invertido la Luz para crear al monstruo.

Esta es la hora en que Jesucristo ha enviado su llamada al Padre para atarlos y echarlos a la oscuridad exterior, al plano astral, que ellos mismos han creado; porque estos caídos son los creadores de la Muerte y el Infierno, lo cual será echado al Lago del Fuego Sagrado.

No sabemos cómo logrará Dios su propósito o cómo los santos ángeles implementarán los juicios del Hijo. No deseamos ver a nadie pasar por la muerte física ni la segunda muerte. ¡Eso no es la finalidad del Llamado a Juicio o el decreto del morador! Es por la vida del alma en las garras del engañador que clamamos a Dios pidiendo salvación a través de sus obras grandes y maravillosas, empezando por su juicio perfecto. Se nos encarga que hagamos el llamado, y los ejércitos del cielo a las órdenes de los Arcángeles tienen la responsabilidad de implementar la respuesta, sujeta a la voluntad de Dios y la adjudicación del Hijo, en Jesús y en nosotros.

Totalmente vestido con la armadura de Dios, haz el Decreto del Tubo de Luz (véase página 40-41) y haz llamados al Arcángel Miguel (página 119-120) antes de hacer el Llamado a Juicio de Jesús o el decreto para arrojar al morador del umbral.

El Llamado a Juicio
«¡No pasarán!»
de Jesucristo

En el Nombre del YO SOY EL QUE YO SOY,
yo invoco la Presencia Electrónica de Jesucristo:
¡No pasarán!
¡No pasarán!
¡No pasarán!
Por la autoridad de la cruz cósmica de fuego blanco será:
que todo lo que se dirija en contra del Cristo
dentro de mí, dentro de los santos inocentes,
dentro de nuestros amados Mensajeros,
dentro de todo hijo e hija de Dios,
*[Por los dioses Nefilín, su ingeniería genética, el control
de la población y las guerras artificiales, la matanza de los
hijos de Dios y los niños de la Luz en los campos de batalla
de la vida].**

---

*Allá donde se indique, puedes hacer los llamados que se sugieren entre paréntesis o puedes incluir tus propios llamados para que los Ejércitos del SEÑOR asuman el mando sobre las circunstancias de injusticia personal y planetaria que tú nombres.

se torne ahora
  por la autoridad de Alfa y Omega,
  por la autoridad de mi Señor y Salvador Jesucristo,
  ¡por la autoridad de Saint Germain!

YO SOY EL QUE YO SOY en el centro de este templo
  y declaro en la plenitud de
  todo el Espíritu de la Gran Hermandad Blanca:
que los que practican la magia negra
  en contra de los hijos de la Luz
    [*A saber, toda la conspiración interplanetaria de los ángeles
    caídos y su hombre mecanizado.*]
sean atados ahora por las huestes del Señor,
que reciban ahora el juicio del Señor Cristo
  en mí, en Jesús,
  y en todo Maestro Ascendido,
que reciban ahora la plena retribución
  —multiplicada por la energía del Cristo Cósmico—
  ¡de los actos nefastos que han practicado
  desde la encarnación misma de la Palabra!

¡He aquí, YO SOY un Hijo de Dios!
¡He aquí, YO SOY una Llama de Dios!
¡He aquí, yo estoy de pie firmemente en la Roca de la Palabra
viviente!
Y declaro con Jesús, el Hijo viviente de Dios:
¡No pasarán!
¡No pasarán!
¡No pasarán!
ELOHIM. ELOHIM. ELOHIM. [*Recítese esta línea como un cántico*]

Extraído de un dictado de Jesucristo del 6 de agosto de 1978, en Cámelot (California), «¡They Shall Not Pass!». Postura para hacer este decreto: se levantará la mano derecha formando el *mudra abhaya* (gesto de intrepidez, con la palma hacia el frente) y se llevará la mano derecha al corazón, con el pulgar, el índice y el dedo medio juntos hacia el interior, tocando el chakra. Hágase este llamado al menos una vez cada ciclo de veinticuatro horas.

«¡Yo arrojo al morador del umbral!»

por Jesucristo

En el nombre YO SOY EL QUE YO SOY Elohim
                Saint Germain, Porcia, Gurú Ma, Lanello
En el nombre YO SOY EL QUE YO SOY Sanat Kumara
                Gautama Buda, Señor Maitreya, Jesucristo
Yo arrojo al morador del umbral de _____ .*

En el nombre de mi amada Poderosa Presencia YO SOY y Santo Ser Crístico, Arcángel Miguel y las huestes del Señor, en el nombre Jesucristo, yo desafío al morador del umbral personal y planetario y digo:

¡Tú no tienes ningún poder sobre mí! *Tú* no me puedes amenazar ni puedes manchar la faz de mi Dios dentro de mi alma. *Tú* no te puedes burlar ni puedes tentarme con el pasado o el presente o el futuro, porque YO SOY el que está escondido con Cristo en Dios. YO SOY su novia. YO SOY aceptado por el Señor.

¡Tú no tienes ningún poder para destruirme!

Por lo tanto, *¡sé atado!* por el Señor mismo.

¡Se acabaron tus días! Ya no puedes habitar más en este templo.

En el nombre YO SOY EL QUE YO SOY, *¡sé atado!* tú, tentador de mi alma. *¡Sé atado!*, ¡tú, punto de orgullo de la caída original de los caídos! Tú no tienes ningún poder, ninguna realidad, ningún valor. Tú no ocupas ni el tiempo ni el espacio de mi ser.

Tú no tienes ningún poder en mi templo. Ya no puedes robar más la Luz de mis chakras. Ya no puedes robar la Luz de la llama de mi corazón ni de mi Presencia YO SOY.

¡Sed atados!, entonces, ¡oh Serpiente y su semilla y todas las implantaciones de la fuerza siniestra, porque YO SOY EL QUE YO SOY!

YO SOY el Hijo de Dios este día, y ocupo este templo plena y enteramente hasta la venida del Señor, hasta el Nuevo Día, hasta que todo sea cumplido, y hasta que pase esta generación de la semilla de Serpiente.

---

*Recita en este momento llamados específicos para que los Ejércitos del Señor asuman el mando sobre las circunstancias de injusticia personal y planetaria que tú nombres.

¡Arde a través, oh Palabra viviente de Dios!

Por el poder de Brahma, Vishnú y Shiva, en el nombre Brahmán: YO SOY EL QUE YO SOY y estoy de pie firmemente y arrojo al morador.

¡Que sea atado por el poder de las huestes del SEÑOR! Que sea consignado a la llama del fuego sagrado de Alfa y Omega, para que no pueda salir a tentar a los inocentes y a los infantes en Cristo.

¡Destella el poder de Elohim!

Elohim de Dios, Elohim de Dios, Elohim de Dios.

Descended ahora en respuesta a mi llamado. Según el mandato del SEÑOR —como Arriba, así abajo— ocupad ahora.

¡Atad al yo caído! *¡Atad* al yo sintético! *¡Fuera,* pues!

¡Atad al caído! Porque ya no existe más remanente o residuo en mi vida de ninguno o ninguna parte de aquél.

¡He aquí, YO SOY, en el nombre de Jesús, el victorioso sobre la Muerte y el Infierno! (2x)

¡He aquí, el YO SOY EL QUE YO SOY en mí —en el nombre de Jesucristo— es *aquí y ahora* el victorioso sobre la Muerte y el Infierno! ¡He aquí!, hecho está.

La victoria del Cristo

E N VERDAD, «LA CARNE Y LA SANGRE no pueden heredar el reino de Dios»[1] y, por tanto, tal como la noche sigue al día (o el día a la noche), la regeneración es el requisito de cada hora. En el Cristo está el poder de la regeneración. El cambio, por consiguiente, debe producirse, y ese cambio debe existir en la persona de cada individuo. Si el cambio es de Dios y lo activa el Cristo, será permanente, bendiciendo a toda la humanidad y bendiciendo a la Vida Universal. Si es del carácter y la cualidad de la difamación, será contra todo lo que defiende el Cristo, por tanto, Anticristo.

Hay muchos individuos de naturaleza intelectual a quienes les resulta difícil entender las cosas del mundo invisible. Lo que no pueden tocar, probar, ver, sentir o manejar, no existe para ellos. Esperan con paciencia el desarrollo de aquellas facultades del ser codificadas o encerradas en su sistema nervioso simpático y glándulas endocrinas. Entonces puede producirse una aceleración de sus energías que hará que desarrollen no facultades psíquicas, sino cualidades altamente espiritualizadas, permitiéndoles sentir las actividades de lo que llamaremos el *mundo interior* de la Realidad divina. Pero no tienen en cuenta largo viaje que han realizado hacia la noche de la desesperación humana; no tienen suficiente paciencia para esperar a que el resorte se desenrosque y las energías indeseables se transmuten.

El complot del Anticristo

Por tanto, a veces les resulta difícil a los individuos intelectuales comprender el enorme complot en que está involucrado el Anticristo. Tales personas no se dan cuenta de que las energías de toda la Tierra, de tipo negativo o positivo, se juntan y forman una masa conglomerada. Pueden entender que un océano se acumule sobre la superficie de la Tierra y que existan grandes masas de agua. Pueden entender cómo nacen las mareas y los vientos, pero no comprenden cómo las mareas de negación humana y las banales influencias, en realidad, existen, cómo reciben poder de la ordinariez y la actividad generalizada de tipo negativo, cómo pueden de hecho atacar las mismísimas raíces de la espiritualidad, cómo se utilizan varias ramas de las humanidades contra la naturaleza, contra la sociedad, contra el hombre y contra Dios.

El éxito comercial difícilmente se puede equiparar con el éxito en el ámbito espiritual. Porque la Vida es algo total en sus aspectos y los hombres deben buscar la totalidad del vivir que se halla en la experiencia divina. Esto no significa el fracaso económico, significa un éxito total. E incluye la espiritualidad de la Vida y la comprensión y manifestación del Cristo.

Todas las ramas de las ciencias y las humanidades, incluyendo las ciencias sociales y las actividades culturales en los campos del arte, el drama, la literatura y la música, tienen como objetivo servir de acompañamiento y ayuda a la expansión de las sutiles facultades del alma. Sin embargo, gran parte de la música que se ha producido recientemente ha sintonizado al hombre con respuestas del Anticristo. Estas respuestas han hecho al hombre dependiente de drogas que han desatado de su mente subconsciente los estados primitivos de lucha que se retrotraen en la historia a eras pasadas de decadencia humana.

Existe una cultura oscura en el mundo actual que ha sido engendrada por las energías y corrientes de vida satánicas cuya rebelión se ha fomentado en su alma durante un período de tiempo prolongado, causando una incomodidad oculta para ellas mismas en primer lugar. Esta conciencia intenta convertirse en un catalizador en el mundo en general. Los motivos son la destrucción de la belleza del Cristo y del sueño del Dios vivo de devolver al hombre al Edén.

A vuestro Padre le ha placido daros el reino

Por tanto, los hombres deben ser «prudentes como serpientes, y sencillos como palomas».[2] En verdad, debe adorarse la Imagen

Divina. Los hombres deben comprender que Dios, que vive en ellos, vive en todo, incluso en estos; sin embargo, no todos viven en Él. Desarrollemos, en el nombre de Dios y por la humanidad, esa capacidad de distinguir un don de Dios para todos los que amen lo suficiente para poder continuar conociendo la Verdad que nos hará libres, tal como nacimos libres.

Sí, el Anticristo ha venido al mundo, pero jamás debemos olvidar que el Cristo estaba aquí antes, que el Cristo es la Luz que ilumina a todo hombre, que el Cristo es la Luz mayor tal como el Anticristo no es más que la luz reflejada. Debemos discernir el Cuerpo del Señor, comprender qué motivos ocultos hay, examinar nuestros motivos y deseos, nuestra sinceridad y el espejo en el que miramos para que se refine según la percepción verdadera. Así, el resplandor del Cristo vivo nos deslumbrará con la realidad Divina de tal forma que el Anticristo palidecerá en las sombras de la insignificancia para todo el mundo. Esto es el deseo de Dios.

La Biblia dice: «El alma que pecare, esa morirá».[3] El alma es el potencial del libre albedrío para escoger unirse a Dios, escoger ser Dios. Cuando el alma elige unirse al Espíritu vivo del YO SOY EL QUE YO SOY, entonces y solo entonces estará oculta con Cristo en Dios,[4] será permanente, se convertirá en parte de la Vida Inmortal.

Estamos en la Tierra en posesión de un don del libre albedrío para escoger ser o no ser. Hay influencias poderosas decididas a que tú y yo elijamos no ser, que dejemos de ser al tomar de su cultura de la muerte. Y vemos esta cultura de la muerte en nuestra juventud. Ante todo esto, ¿qué debe hacer la gente y a dónde debe ir?

La clave que Dios nos ha dado hoy es el poder liberador de la Palabra. ¡Hijos de la Luz, despertad hacia vuestro destino divino! Hoy tenéis el poder de Dios a vuestra disposición como nunca. La espada de Armagedón es la Palabra Sagrada. Su ciencia nos la enseñan los verdaderos Hijos de Dios que no han caído de los cielos en sus ovnis. Son los Maestros Ascendidos que se mueven en medio de nosotros como hermanos y hermanas mayores.

Como el profeta Samuel de antaño, son los representantes

de Dios para su pueblo. Son nuestros Instructores, los guías y la verdadera Jerarquía del cielo; no la falsa jerarquía que cayó de la gracia entre quienes se siguen disfrazando como profetas, patriarcas y benefactores de nuestra sociedad.

El Señor nos llama a ti y a mí para que seamos el remanente que utilice su nombre, el nombre sagrado AUM, el nombre sagrado del YO SOY EL QUE YO SOY, el nombre sagrado de Jesucristo, de Gautama Buda y de todos los santos. Él nos llama para que usemos el nombre sagrado, para que entonemos la Palabra y así emitamos la Luz para la curación de las naciones. Dios nos ha dado la respuesta. Es este poder liberador de la Palabra, el misterio más grande y, sin embargo, más sencillo de la Vida misma. Es el don de Dios para sus hijos ahora.

Cuando Jesús nuestro Señor reveló a sus discípulos la naturaleza de esta conspiración interplanetaria de caídos, terminó con estas palabras reconfortantes: «No temáis, manada pequeña, porque a vuestro Padre le ha placido daros el reino».[5] Si no recordamos nuestra antigua herencia como hijos e hijas del Altísimo y todo el poder del cielo y la tierra que nos dio en el Principio, si no recordamos la maldad de los malvados grabada con claridad en las tablas sumerias y en los registros de ákasha, si no recordamos los innumerables Avatares que han venido para desenmascarar a los caídos y a quienes estos han asesinado una y otra vez, si no percibimos la actual masacre que están haciendo con nuestros santos grupos, entonces seremos condenados como la generación de portadores de Luz que perdió una era, toda una evolución y quizá nuestra propia alma.

Los que tienen la voluntad de decidir hacer algo con respecto a la persecución de la gente de este planeta por parte de los consejos Nefilín de guerra y acumulación de armamentos de guerra, país por país, y su intencionada destrucción de un pueblo y todo un planeta, deben ponerse con rapidez a invocar el nombre del Señor, a invocar una ciencia y una ley superiores. Este es el único medio por el cual esta Tierra, sus evoluciones y sus mismísimas almas podrán salvarse.

El enfrentamiento entre Luz y Oscuridad

En su manifiesto sobre el hombre mecanizado, el Gran Director Divino se cuida de señalar con inmediatez la propensión que tiene la naturaleza humana de levantarse con indignación, con odio y creación de odio o con venganza contra sus opresores. Esto ha ocurrido con frecuencia en revoluciones y guerras en las que los hijos de la Luz se confunden y se dirigen contra supuestos enemigos de su Luz, a menudo confundiendo a los caídos con los hijos de Dios.

En las revoluciones y los campos de batalla de la vida han rodado cabezas de todos los bandos. Los hijos de la Luz, hombro a hombro con la creación mecanizada, han luchado por las causas de los caídos a pesar de sí mismos, porque les han lavado el cerebro para que se alineen en defensa del Mal absoluto en vez del Bien absoluto.

Por tanto, el Gran Director Divino dice que la única manera de liberar a la Tierra del hombre mecanizado es la transmutación: la llama violeta, los llamados a Astrea, los llamados a juicio. Aquellos a los que se ha confiado este conocimiento, por tanto, no deben tener ningún sentimiento de revancha o una necesidad personal de exigir retribución de las fuerzas del Mal. Una actitud así de mente y corazón solo te atará a estos caídos durante siglos y milenios futuros. Por tanto, se necesita un corazón purificado. Y si, en algún momento del tiempo y el espacio, te sientes tentado a reaccionar de forma humana contra las fuerzas del Mal, recuerda que este es el estado de conciencia más peligroso, porque ello te ata al instante a aquello contra quienes deseas dirigir tu guerra.

En verdad, el logro de la llama de la paz del corazón de Jesucristo y Gautama Buda es un legado que hemos debido encarnar durante más de dos mil años y aún más. Nos han preparado noblemente para el enfrentamiento. Y el único estado de ánimo aceptable es el desapego, la falta de deseo, el amor absoluto y la percepción absoluta de que Dios mismo, como Luz Universal, quemará, a su debido tiempo y espacio, la cizaña, separará el trigo y llevará ese trigo a su granero.[6]

El medio para la transmutación

Quisiera recordarte que Jesús vino y afirmó su propósito. «Para juicio he venido»,[7] dijo.

¿Por qué permitió que los caídos lo crucificaran? Porque al crucificar al Hijo de Dios, ellos son llevados a su juicio definitivo. Por eso Dios ha enviado continuamente a sus santos al mundo y ha permitido que fueran martirizados; porque al derramar la sangre del Hijo de Dios Encarnado, estos caídos podrán enviarse ante la Corte del Fuego Sagrado para su juicio final y, finalmente, la segunda muerte.

Tenemos al defensor ante el Padre, el Cristo vivo en nuestro corazón. Tenemos al Jerarca de la era, Saint Germain, que nos ha dado con la llama violeta y el fuego sagrado el medio para la transmutación a fin de que podamos pasar por la iniciación de la crucifixión y seguir con vida y encarnados físicamente. La llama violeta nos permite pasar por esta manifestación del juicio y a la vez seguir con vida durante horas o décadas para ejecutar el plan divino.

En la Última Cena, Jesús asignó a sus discípulos que llevaran a cabo el juicio a las doce tribus de Israel; y yo añadiría, a las evoluciones de la Tierra. No se asignó solo a los apóstoles. El apostolado, siendo una iniciación que está por encima de la de discípulo, implica que el niño de Dios, el discípulo del Maestro, ahora ha aceptado su condición de heredero junto con Cristo y con Dios, y se ha graduado, pasando a la posición de Hijo de Dios. Por consiguiente, son los Hijos de Dios en la Tierra (de los cuales había 144 000 en un principio) quienes tenían confiada la invocación de la Palabra de Juicio. Con el Señor Jesucristo, estos Hijos de Dios declaran: «Para el juicio YO SOY el que ha venido». Son hombres y mujer encarnados, pero se les llama *Hijo de Dios* porque manifiestan la plenitud de su Ser Crístico.

Los Hijos de Dios, los que manifiestan la conciencia Crística, son los que tienen la autoridad, en el nombre de Jesucristo, de invocar el juicio. Los niños de Dios también pueden hacerlo, pero siempre deben introducir el decreto dinámico con la frase «en el nombre de mi amada y poderosa Presencia YO SOY y Santo Ser Crístico», para que el Ser Crístico y la poderosa Presencia YO SOY pronuncien la Palabra a través de ellos, que no tienen la autoridad ni la iniciación. Por tanto, vemos el propósito esencial de nuestra vida: recorrer el sendero de iniciación, aumentar la Luz, recibir la concesión de la Filiación y, finalmente, poder cumplir los requisitos de la Ley.

Está escrito en el Nuevo Testamento que el Padre ha dado al Hijo el cargo de juez.[8] Las pinturas que representan el Apocalipsis contienen la figura del Señor Jesucristo dictando el juicio. El Mal planetario, el Mal de sistemas solares y galaxias, solo pueden detenerlo quienes están encarnados, en concreto aquellos que, encarnados, han pasado las iniciaciones de los Hijos de Dios. Esto te da la capacidad de comprender que todos los Maestros Ascendidos, Seres Cósmicos y Elohim no pueden interferir con el aumento de Luz o el aumento de Oscuridad, excepto a través de aquellos que, estando encarados, cooperan.

¿Esto significa que, si no hay nadie encarnado, Dios no tiene recurso? No.

El recurso de Dios, si no hay nadie encarnado que invoque la Llama, simplemente es realizar la gran inspiración con su regularidad cíclica, recuperando todo el universo Material, pasándolo por su gran corazón como el Gran Sol Central. Entonces, toda la creación dentro del universo Material que no se haya identificado con Dios simplemente se anulará.

Ahora no nos encontramos en ese momento. Estamos en un momento en que podemos manifestar en la esfera Material, en todo el cosmos Material, la Luz de Dios que se traga la Oscuridad. Y nuestra meta es que el universo Material, antes que sea disuelto en el corazón de Dios, ascienda en su totalidad.

Nuestra meta no es solo la ascensión del individuo, de un planeta, un sistema solar o una galaxia, ¡sino la de la esfera Material! Si ello ocurriera, se produciría una estupenda expansión de conciencia Divina al recuperar Dios la ganancia de Vida universal ascendida, y en los ciclos que volverán a exteriorizarse, habrá una manifestación más amplia y grandiosa del siguiente nivel de cualificación Material (o de Manifestación de la Madre) para que evolucionen oleadas de vida aumentadas.

Estamos en el momento de Armagedón, que determina si los Hijos y las Hijas de Dios señorearán la esfera Material y, por tanto, conservarán la oportunidad para los hijos de la Luz de continuar con sus iniciaciones. Según nuestro conocimiento, es inevitable que las Jerarquías de la Luz y los Hijos de Dios venzan el error. Pero ello no está predestinado, sino que se forja y se gana día a día con el libre albedrío y su correcto ejercicio.

Aunque nosotros vemos el plan divino de la victoria sostenido invenciblemente en el corazón inmaculado de Alfa y Omega, la exteriorización que hagamos de ese plan divino será el sello final de la llama de la victoria.

Revertid la marea

En el nombre de la amada, poderosa y victoriosa Presencia de Dios YO SOY en mí desde el Gran Sol Central, mi amado Santo Ser Crístico y Santo Ser Crístico de toda la humanidad, amada Diosa de la Luz, amada Reina de la Luz, amada Diosa de la Libertad, amada Diosa de la Sabiduría, amado Ciclopea, Vigilante Silencioso de la Tierra, amados siete poderosos Elohim, amados siete Chohanes y Arcángeles, Gran Director Divino, Maestro Ascendido Cuzco, amada Poderosa Astrea, amado Lanello y K-17, todo el Espíritu de la Gran Hermandad Blanca y la Madre del Mundo, vida elemental: ¡fuego, aire, agua y tierra!, yo decreto:

ASUMID AHORA EL CONTROL DE:

[Recite uno o más de los siguientes insertos o bien componga una oración propia para la situación en particular en la que uno esté trabajando.]

INSERTO A: todas las entidades mentirosas, energías turbulentas psíquicas, magia negra y brujería dirigida contra la vida elemental o la Luz, libertad e iluminación de toda la humanidad, con sus causas y núcleos.

INSERTO B: toda violencia racial, disturbios civiles, amotinamiento, sublevación, terrorismo, traición, anarquía, fanatismo, locura, conspiraciones de asesinato, conspiraciones para derrocar a nuestro

Gobierno federal, conspiraciones para vampirizar y destruir la Luz de los Estados Unidos y conspiraciones para desencadenar una guerra nuclear entre las naciones, con sus causas y núcleos.

INSERTO C: la causa y el núcleo del conglomerado del morador del umbral, en lo personal y en sentido planetario, de la falsa jerarquía de este sistema de mundos y las demás galaxias, específicamente en sus conspiraciones contra los hijos de Dios en el sendero de la ascensión.

> *¡Revertid la marea!   (3x)
> ¡Hacedlos retroceder!   (3x)
> ¡Revertid la marea!   (3x)
>   ¡Asumid el control!
> ¡Hacedlos retroceder!   (3x)
> ¡Liberad a todos!   (3x)
> ¡Revertid la marea!   (3x)
>
> (*Repita esta sección 3, 12 o 36 veces)

¡Reemplazadlo todo con los principios gloriosos de la Libertad Divina, de la libertad cósmica para la expansión de la llama Crística en todo corazón y para el grandioso plan de libertad para esta era proveniente del corazón del amado Saint Germain!

> ¡Unid a los pueblos en libertad!   (3x)
> ¡Liberadlos ahora por el amor de Dios!   (3x)
> Unid la Tierra y mantenedla libre.   (3x)
> ¡Por la victoria YO SOY de cada uno!   (3x)
>   ¡Revelad la Verdad!   (12x)
>   ¡Revelad la mentira!   (12x)

¡Y con plena Fe acepto conscientemente que esto se manifieste, se manifieste, se manifieste! (3x), ¡aquí y ahora mismo con pleno Poder, eternamente sostenido, omnipotentemente activo, siempre expandiéndose y abarcando el mundo hasta que todos hayan ascendido completamente en la Luz y sean libres!

¡Amado YO SOY! ¡Amado YO SOY! ¡Amado YO SOY!

El siguiente decreto invoca a los Maestros Ascendidos que representan para este planeta a las Doce Jerarquías Solares (enumeradas en la sección A) para ayudarnos a encarnar las doce cualidades Divinas (sección B) y superar las perversiones negativas de cada una de estas cualidades (sección C). Los diagramas de las doce cualidades Divinas y las Doce Jerarquía Solares se encuentran en la página 203 de este libro. Puede obtenerse más información sobre ello en el libro *Predice tu futuro* de Elizabeth Clare Prophet.

Protección alrededor del reloj

En el nombre de la amada, poderosa y victoriosa Presencia de Dios, YO SOY en mí, Santo Ser Crístico de toda la humanidad, todos los grandes poderes y legiones de Luz:

A (12) amado Gran Director Divino y los siete Arcángeles
   (1) amado Saint Germain y las huestes angélicas de Luz
   (2) amado Jesús y las grandes huestes de Maestros Ascendidos
   (3) amado Helios y el Imán del Gran Sol Central
   (4) amado Dios Obediencia y los siete poderosos Elohim
   (5) amado El Morya y las legiones de Mercurio
   (6) amado Serapis Bey y los grandes Serafines y Querubines
   (7) amada Diosa de la Libertad y los Señores del Karma
   (8) amado Señor Lanto y los Señores de la Sabiduría
   (9) amado Poderoso Víctory y los Señores de la Individualidad
 (10) amado Poderoso Ciclopea y los Señores de la Forma
 (11) amado Señor Maitreya y los Señores de la Mente

Amado Lanello, todo el Espíritu de la Gran Hermandad Blanca y la Madre del Mundo, vida elemental: ¡fuego, aire, agua y tierra!, yo decreto: ¡Sujetad, atad y encerrad! ¡Sujetad, atad y encerrad! ¡Sujetad, atad y encerrad!

B (12) toda crítica, condenación y juicio y toda magia negra
   (1) todo odio y ligera antipatía, y toda brujería
   (2) toda duda, temor, cuestionamiento humano y registros de muerte
   (3) toda vanidad, engaño, arrogancia y ego
   (4) toda desobediencia, terquedad y desafío a la ley
   (5) toda envidia, celos e ignorancia de la ley
   (6) toda indecisión, autocompasión y autojustificación
   (7) toda ingratitud, irreflexión y ceguera espiritual

(8) toda injusticia, frustración y ansiedad
(9) toda falsedad, intriga y traición
(10) todo egoísmo, narcisismo e idolatría
(11) todo resentimiento, venganza y represalias

y todo lo que no sea de la Luz, en el círculo cósmico y espada de llama azul de un millón de soles de la Poderosa Astrea, y colocad vuestros círculos cósmicos y espadas de llama azul de miles de soles desde el Gran Sol Central y haced destellar megatones de Luz cósmica, rayos de relámpago azul y fuego violeta en, a través y alrededor de todo lo que se oponga o intente interferir con el cumplimiento de

C (12) mi Poder Divino y mi plan divino realizado en todos los ciclos

(1) mi Amor Divino y mi plan divino realizado en todos los ciclos

(2) mi Maestría Divina y mi plan divino realizado en todos los ciclos

(3) mi Control Divino y mi plan divino realizado en todos los ciclos

(4) mi Obediencia Divina y mi plan divino realizado en todos los ciclos

(5) mi Sabiduría Divina y mi plan divino realizado en todos los ciclos

(6) mi Armonía y Provisión Divinas y mi plan divino realizado en todos los ciclos

(7) mi Gratitud Divina y mi plan divino realizado en todos los ciclos

(8) mi Justicia Divina y mi plan divino realizado en todos los ciclos

(9) mi Realidad Divina y mi plan divino realizado en todos los ciclos

(10) mi Visión Divina y mi plan divino realizado en todos los ciclos

(11) mi Victoria Divina y mi plan divino realizado en todos los ciclos

y mi victoria en la Luz hoy y por siempre.

¡Y con plena Fe acepto conscientemente que esto se manifieste, se manifieste, se manifieste! (3x), ¡aquí y ahora mismo con pleno Poder, eternamente sostenido, omnipotentemente activo, siempre expandiéndose y abarcando el mundo hasta que todos hayan ascendido completamente en la Luz y sean libres!

¡Amado YO SOY! ¡Amado YO SOY! ¡Amado YO SOY!

N. B.: El decreto puede hacerse de cuatro formas: 1. Siguiendo el preámbulo, recítense las secciones A, B y C seguidas, terminando con el cierre; 2. recitando el decreto doce veces, leyendo un inserto cada vez, desde las secciones A, B y C, empezando con el número 12; 3. recitando los trígonos de las líneas 12, 4, 8; 1, 5, 9; 2, 6, 10; 3, 7, 11, en las secciones A, B y C; 4. recítense las cruces de las líneas 12, 3, 6, 9; 1, 4, 7, 10; 2, 5, 8, 11, en las secciones A, B y C.

Capítulo 4

La cima

*Y me llevó en el Espíritu
a un monte grande y alto,
y me mostró la gran ciudad
santa de Jerusalén,
que descendía del cielo,
de Dios.*

APOCALIPSIS

Acontecerá en lo postrero de los
tiempos, que será confirmado el monte
de la casa del SEÑOR como cabeza de los
montes, y será exaltado sobre los collados,
y correrán a él todaoks las naciones.

Y vendrán muchos pueblos, y dirán:
Venid, y subamos al monte del SEÑOR, a la
casa del Dios de Jacob; y nos enseñará sus
caminos, y caminaremos por sus sendas.
Porque de Sion saldrá la ley, y de Jerusalén
la palabra del SEÑOR.

ISAÍAS

La cima

DURANTE MILES DE AÑOS, LA HUMANI-
dad ha sido bendecida con innumera-
bles visitas de almas altamente evolucionadas: Avatares, Cristos
y Seres Cósmicos. Los ángeles en efecto han caminado con los
hombres. Dios en verdad ha enviado a la Tierra a su Hijo, su Luz,
su resplandor, en cada generación. Sin embargo, en su mayoría,
como tan aptamente lo expresó el apóstol Juan, la luz en las tinieblas resplandece, y las tinieblas no la comprendieron.[1]

Un rayo de esperanza

En esta era de tecnología autosuficiente, la teología ortodoxa
y el materialismo omnipresente, cuando las fuerzas de la Oscuridad amenazan con destruir totalmente la civilización, Dios ha
considerado oportuno volver a enviar un rayo de esperanza a un
mundo oscurecido. En agosto de 1958, el Consejo de Darjeeling
de la Gran Hermandad Blanca respaldó un plan del Maestro
Ascendido El Morya para fundar The Summit Lighthouse*, y
el Consejo Kármico concedió la necesaria dispensación para su
formación. En aquel mes se publicó la primera *Perla de Sabiduría*
en la ciudad de Washington.

Las *Perlas de Sabiduría* son publicaciones semanales con
enseñanza de los Maestros Ascendidos. Se publican bajo la dirección de los Maestros Ascendidos a través del Consejo de Darjeeling de la Gran Hermandad Blanca. Sobre estas publicaciones El
Morya ha dicho: «Nuestras ideas nacen en el corazón llameante
de la Verdad misma; y afortunados sois cada uno de vosotros que

---

The Summit Lighthouse, 'El faro en la cima'. (N. del T.)

podéis tomar parte del glorioso karma por producir la perfección que exteriorizaremos a través de vosotros, si os importara servir a esta causa, de buena gana y con amor, en el nombre y por la autoridad del amor divino mismo».[2]

El Maestro Morya, fundador de The Summit Lighthouse, es el Señor del Primer Rayo y Jefe del Consejo de Darjeeling. A través de muchas encarnaciones, fue un dedicado siervo de la Luz. Fue el hijo de Enoc, quien «fue traspuesto para no ver muerte».[3] Morya fue un vidente que penetró en las octavas superiores de Luz en la antigua tierra de Ur de los caldeos; fue un persa que adoró al Dios Único, *Ahura Mazda*. en estas y otras encarnaciones, se hizo cada vez más consciente del poder espiritual que fluye en el hombre y aprendió a experimentar con esas electricidades divinas. Después dominó el uso constructivo del fóhat, el poder eléctrico de la conciencia cósmica que, cuando es llamado a la acción por el fíat divino, acelera la evolución de un universo, de un sistema galáctico o solar o incluso de un ser humano, llevándolo a su término divino. La ciencia del fóhat solo se entrega a los iniciados más elevados, porque puede utilizarse para destruir, así como para crear la vida.

Es bueno que nos familiaricemos con el fundador de The Summit Lighthouse, porque a lo largo de muchas encarnaciones El Morya se ha preparado para patrocinar este movimiento mundial. Y en su dedicación y su modelo de vida, llegamos a entender el significado y el propósito contenidos en el concepto de The Summit Lighthouse.

Encarnaciones de servicio

El Morya estuvo encarnado como Abraham, el antiguo patriarca que salió de Ur de los caldeos para convertirse en el prototipo y progenitor de las doce tribus de Israel. Judíos, cristianos y musulmanes le consideran históricamente como el primero en rendir culto al Dios verdadero.

Al volver como Melchor, uno de los tres reyes magos de Oriente, siguió la estrella que auguraba el nacimiento del mejor de su progenie, que cumpliría las promesas de Dios a sus descendientes espirituales. El Maestro ha dicho: «Hace mucho tiempo, cuando se me conocía como Melchor y vine con Kuthumi y Djwal Kul como uno de los reyes magos de Oriente, al llegar en camello para poner mi ofrenda a los pies del Cristo, supe que algún día estaría dedicado al servicio de la voluntad de Dios. Y así, contemplando a su Hijo como el paradigma de la buena voluntad, viajé a él con el corazón lleno de amor para prometerle mi mano, corazón y cabeza en la divina dimensión. Se lo prometí todo a la pequeña criatura, y tuve presente y recordé la voluntad de Dios como se manifestó en el canto de los ayudantes angélicos que llegaron por los cielos con himnos de alabanza a Dios: 'Gloria a Dios en las alturas'».[4]

Morya, más tarde, fue el Rey Arturo, quien reunió a sus Caballeros de la Mesa Redonda como un núcleo de hermandad bajo la Paternidad de Dios, dedicados al Cristo y a la búsqueda del Santo Grial. Mientras tuvo la corona, en Inglaterra reinaron la unidad, el orden y la paz.

Como Sir Tomás Moro (1478-1535), el Maestro ocupó el puesto de lord canciller de Inglaterra de Enrique VIII. Llevó a cabo sus deberes bien y con inteligencia, pero fue decapitado por no respaldar al rey cuando este se alejó de las leyes de la Iglesia sobre su matrimonio con Ana Bolena. Sir Tomás Moro fue beatificado por la Iglesia católica en 1886 y canonizado en 1935. Su obra más famosa, *Utopía*, es un intento de representar una sociedad ideal en la que los hombres viven en armonía bajo la santa voluntad del Dios Altísimo.

El Morya reencarnó como Akbar (1542-1605), el mayor de los emperadores mogoles de la India. Akbar demostró ser un excelente administrador y apreciar lo bueno de todas las religiones.

El Maestro también fue el poeta irlandés Thomas Moore (1779-1852), de quien muchas canciones aún son predilectas. Al escribir con tanta emoción sobre las antiguas glorias y faltas de su irlanda natal, Moore realizó para su país un gran servicio.[5]

El sueño de El Morya

El Morya es en primer lugar un hombre de estado de primerísimo orden. Como representante de la voluntad de Dios, ha trabajado desde que ascendió en 1898 para guiar a los gobiernos de las naciones desde su retiro de Darjeeling. En muchas vidas tuvo la corona de autoridad, exigiendo obediencia no a su voluntad humana, sino a la de Dios. El Morya considera que el gobierno es «Dios sobre los hombres» y que los verdaderos hombres de estado son los supervisores de Dios.

Por ello, a través del movimiento teosófico en la última parte del siglo xix, quiso que la humanidad se familiarizase con un conocimiento más amplio de la Realidad de Dios, de los Maestros Ascendidos y de la certeza de la *vida eterna* para todos los que respondan a la voluntad de Dios. Intentó fomentar la hermandad universal, un interés en las distintas religiones, una cooperación entre ellas y un amplio estudio de los poderes latentes en el hombre.

Ahora, como un Ser Ascendido, honra al Cristo en todos los hombres e invita a las Huestes Ascendidas y a los escogidos espirituales de entre los hombres no ascendidos a que asistan en sus cuerpos sutiles a las reuniones del consejo en su retiro, el Templo de la Santa Voluntad de Dios en Darjeeling. Allí, sentados cerca de la chimenea de su amable anfitrión, buscan fomentar el gobierno Divino, la buena voluntad y la hermandad universal entre la humanidad.

Tras siglos de servicio a la voluntad de Dios, El Morya comprendió qué gran poder espiritual se podría utilizar para la salvación del planeta si todas las energías de la humanidad se concentraran en la adoración al Dios Único. Y alimentó un sueño en su corazón. Ese sueño quería reunir a corrientes de vida de muchos ámbitos espirituales y ofrecerles la oportunidad de canalizar su propia Luz Crística hacia una gran fuente de efusión espiritual —un faro cuyos rayos poderosos pasaran sobre el mar oscuro de la humanidad como un haz de luz de esperanza eterna— hasta que la unidad reemplazara a la diversidad y la comprensión trascendente del Señor Único, que es todo amor, fuera conocida por toda la Tierra, hasta que la Era de Oro floreciera con felicidad Divina y los Seres Ascendidos caminaran y hablaran con los hombres como en eras pasadas. Ese sueño de las eras se ha realizado con la formación y la continua expansión de la actividad de The Summit Lighthouse.

El Maestro entra en contacto
con sus Mensajeros

Cuando el Maestro entró en contacto con nosotros, nos ofrecimos al servicio de Dios, conscientes de que no es «con ejército, ni con fuerza, sino con mi Espíritu, ha dicho el SEÑOR de los ejércitos»[6] y esperando que él nos utilizara para aliviar la carga del mundo, para fomentar el entendimiento entre los pueblos, para diseminar la iluminación de la Verdad y educar a la humanidad en los misterios de la Gran Ley.

Ambos habíamos estado bajo la tutela del Maestro Morya desde la niñez, pero Mark fue quien estableció The Summit en 1958. Por mi parte, yo, Elizabeth, fui llamada en 1961 para ayudar con la expansión de la actividad como Mensajera conjunta. El Morya dijo que nuestro servicio consistiría en una vida de labor en asociación y, por tanto, nos casamos con su bendición en 1963. Cuando The Summit Lighthouse se constituyó como empresa más tarde ese mismo año, el Maestro nombró a Mark como presidente de la junta y a Elizabeth como directora. Él invistió en nosotros su autoridad como rayos gemelos a fin de que la plenitud de su plan pudiera manifestarse en la acción equilibrada de los Rayos Masculino y Femenino.

Aunque reconocíamos los logros de las religiones y sus contribuciones a la civilización, también comprendíamos las limitaciones inherentes a las estructuras existentes. Valorábamos todas las revelaciones que Dios dio al hombre, pero entendíamos que su revelación debe ser, por necesidad, progresiva. Veíamos el funcionamiento de la Ley divina en las iglesias, pero también percibíamos en ello los bloqueos al pensamiento libre. Cierto era que las Enseñanzas de los Maestros no podían diseminarse a través de los canales existentes. Porque para algunos el trabajo de los Maestros supone una amenaza al dogma establecido y, en vez de anhelar alguna nueva idea proveniente del trono de Dios, se ponen con temor a defender los bastiones de su fe, que ahora se han vuelto muros de una prisión.

Al hablar con los Maestros de esta *política de puerta cerrada*, nos recordaron las palabras del ministro de los peregrinos John Robinson antes de que estos se embarcaran en aquel memorable viaje hacia el Nuevo Mundo: «El Señor tiene más verdad que impartir con Su Palabra santa... Si Dios os revelara algo con cualquier otro Instrumento suyo, estad preparados para recibirlo como lo estuvisteis para recibir cualquier verdad de mi Ministerio... Os suplico que recordéis que es un objeto de fe de la alianza de vuestra iglesia el que estéis preparados para recibir cualquier verdad que se os dé a conocer».[7]

Fomentar el entendimiento espiritual

El 14 de octubre de 1967, el Arcángel Jofiel explicó el motivo por el que se fundó The Summit Lighthouse desde el punto de vista de la evolución del conocimiento espiritual en el planeta:

> La gran Realidad cósmica de los Instructores de Sabiduría aún no está completamente expuesta ante los ojos de la humanidad porque hay mucha gente en este cuerpo planetario que ni siquiera ha oído hablar del Maestro Ascendido Jesucristo... Entonces, ¿cómo pueden los hombres que se interesan por el vínculo con la Jerarquía Cósmica esperar ni por un momento que la humanidad, que no conoce la Realidad de Jesús el Cristo, sepa de los Arcángeles o de las huestes angélicas o de los Maestros Ascendidos? Hoy, solo unos pocos en los Estados Unidos, en un sentido relativo, son capaces de hacerse una idea compuesta de la Gran Hermandad Blanca.
>
> Cuando Madame Helena Petrovna Blavatsky reveló los Maestros Ascendidos de Sabiduría en 1875 a través de la Orden Teosófica, fue como es estallido de una estrella nova en el cielo metafísico... Los fundadores continuaron trabajando para la iluminación del mundo y derramando una medida creciente de las Enseñanzas y técnicas bendecidas por la Jerarquía de Luz. Como contramedida, los hermanos de la sombra dieron otra información como manifestación falsa, una pseudoactividad diseñada para apartar a los hombres de la gran calamita Madre manifiesta en la Teosofía Divina.
>
> Los Maestros Ascendidos han considerado conveniente a lo largo de los años el crear nuevas actividades de Luz y

dotarlas de funciones específicas en nombre del santo progreso. Lo explicaré:

En el cuerpo planetario, los individuos de una naturaleza muy devota, cuando se apegan a un segmento en concreto de la enseñanza santa proveniente de «las alturas», con frecuencia se preocupan de la enorme responsabilidad que conlleva el mantener puras las Enseñanzas que se les han revelado. Por tanto, con su deseo de hacer precisamente eso, se cierran y niegan a sus seguidores el derecho a alterar o cambiar la estructura de poder, la estructura reveladora y el mensaje mesiánico de ningún modo que sea distinto a su dispensación original.

Los Hermanos de Sabiduría son de la opinión de que esta acción conlleva mucha sabiduría. Sin embargo, debido a la postura rígida (es decir, ortodoxa) que asumen los seguidores de un movimiento específico, de vez en cuando se hace oportuno, con el fin de romper viejas matrices de pensamiento y sentimiento, que una nueva actividad de Luz se lance para que los Maestros Ascendidos puedan llevar de la mano y la cabeza a esos individuos vanguardistas que estén dispuestos a ser enseñados Divinamente en cada era, que estén dispuestos a contemplar la gran entrada de Realidad Cósmica en su desfile a través del cielo de su mente, infundiendo en ellos destellos siempre nuevos de inteligencia intuitiva y enseñándoles técnicas especiales destinadas en un futuro a dar a los hijos de la raza venidera un nuevo vislumbre de la Realidad Cósmica.

Este, pues, es el motivo de que en 1958 la actividad The Summit Lighthouse fuera dotada por la Jerarquía Cósmica del derecho a operar, ordenada por Dios, para que unos Mensajeros, dos de ellos, fueran y proclamaran al mundo (debido a su anterior formación en relación con el gran templo de Tell el-Amarna)[8] la manifestación de la técnica monoteísta de los Maestros Ascendidos bajo el gobierno del despliegue cósmico o Jerarquía de Maestros que enseña tanto la Ley del Uno como la ley de las muchas manifestaciones que emanan del Uno como corolario.

Porque siempre ha de recordarse que tal como Dios es Uno, este Dios que es Uno ha considerado oportuno con su mayor sabiduría santa extenderse a sí mismo en una manifestación de muchos y, por tanto, la humanidad recibe la oportunidad de ser puesta en el cautiverio del Amor Divino por el cual el amor que contienen en sí mismos por lo Divino captura todo su corazón y hace que reciban de brazos abiertos el amor y servicio ministrante, la santa sabiduría que desciende de las alturas.

Así son atraídos los hombres del mar masivo de las miasmas y la emoción humana y elevados hasta un punto en el que pueden apretar contra su corazón y mente la Verdad santa y comprender la función que esta cumple en su liberación de la sombra de la era actual.[9]

Defendemos la Verdad

Deseamos dejar claro que The Summit Lighthouse no es de ningún modo un derivado de ninguna organización espiritual anterior ni un movimiento de protesta contra ninguna de ellas. Si sus enseñanzas son parecidas a las de otros grupos es solo porque reflejan la Verdad. The Summit Lighthouse se apoya en la Verdad que se ha revelado a través de los profetas e Instructores de todos los tiempos. Seguimos a los santos y sabios de todas las religiones en tanto ellos mismos acepten la Verdad. Por tanto, no hay conexión externa entre The Summit Lighthouse y ningún otro movimiento u organización, pero sí hay una conexión indudable entre The Summit Lighthouse y las actividades antiquísimas de la Gran Hermandad Blanca.

Muchos han preguntado si The Summit Lighthouse es una actividad cristiana. Lo es en el sentido más fiel de la palabra, porque nuestro cristianismo se fundamenta en la Roca de la Eternidad, el Cristo que venció al mundo y que «vendrá como le habéis visto ir al cielo».[10] Se fundamenta en las Enseñanzas originales de Jesús, no en el estrecho dogma en que los hombres las han convertido.

Tal como The Summit Lighthouse es de anchas miras en cuanto a la aceptación de la Verdad como se ha revelado a través de los profetas de todas las religiones, y así como es tolerante en su expansión hacia todos los niños de Dios de la Tierra, así es estrecha en su adherencia al espectro de Verdad pura que desarrolla la Ley de Dios. Jesús dijo: «Estrecha es la puerta, y angosto el camino que lleva a la vida».[11] Estamos dispuestos a seguir el solitario camino que abandona la avenida del bien poblado pensamiento religioso y que conduce a las alturas espirituales de regeneración Crística.

Nuestra actividad se llama The Summit Lighthouse porque está destinada a ser un haz de luz en la historia de la evolución del pensamiento religioso del hombre. The Summit está dedicada a expandir la Luz de Dios entre la humanidad, y la verdad que expanda debe ser la Verdad sin concesiones. Jesús dijo: «Vosotros sois la luz del mundo; una ciudad asentada sobre un monte no se puede esconder».[12]

Establecida con firmeza sobre la roca del Cristo, el Faro irradia hacia el mar tormentoso de la lucha humana el mensaje: «Paz, aquiétate».[13] La Luz de la torre es un haz de esperanza para un mundo turbado que aún busca fuera una lumbrera en el cielo social e intelectual. Es la Luz del Cristo la que dice: «La Luz que buscáis es la Luz que tenéis dentro».

El estándar de la Verdad debe mantenerse y las verdaderas Enseñanzas del Cristo deben proclamarse. Solo toda la Verdad liberará a los hombres. Por tanto, nosotros nos esforzamos por mantener el estándar de excelencia, ser el Faro de la Cima, guiar a todo hombre hacia la comunión con su propio Ser Crístico.

Solo entonces él podrá convertirse en el Faro, una verdadera casa de Luz; solo entonces podrá encontrar la Cima de su propio Ser, la Presencia de Dios dentro de él. La Presencia Divina en el hombre es una torre de fortaleza, una columna en el templo del Ser. Su Cuerpo Causal es una Luz guía para todo aquel que desee seguir la estrella hasta el lugar donde el Cristo está acunado en su individualidad consciente.

> Pongámonos, pues, manos a la obra,
> asociándonos con pocos.
> Ahora vemos, como quisimos,
> todo lo que Dios acostumbraba a hacer.

Su Luz alimenta nuestra alma;
nos deleitamos en su Ley.
Florezca, pues, su reino ahora;
llene de asombro el corazón de los hombres.

Reverencia, amor y honor brillaron;
lo haremos, en nombre de Dios.
Por el fuego del Espíritu del cielo
guardemos todos su llama.

Sostenlo en alto, arriba, ante los ojos;
veamos y conozcamos todos la precisión.
Captura, pues, su plan para la fusión,
es el fin de toda confusión.

La Luz de la unidad se muestra,
los vientos del engaño que han soplado
se aquietarán con la Luz que se muestra ahora
por completo; paz, aquiétate.

Dale la mano y sostenla;
no la sueltes, Padre nuestro querido,
tu gran amor brilla en nosotros;
el amor perfecto elimina todo temor.

Rectifica y purifica el mundo de los hombres;
imparte con la llama de la Verdad
perseverancia desde el principio;
haz que ahora comience en todos los corazones.

Avance con tu poder,
brille por siempre su Luz;
irrádialo, revela la flor
que la mano divina ha enviado del cielo.

Metas de The Summit Lighthouse

Las metas que los Maestros han propuesto para The Summit son muchas. En ellas se incluyen la preparación de los niños Crísticos, los Budas y los Avatares que deben llegar para su misión y para las iniciaciones que conducen a la ascensión, así como la preparación de todos los que estén dispuestos a someterse a los rigores de la iniciación proscritos por la Jerarquía para ser aceptados en el Templo de la Ascensión, o bien al final de esta encarnación o mientras el cuerpo duerme. A través de las Enseñanzas de los Maestros publicadas por The Summit Lighthouse, los requisitos para la ascensión quedarán tan claros que la profecía de la Reina de la Luz sobre ascensiones en masa desde las colinas se hará Realidad un día.[14]

Debemos establecer programas educativos para todas las edades, desde preescolar hasta el nivel universitario, donde los padres aprenderán a alimentar al Cristo en sus hijos y en sí mismos, y donde los jóvenes aprendan acerca del Cristo y sus Enseñanzas sobre ley cósmica.

Es nuestro deber patrocinar la música de las esferas, que contiene la matriz de la Era de Oro. Necesitamos preparar la formación de padres y maestros que patrocinen a la séptima raza raíz y mantener el vínculo con la Jerarquía para las generaciones futuras. The Summit debe dejar registros escritos para que los que no han sido vivificados por el Espíritu puedan encontrar la Verdad en encarnaciones futuras.

Para terminar, se deben echar los cimientos para la Era de Oro, exponiendo las Enseñanzas de la Hermandad y dejando escritas las sagradas escrituras para el siguiente ciclo de dos mil años. Debemos escribir el Evangelio Eterno de Dios,[15] del cual esta serie es el primer capítulo.

The Summit es una actividad que promueve la autopurificación, la maestría sobre uno mismo, la preparación para la ascensión y la progresión continua hacia una Luz más grande y una sintonización mayor con la Presencia. A través de esta actividad, los Maestros están constantemente involucrados en la recuperación de la «Palabra Perdida», en la regeneración de millones de corrientes de vida y en la eliminación de las barreras subconscientes mediante el poder del fuego sagrado.

Si algunos de nuestros métodos han sido observados por otras organizaciones, ello se debe a que, en varios momentos de la historia, la Jerarquía, mediante un profeta o más de uno, ha inspirado a la humanidad con cierto conocimiento. El Morya nos ha dicho que cuando un profeta abandona la pantalla de la vida, sus seguidores con frecuencia se permiten libertades con sus palabras y la Verdad se distorsiona. Morya explicó: «En consecuencia, de vez en cuando consideramos necesario, para adherirnos a la plomada de los principios, reformar lo antiguo con el milagro de lo nuevo y otorgar a los individuos el poder de ir y formar o bien una nueva religión o perspectiva sobre el pensamiento». También dijo: «En verdad, la Verdad es una sola, y todas las Leyes de Dios deben adherirse necesariamente a la única».

Es posible volver a formular viejas Verdades, cubriéndolas con la frescura de una nueva perspectiva. El Maestro reiteró: «Nuestras metas son la salvación del planeta, la libertad del hombre y la perpetua alegría de Dios que a todos se puede dar a conocer». También dijo:

> Hay un gran tesoro de sabiduría sobre las infinitas Leyes de Dios que aún no se le ha entregado a la humanidad.
>
> Sin embargo, entregar la superestructura del edificio sin colocarlo primero sobre unos cimientos sólidos no sería un proceso ordenado. Debe haber relevancia. Por tanto, debéis construir sobre los cimientos de la Verdad que ya se ha revelado a los profetas de antaño y continuar con el conocimiento que desarrollaremos a través de vosotros.

La Ley del YO SOY

El Maestro se dispuso entonces a revelarnos la Ley del YO SOY y nos dijo que la Ley del YO SOY es la Ley más importante y antigua de la creación. Moisés fue quien la afirmó por primera vez en la historia escrita después de escuchar a Dios decir desde la zarza en llamas: «YO SOY EL QUE SOY» [YO SOY EL QUE YO SOY].[16]

El Morya nos dijo que el Ser de Dios es lo que constituye la Imagen de Dios y que, puesto que el hombre está hecho según la Imagen Divina, esa Imagen es su única Realidad. Dios es la Palabra y la Palabra es Cristo; y su Palabra, por la cual se hicieron todas las cosas,[17] salió como el poder del YO SOY, que dijo «YO SOY el camino, la verdad y la vida» y «YO SOY la resurrección y la vida».[18]

El Maestro también nos recordó que la Gráfica de tu Yo Divino (en la página 12) jamás podrá transmitir a la humanidad nada más que un símbolo de Cuerpo Causal infinito del hombre con sus esferas concéntricas de colores.

El Maestro nos dijo que la Gráfica debía tener una representación del Ser Crístico (o Cuerpo Mental Superior) porque el hombre ahora vive en una época en la que la Segunda Venida de Cristo se puede considerar como el Señor entrando en su templo súbitamente con el estruendo de un poderoso viento.[19] Dios reclamará el templo del ser del hombre cuando el poder del Cuerpo Mental Superior y el Santo Paráclito (o Espíritu Santo) entren en el cáliz, el cuerpo y el ser del hombre.

Debido a que las fuerzas oscuras y divisorias trabajan continuamente contra la Ley del Uno (la ley del ser del hombre y su vínculo con la eternidad), se han hecho muchos intentos para desacreditar a quienes han defendido en todas las épocas el principio del YO SOY. Sin embargo, puesto que YO SOY es el nombre de Dios, todo hombre, mujer y niño de la Tierra tiene el derecho de regocijarse en él, vivir en él y cambiar el mundo con él, hasta que el mundo refleje el esplendor que ya hay en la Mente de Dios, como Arriba, así abajo.

The Summit como avenida de la Gran Hermandad Blanca

El Moya dijo:

> Los que conocen el significado del amor verdadero entienden que la Gran Hermandad Blanca tiene muchas avenidas para expresar sus muchas actividades hermosas ¡y se niega, en el santo nombre de la libertad, a que la limiten en su perspectiva con respecto a la ayuda planetaria las simples ideas humanas de los sedicentes escogidos!

> Como he dado a entender anteriormente, la Hermandad, en los últimos meses y años, tan solo acaba de empezar a exteriorizar a través de The Summit Lighthouse algunas de

nuestras ideas y planes más útiles para la humanidad. Tenemos la gran esperanza de crear un refugio de Luz tal que ninguna cualidad humana pueda entrar o morar en ella jamás.

Los sabios entenderán su política de «vive y deja vivir» como algo proveniente de nosotros. No considerarán tontamente su actitud como ingenua o débil, viendo en cambio que, en la unidad con Dios, la Verdad y el modo de los Maestros Ascendidos ¡hay fortaleza victoriosa! Como una potente y expansiva faceta de la Hermandad, The Summit Lighthouse es una de nuestras avenidas más importantes.[20]

Después, El Morya también dijo:

Es comprensible que cada organización exija alguna forma de lealtad de sus adeptos, pero por desgracia *todo o nada* parece ser el requisito de muchas órdenes religiosas. Solo vuestra poderosa Presencia YO SOY tiene el derecho de pedirlo todo de cualquier parte de la Vida.

La lealtad a la Verdad, a vuestros amigos y a los altos estándares y principios es buena, pero nadie debe permitir que lo domine o controle ninguna persona, lugar, circunstancia o cosa, excepto los Maestros Ascendidos y su Presencia YO SOY. Sin embargo, claro está, los que piensen de forma parecida siempre deben estar dispuestos a ayudarse con amor unos a otros al efectuar muchos aspectos de los propósitos eternos.

No parece que esté claro para mucha gente que los Maestros Ascendidos y la Gran Hermandad Blanca, en el pasado, a menudo, han decretado o dirigido a ciertas personas, incluso ayudándolas a formar una organización o grupo a través del cual los Maestros y la Hermandad pudieran diseminar información y prestar un gran servicio, y han descubierto que después a los Maestros y a la Hermandad se les arrebató el control de esos mismos grupos u organizaciones mientras la actividad degeneraba hacia una simple cáscara o caparazón muy lejos de su anterior identidad. Esto ha resultado especialmente confuso por el hecho de que con frecuencia estas órdenes religiosas o grupos filosóficos continúan creciendo o prosperando en lo exterior, aún diseminando muchas de las Verdades de los Grandes.

La clave de todo esto, queridos corazones, yace en el libre albedrío que los seres no ascendidos tienen para elegir qué hacer. Ningún Maestro ni ninguna Hermandad, ni siquiera los más grandes, tienen el derecho cósmico de controlar a los individuos ¡a menos que estos lo pidan! [...]

Quiero destacar en especial que no quiero parecer alarmista al dar esta información; por otro lado, me parece bueno hablar de estos aspectos de la Verdad con el cuerpo estudiantil a fin de mantenerlo informado y bajo la protección Divina en todo momento. Cualquier cosa que armonice y produzca paz con dignidad y Verdad es de Dios. ¡Cualquier cosa que divida por interés egoísta es del engaño! Confío en que el chela de corazón verdadero reconozca la necesidad de tener un corazón honesto y lleno de amor por todo; pero sin temor de tomar decisiones por amor a la Luz.[21]

El Señor Lanto, Chohán del Segundo Rayo, explicó: «Debido a que esta actividad está construida con muchísima solidez sobre la roca, yo, Lanto, declaro en nombre de la sabiduría que permanecerá para cumplir el sueño de El Morya, y los que la han ayudado algún día estarán agradecidísimos de haberlo hecho cuando vean por qué se manifestó la Utopía debido a su cooperación, constancia y determinación de *ser* Cristos en acción».[22]

Efusión semanal de sabiduría

Los Maestros facilitan la sabiduría eterna a través de las *Perlas de Sabiduría*. Quienes reciben estas entregas de los Maestros no están obligados por ninguna regla de conducta ni declaración de fe. Solo se les pide que ayuden con el valor nominal de la publicación y los gastos de envío. El 10 de noviembre de 1959, El Morya dijo lo siguiente:

Al saber que la fe y la armonía siempre forman parte de la Luz y que The Summit Lighthouse no pide ninguna fidelidad o lealtad especial excepto vuestro amor por un contacto más profundo con nosotros, confío en que todos vosotros, que amáis la Verdad de la que hablo, continuéis disfrutando de las *Perlas de Sabiduría* por mucho tiempo hasta que, en el registro-memoria de Luz de Dios, os volváis ilustres y autoluminosos en manifestación. Entonces, como uno de nosotros, no necesitaréis ningún otro *hilo de contacto*, al haber alcanzado la gloria de la reunión completa que es lo que buscáis siempre.

El continuo apoyo que deis a la actividad física de The Summit Lighthouse en el futuro hará posible, como lo hizo en el pasado, que continúe con mi asignación de energía espiritual de las entregas semanales de las *Perlas de Sabiduría*. Porque no podemos darlo todo; la ley cósmica decreta que una parte debe llegar de vuestro lado del velo. Hagáis lo que hagáis, hacedlo con buena voluntad, porque en Dios uno nunca está solo, ¡sino que es Uno![23]

Guardianes de la Llama

El 31 de enero de 1961, el Maestro autorizó la formación de un grupo especialmente dedicado, dentro de The Summit Lighthouse, llamado *Fraternidad de Guardianes de la Llama*. «A los miembros del grupo de Guardianes de la Llama —dijo— se les ofrecerán lecciones... Independientemente del punto en que se encuentre cada cual, todos los interesados en enseñanza básica y avanzada deberían inscribirse a este dedicado grupo de servidores por muchas razones. A buen entendedor, pocas palabras».[24] Los miembros de esta orden espiritual universal han prometido guardar la Llama de la Vida ardiendo en el altar del corazón de toda la humanidad, ser guardianes de sus hermanos[25] y guardar en la mente y el corazón todo lo que el Padre ha dado al corazón, la cabeza y la mano por su gloria y la rápida exteriorización de su reino en la Tierra.

Fue el Maestro Ascendido Saint Germain quien, como Caballero Comandante, patrocinó la organización de este grupo. En su *Perla de Sabiduría* con fecha de 17 de septiembre de 1967, Saint Germain dijo:

> En estos tiempos no hemos confiado las Enseñanzas a ningún hombre, sino que hemos dado pedazos finitos de lo Infinito, segmentos de la Realidad, al planeta como código

cósmico que el corazón, cuando está purificado en cualquier hombre, puede descifrar con facilidad. En las *Perlas de Sabiduría*, Lecciones de Guardianes de la Llama y otras expresiones que conforman las Enseñanzas de The Summit Lighthouse, hemos querido integrar la totalidad de todos los movimientos edificantes genuinos que jamás han existido en el planeta.

El nuestro es un intento, como Dios lo quiera y si el hombre también lo quiere y sirve con Dios, de elucidar a través de las Lecciones de Guardianes de la Llama unos estándares tales de antigua belleza como jamás se han conocido y vivido en este planeta. Llegará el día en que aquellas almas que tengan el privilegio de recibir estos comunicados los considerarán como la Luz dorada iluminada de la mano del cielo queriendo llegar al corazón individual y diciendo: «Conoce a Dios, conócete a ti mismo, conoce la ley de tu ser».

Como nunca, esperamos abrir los antiguos libros, incluso los libros del Anciano de Días, para revelar lo que se ha mantenido en secreto desde el principio del mundo...

Hay tantas cosas ocultas que esperan revelarse, que apenas podemos contenernos mientras trabajamos bajo la guía superior para elevar la conciencia del aspirante hacia la Luz y lejos de las sombras que la vida ha querido imponerle... La luz del sol del amor de Dios es la luz del sol de la libertad de Dios. El hombre debe llegar al mundo sin dimensión y sin límite del Espíritu, teniendo en la mano el cáliz de su deseo por la maravillosa revelación de Dios, de que el maravilloso trabajo de Dios se le dé a conocer.[26]

La declaración de política de Morya con respecto a la Fraternidad bien podría servir como piedra angular para la organización de The Summit Lighthouse:

Conociendo el dolor de la incertidumbre, los posibles afanes de la humanidad y la esperanza de escape en el corazón de los hombres, prometo no dejar piedra sin remover para hacer que las Enseñanzas y los servicios de la Fraternidad de Guardianes de la Llama representen la ofrenda más grande de la Gran Hermandad Blanca y los hijos del cielo.

La Fraternidad de Guardianes de la Llama y las Enseñanzas de la Era de Oro expuestas en estas lecciones se apoyan en la base única que muchos líderes espirituales han declarado como propia y a la cual, estoy seguro, con esfuerzo creativo y sintonización divina, muchos han añadido belleza.

Los Guardianes de la Llama se esforzarán por utilizar la Luz y Verdad eternas, expresadas tan hábilmente en el pasado por grandes instructores y profetas, como pasos de la actualidad hacia un mayor progreso espiritual, sabiendo con suprema certeza que aún queda mucho que revelar a la humanidad.

Nosotros, la Junta Directiva Espiritual [de la Fraternidad],[27] con la ayuda de todo el Espíritu de la Gran Hermandad Blanca, decretamos y dedicamos las Lecciones de Guardianes de la Llama como canal oficial que sirva para iluminar más a la humanidad y vencer la ignorancia con la Luz y el poder de la llama Divina. El conocimiento sagrado de la llama que prometemos entregar en estas lecciones proporcionará una plataforma segura para las almas ascendentes, la cual está tan bien iluminada que nadie que la examine con un corazón objetivo se verá obligado a vacilar jamás al cruzar el umbral hacia la Vida y la Verdad.

El valor de esta actividad yace en la estructura completa, que está diseñada desde su concepción para mantener las llamas de la Verdad y la libertad constantemente a la vista. Porque nosotros que os servimos desde los planos superiores sabemos que solo la radiación del Logos eterno puede liberar a la Tierra llevándola a la percepción viva de Dios que sustenta la paz, libera de toda esclavitud y es el verdadero saber que al fin produce la felicidad eterna para todos.[28]

Los miembros de la Fraternidad de Guardianes de la Llama son libres de continuar siendo miembros de la iglesia que prefieran mientras pertenecen a la Fraternidad. El Morya dice:

Hombres y mujeres, pues, de todas las fes u orígenes nacionales:

Apelamos a vosotros para que veáis en esto una oportunidad de expresar los más altos principios de vuestra fe (la cual, si existiera, debe estar en vuestro corazón) y, por tanto, el resultado final de la paz y la victoria que esperamos obtener no se producirá solo debido a la personalidad o la organización, ¡sino debido a la respuesta del corazón de los hombres! ¿Comprendéis?

The Summit Lighthouse *es* el Faro de la Cima porque decide defender lo más elevado y lo mejor en todos los hombres, en la gente de cualquier fe y país, defender la victoria más pura para la Tierra y su gente. No queremos solo la mejor espiritualidad y la más elevada para todos, sino la entrega a través de esta puerta del material educativo mejor y de más calidad para todos, que ayudará a los hombres a vivir con felicidad y armonía para siempre.[29]

Es necesario expandirse

Morya también nos ha dicho que «hay una necesidad cada vez más grande de expandir la Enseñanza de los Maestros Ascendidos en oposición a todas las distorsiones y errores anti-Cristo; y con este fin en mente es que nos aseguramos el permiso de Helios y Vesta y del Gran Consejo Kármico para crear The Summit Lighthouse,[30] no con el fin de absorber necesariamente religiones o ideologías, sino más bien para que sirviera como trampolín cósmico donde el punto fuerte, que es la Verdad, se expandiera y se expusiera a nuestra manera, libre de comercialización o explotación por parte del ego y en la cual muchos viajeros sedientos hallaran un refresco tal del Espíritu en la sencillez divina, que de ello resultara una expansión general de bien divino en el mundo de forma muy natural».[31]

Lanto ha expresado la preocupación que tiene la Hermandad por el hecho de que hay poco que ellos pueden hacer en tiempos de crisis mundial, porque los Maestros solo pueden responder cuando se los llama. Lanto dice:

> La clave de todo ello yace en la expansión en el mundo de la forma del conocimiento sobre los Hermanos de Luz, sobre la Jerarquía Espiritual, sobre los Maestros Ascendidos, sobre el desarrollo del individuo a través de su Presencia YO SOY.

A menos que se haga esto, el mundo no se dirigirá de repente hacia la Luz. Nunca ha bastado simplemente producir grandes lumbreras en el mundo. Algunas de ellas quedan en el salón de la fama y se las recuerda en los anales de todas las eras. Pero los actos importan más que los nombres y el rostros de la Verdad pura importan más que el hablar de ella.

Hoy instamos a aquellos de vosotros con quienes tenemos contacto a que comprendáis que toda la gloria concentrada en todos nuestros retiros del mundo tiene poco significado para la humanidad encarnada a menos que podamos lograr en vuestra época dos cosas: 1) la amplia expansión del conocimiento de nuestro trabajo o 2) echar los cimientos para que ese trabajo se expanda en generaciones sucesivas.[32]

Focos exteriores de la actividad

En años anteriores, la actividad de The Summit Lighthouse tuvo dos focos: uno en Colorado Springs (Colorado) y otro en Santa Bárbara (California). Los Maestros escogieron la ubicación de Santa Bárbara por varios motivos. No solo quisieron prevenir la posibilidad de un cataclismo en la Costa Oeste, sino también establecer un punto de Luz entre los vórtices de negación en San Francisco y Los Ángeles. Además, hay un antiguo foco de Lemuria en los montes sobre Santa Bárbara, cuya radiación se extiende desde las islas Aleutianas hasta el vértice septentrional de Suramérica.[33]

En diciembre de 1975 Jesús ordenó que The Summit Lighthouse se mudara a Los Ángeles, la Ciudad de los Ángeles, y en 1976 se trasladó la sede central a un campus rentado en Pasadena (California). En 1977 la organización le compró a los Padres Claretianos la hermosa finca Gillette de 88 hectáreas en las montañas de Santa Mónica, cerca de Malibú, y la llamaron Cámelot. Esta propiedad sirvió de sede central internacional hasta 1986.

El 14 de enero de 1979 el Arcángel Gabriel anunció la Misión Joya Amatista para la reunión de los discípulos a fin de que guardaran la Llama en sus ciudades. Respondiendo a la llamada de Gabriel, los Guardianes de la Llama establecieron nuevos Grupos de Estudio y Centros de Enseñanza por todo el mundo.

En septiembre de 1981, The Summit Lighthouse adquirió el Rancho Royal Teton, al límite del parque nacional Yellowstone, en Montana. Cámelot se vendió en 1986 y la sede central se trasladó a esta propiedad de Montana, que los Maestros han llamado Retiro Interno.

Djwal Kul hizo una profecía sobre el Retiro Interno en 1920 en la que habló de una escuela preparatoria cerca de una ciudad al lado del mar, pero en las afueras,* y después el Retiro Interno en las altas montañas, para iniciados, lejos de los lugares muy poblados de la Tierra. «El mar o la extensión de agua cerca de una escuela preparatoria —dijo— transmitirá a la mente [del estudiante] un recuerdo constante de la purificación, que es su trabajo esencial, mientas que las montañas infundirán en el estudiante avanzado fortaleza cósmica y mantendrán ininterrumpidamente ante él el pensamiento del monte de la iniciación, que se dispone a pisar pronto».

Un año antes de la adquisición de la propiedad del Retiro Interno, la diosa de la Libertad habló de algunos propósitos que cumpliría esto:

> Deseamos ver que el Retiro Interno se manifieste y a toda prisa, pero con prudencia; por supuesto, a un paso que siga siempre el ritmo del latido del corazón de Saint Germain.
>
> Deseamos veros juntos en un conocimiento más grandioso del verdadero significado del hogar y en todas esas necesidades de la vida que sacan a la luz el potencial, la independencia, el espíritu pionero.
>
> Todos sois pioneros de la Gran Estrella Divina. Y al final de esta era, al mismo tiempo que amanece otra, está el arco de la Luz de Sirio que se ha convertido en vuestra tarea principal, para que la Gran Hermandad Blanca y su gobierno Divino en las galaxias puedan tener ese foco físico necesario para que todos esos Seres de Luz, así como el plan divino de Dios, se manifiesten en la Tierra.

---

*La profecía del centro al lado del mar se cumplió en Cámelot, que estuvo ubicado en las afueras de Los Ángeles y en el interior, cerca de las playas de Malibú.

De siglo en siglo, emisarios de Sirio, hijos de Dios, han querido establecer el núcleo de Luz que afianzaría esa determinada elevación de Luz que es una cierta clave proveniente de la Estrella Divina en la Tierra física misma. De vez en cuando han tenido éxito, pero por lo habitual, solo de manera temporal.

Asimismo, con la salida de la Luz del núcleo de la Estrella Divina misma, han llegado períodos de oscuridad y una mala aplicación de la Ley, seguidos de caos, la vieja noche y el deterioro. Así, igual que los fríos vientos cruzan el desierto, la desolación, en su propio tiempo y espacio, hizo de la conciencia humana un páramo carente de la conexión cósmica con la Estrella Divina.

Por tanto, planead con anticipación. Así pues, venimos a informaros de que la Gran Hermandad Blanca, Surya, los Señores del Karma y la Jerarquía patrocinadora de vuestras almas están listos para acelerar una ubicación física para el Retiro Interno, así como el desarrollo de vuestra alma para el conocimiento de nuestra molécula de Luz.[34]

La Escuela de Misterios de Maitreya

En 1984 Jesús habló de la dedicación del Rancho Royal Teton como Escuela de Misterios de Maitreya:

Vengo a la razón de ser de nuestra unión en este Corazón del [Retiro Interno]. Porque estamos refugiados en el corazón de Maitreya. Y él desea que yo, como su pupilo, os anuncie que él dedica este Corazón del Retiro Interno y toda esta propiedad como Escuela de Misterios de Maitreya en esta era…

Quisiera hablaros de nuestra gran alegría y del significado que tiene la adquisición de este lugar para la Escuela de Misterios. Daos cuenta de que la Escuela de Misterios de Maitreya se llamó *Jardín del Edén*.[35] Todas las actividades de los Maestros Ascendidos y las escuelas eternas de los Himalayas han tenido la finalidad de que esto ocurriera desde la octava etérica hacia la física, que la Escuela de Misterios pudiera volver a recibir a las almas de Luz que salieron de ella, que ahora está listas para volver, para someterse, para hincar la rodilla ante el Cristo Cósmico, mi bendito Padre, Gurú, Instructor y Amigo.

El Corazón del Retiro Interno

Amados corazones, la comprensión de esta meta Divina y la disposición de Maitreya a aceptar esta actividad, a esta Mensajera y a estos estudiantes como deber sagrado de guardar la llama de la Escuela de Misterios, obtiene así para el planeta Tierra y sus evoluciones una dispensación de las Jerarquías del Sol Central. Porque cuando, a través de la dispensación del Cristo Cósmico, está a punto de hacerse física la puerta abierta por la que las almas, como estudiantes de Luz que se hacen aprendices del Cristo Cósmico, pueden ir y venir desde los planos de la Tierra a los planos del Cielo y volver, nos encontramos ante la puerta abierta de la venida de la Era de Oro. Esta es la puerta abierta del sendero de Oriente y Occidente, de los Bodhisatvas y los discípulos.

Así como es esto, el cuerpo planetario, por tanto, ha obtenido un nuevo estatus entre todos los cuerpos planetarios, entre todos los hogares evolutivos. Porque otra vez se puede decir que Maitreya está presente físicamente, no como en el primer Edén, sino por la extensión de nosotros mismos en la forma a través de la Mensajera y los Guardianes de la Llama. Y como se os ha dicho, este gran fenómeno de las eras es lo que precede a que los Maestros Ascendidos atraviesen el velo, viendo cara a cara a sus estudiantes y sus estudiantes contemplándolos.

Todos los dictados de los Maestros Ascendidos a lo largo

de los años han tenido esa meta. Y con la inauguración de la misión de Maitreya en este siglo y en esta hora, veis que el impulso acumulado de todos los dictados de los Maestros Ascendidos anteriores aumenta el impulso acumulado de la Luz y la capacidad de algunos, y no unos pocos en la Tierra, de mantener en efecto una conciencia etérica.

Aunque puede que no sean conscientes de ello, su corazón y su mente tienden a dirigirse hacia las octavas etéricas, tan evidentes en la gran altitud, en las montañas y en las energías nevadas de fuego del frescor de las montañas. Porque ese fuego de la frescura es un estimulante para los chakras. Es un estimulante para la mente. Crea una aceleración de fuego simplemente con el cambio de temperatura de los cuatro cuerpos inferiores...

Ved, pues, que Maitreya hoy es realmente más físico de lo que nunca lo fue desde el Jardín del Edén. Porque su marcha a las octavas superiores se debió a la traición de los ángeles caídos y los actos de los ángeles caídos contra Adán y Eva y otros que formaban parte de la Escuela de Misterios.

Así, la larga situación de los ángeles caídos y sus prácticas diabólicas contra los puros y los inocentes se han sucedido. Y uno por uno, cada uno de ellos debe llegar a la conclusión divina del Regreso. Cada cual es responsable de haberse marchado de la Escuela de Misterios, y cada cual es responsable de regresar y de utilizar lo que está disponible y accesible como la Palabra divina.

Así, Maitreya está con nosotros de verdad... [Y esta es la] Escuela de Misterios del Jardín del Edén que ha vuelto, marcada por la señal de la columna de fuego, Old Faithful, y el nombre recordado en el nombre de *Paradise Valley*.[36]

El 31 de diciembre de 1985, el Señor Maitreya anunció que su llama gemela había llegado desde nirvana (donde había estado desde el nacimiento de Cristo) para unirse a él en «una gran obra para esta era».[37] Maitreya también explicó su función en la reunión de las llamas gemelas que estuvieron con él en la Escuela de Misterios de Lemuria; e invitó con magnanimidad a todos los estudiantes de los Maestros Ascendidos a que solicitaran ser sus chelas.

El mundo espera a Maitreya y a los trabajadores y siervos de Maitreya. Y también espera a mi llama gemela, a quien no conocen. Así, de las octavas de nirvana, ella ha descendido en un orbe dorado de Luz. Y veréis como esta Presencia de mi amada multiplicará mi acción por vosotros.

Ahora ved a los grandes Equipos de Conquistadores. Vosotros los habéis llamado. ¡Están aquí! Y si no los veis, observad cómo desarrollaréis vuestros sentidos espirituales al divorciaros del mundo de las drogas, el azúcar, la marihuana, el alcohol y la nicotina.

Amados, ¡anhelo veros libres y estamos decididos! Y la Presencia en esta dorada esfera del Cuerpo Causal de Luz de mi amada se conecta con la Presencia de la Maestra Ascendida Venus en ese Retiro de la Madre Divina develado sobre el Retiro Interno para que Cámelot, en esta Ciudad de los Ángeles del Cristo y del Buda, tenga ese rayo y esa Luz de mi equivalente divino.

Y conoceréis la Verdad de Maitreya. Y recibiréis las iniciaciones de forma individual desde mi corazón a diario, si tan solo me escribís una carta aparte esta víspera de Año Nuevo dirigida a vuestra Presencia YO SOY y vuestro Santo Ser Crístico, a mí y a mi amada llama gemela.

Entonces, amados, podéis solicitar ser mi chela, mi iniciado. Y tened mucho cuidado, porque YO SOY el que está decidido a aceptar a casi tantos como me llamen, prefiriendo daros las iniciaciones y dejar que os eliminéis a vosotros mismos antes que eliminaros yo sin daros la oportunidad de una página en blanco… para comenzar de nuevo en el punto en que os desviasteis en Lemuria.

Y os digo que sí me abandonasteis en Lemuria, ¡y vengo a reclamaros otra vez! Y podéis decidir seguir adelante, porque os llevo a ese punto de unión de las llamas gemelas, ya sea en lo interior o en lo exterior, como solo mi cargo puede realizar. Porque es mi cargo lo que violaron las llamas gemelas en el Jardín del Edén y, por tanto, quienes de vosotros dejasteis el Sendero bajo mi tutela debéis recibir esa reunión a través de mí.[38]

Los Maestros tienen planes para otros focos en todo el mundo como precursores del momento en que sus retiros etéricos[39] vuelvan a tener ramas físicas abiertas a las masas. Cuando las escuelas de la Hermandad comiencen a florecer en el mundo exterior, como hicieron en Eras de Oro del pasado, entonces sabremos que nuestra victoria se estará acercando.

Summit University

La primera sesión de Summit University (conocida en un principio como Universidad Maestra Ascendida) se celebró en Santa Bárbara (California), en julio de 1970. En la Conferencia Libertad de ese año, El Morya dijo:

> Esta actividad avanza para convertirse en una Luz para los jóvenes de este país, para enseñarles el camino de salida de su actual dilema… con una música hermosa, con hermosas formas de pensamiento y un hermoso servicio a Dios para volver a abrir la gloria y la Luz de los montes eternos…
>
> Estamos decididos a que este sea el cuerpo de escogidos más hermoso que jamás haya existido en este cuerpo planetario, y tenemos ansias por extender las fronteras del reino de esa elección a todo el mundo.[40]

En septiembre de 1973 se celebró la primera sesión plena de doce semanas de Summit University en Motherhouse, en Santa Bárbara, la cual pronto se quedó pequeña para Summit University. Summit University se celebró en Colorado Springs desde el otoño de 1975 hasta la primavera de 1976, asentándose después en el campus Nazareno en Pasadena, hasta que la organización se trasladó a Cámelot en 1978. Empezando en 1988, Summit University se convocó en el Retiro Interno y ahora se celebran allí cada año y en puntos de todo el mundo.*

Haces del Faro

El propósito de esta actividad de los Maestros Ascendidos es unir el corazón de toda la humanidad elevando su conciencia al nivel común del Cristo. Sin esta elevación no puede haber unidad;

---

*Para obtener más información sobre retiros y seminarios futuros de Summit University, véase www.tsl.org/Summit_University o llama a 1-800-245-5445 (EE. UU.), +1 406-848-9500 (internacional).

y quienes intenten imponer tal unidad descubrirán que, sin las hojas del verdadero conocimiento de la Ley, la hermandad del hombre nunca se realizará.

Quienes son parte de la conciencia del Cristo y el conocimiento de su Filiación divina son Uno solo. Ellos se abrazan con los lazos de su Dios Padre-Madre; parten juntos el pan mientras sirven en la hermandad de ángeles, elementales y hombres. Los reinos de Dios en unión mística se convertirán en los reinos de este mundo porque los hombres tienen esperanza, porque no dejan de orar y porque guardan la vigilia a través de la larga noche del error humano, hasta que el amanecer del conocimiento espiritual aparezca. Y este aparecerá cuando quienes han prometido a niveles internos un servicio de corazón, cabeza y mano encuentren su destino en la Verdad que es la Cima del ser de todo hombre.

La actividad de The Summit Lighthouse deriva su autoridad de la Gran Hermandad Blanca y está patrocinada por ella. Siempre que mantenga los principios de esa Hermandad lo mejor que sepa, la Hermandad utilizará, en esta era y esperamos que, en muchas eras futuras, el brazo de The Summit para sostener la antorcha de la iluminación para el hombre.

Terminamos con el poema de Henry Wadsworth Longfellow, «The Lighthouse» («El Faro»), que es demasiado profético para omitirse de este capítulo sobre The Summit.

El Faro

La rocosa cornisa se alarga por el mar lejano
   y sobre su extremo exterior, a unas millas de distancia,
el Faro levanta su maciza mampostería,
   columna de fuego de noche, de nube de día.

Incluso a esta distancia veo las mareas,
   alzándose, rompiendo contra su base,
una ira enmudecida, que se eleva y apaga
   en el pálido labio y temblor del rostro.

Y cuando el atardecer oscurece, ¡he aquí!, qué brillante,
   por el púrpura intenso del aire en penumbra,
irradia el repentino resplandor de su luz
   con esplendor extraño, sobrenatural en el fulgor.

No uno solo; de cada saliente promontorio
   y peligroso arrecife siguiendo el borde del océano,
cobra vida una forma apagada, gigantesca,
   con su lámpara sobre la inquieta oleada.

Como el gran gigante Cristóbal* se yergue
   sobre el borde de la ola tempestuosa,
vadeando adentro entre las rocas y arenas,
   para salvar al marinero sorprendido por la noche.

Y los grandes barcos navegan mar adentro y vuelven,
   doblándose e inclinándose sobre la ondulante marejada,
y siempre alegres, mientras lo ven arder,
   con la mano dan su hola y adiós silencioso.

Aparecen de la oscuridad, y sus velas
   destellan un momento solo en el resplandor,
y rostros entusiasmados, según la luz revela,
   miran a la torre, y se desvanecen mientras miran.

---

*San Cristóbal es el patrón de los viajeros. En la leyenda se le conoce por haber llevado al Niño Cristo a través de un río de fuerte corriente.

El marinero recuerda cuando un niño,
  en su primer viaje, lo vio apagarse y hundirse,
y cuando, al volver de locas aventuras,
  lo vio surgir de nuevo sobre el borde del océano.

Constante, serena, inamovible, la misma
  año tras año, a través de toda la noche callada
¡arde por siempre esa llama inapagable,
  sigue brillando esa luz inextinguible!

Ve al océano apretar contra su pecho
  a las rocas y la arena con el beso de la paz;
ve los feroces vientos agarrarlo y levantarlo,
  y sostenerlo en alto, y sacudirlo como un vellón.

Las olas sobresaltadas saltan por encima; la tormenta
  lo golpea con todos los azotes de la lluvia,
y sin tregua contra su sólida forma
  aprietan los grandes hombros del huracán.

El pájaro revoloteando a su alrededor, con la estridencia
  de alas, vientos y gritos solitarios,
cegado y enloquecido por la luz interior,
  se estrella contra el deslumbre, y muere.

Un nuevo Prometeo, encadenado a la roca,
  con el fuego de Júpiter aún en la mano,
no oye el grito, ni hace caso de la conmoción,
  mas saluda al marinero con palabras de amor.

«¡Navegad! —dice— ¡navegad, navíos majestuosos!
  Y con vuestro puente flotante cruzad el océano;
a mí, proteger esta luz de todo eclipse,
  a vosotros, acercar al hombre más al hombre».

Notas

Los libros a los que aquí se hace referencia están publicados por Summit University Press a menos que se indique lo contrario.

Prefacio

1. Efesios 6:12.
2. Apocalipsis 14:6.

Introducción

1. Phylos el tibetano (1952). *Habitante de dos planetas,* Los Angeles: Borden Publishing Co., págs. 46, 47.
2. Génesis 6:11-13.
3. 1 Juan 4:4.
4. Joel 2:28-23.

Capítulo 1 • Oración, decretos y meditación

Citas iniciales: Isaías 55:11; 45:11.

1. Juan 1:1-3.
2. Génesis 1:3.
3. Juan 11:25.
4. Filipenses 2:5 (versión bíblica del Rey Jacobo).
5. Filipenses 2:6 (versión bíblica del Rey Jacobo).
6. «Entonces dijo Dios: 'Hagamos al hombre a nuestra imagen...'» (Genesis 1:26).
7. Filipenses 2:6 (versión bíblica del Rey Jacobo).
8. Mateo 12:37.
9. «Todas las cosas por él fueron hechas, y sin él nada de lo que ha sido hecho, fue hecho» (Juan 1:3).
10. Salmos 91:1- 2.
11. Éxodo 3:13-15.
12. Génesis 4:26; 12:8; 26:25. Salmos 99:6. Joel 2:32. Hechos 2:21. Romanos 10:12-13.
13. Éxodo 13:21-22. Números 14:14. Nehemías 9:12, 19. Salmos 78:14.
14. Mateo 6:19-20. Juan 14:2.

15. Mateo 6:21. Lucas 12:34.
16. Apocalipsis 10:1.
17. Santiago 4:8.
18. Eclesiastés 12:6.
19. Apocalipsis 22:1.
20. Juan 4:14.
21. Mateo 28:18.
22. Job 22:28.
23. El Morya, «Decretos de corazón, cabeza y mano», en Mark L. Prophet y Elizabeth Clare Prophet, *La ciencia de la Palabra hablada*, pág. 32.
24. Jesús y Kuthumi, *Oración y meditación*.
25. Mark L. Prophet y Elizabeth Clare Prophet, *La ciencia de la Palabra hablada*.
26. Filipenses 4:8.
27. Kuthumi, «Meditación sobre el arco iris de la perfección de la Luz», en *Oración y meditación*, págs. 65-66.
28. Kuthumi, «Unión con la Luz impenetrable del átomo», en *Oración y meditación*, pág. 97.
29. Kuthumi, «Un viaje al templo del Santísimo», en *Oración y meditación*, págs. 80-81.
30. Filipenses 2:5 (versión bíblica del Rey Jacobo).
31. Ezequiel 1:24; 43:2.
32. Ezequiel 12:2.
33. Mateo 6:9.
34. Mateo 6:9-13. Lucas 11:2-4.
35. Génesis 1:28; 9:1-3, 7.
36. Éxodo 20:3. Deuteronomio 5:7.
37. Deuteronomio 6:4. Marcos 12:29.
38. Hebreos 9:23.
39. Romanos 3:4.
40. Mateo 21:21-22.
41. Mateo 6:13.
42. Mateo 24:22.
43. Los decretos 1.30 y 70.16 en *Oraciones, meditaciones y decretos dinámicos para la revolución venidera en conciencia superior serán* de gran ayuda para quienes deseen implementar la ley del perdón.
44. Lucas 22:42.
45. Kuthumi, «El calor blanco incandescente de la meditación», en *Oración y meditación*, págs. 89-90.
46. Marcos 14:36. Mateo 26:39. Lucas 22:42.
47. Salmos 19:14.
48. Juan 5:17, 19, 21.

49. Véase *Saint Germain sobre alquimia,* un curso completo sobre la ciencia de la precipitación, publicado por Summit University Press.

50. Josué 6:10-20. Hebreos 11:30.

51. Malaquías 3:10.

52. Job 37: 2-5.

53. Juan 1:1-3. Hebreos 11:3.

54. Saint Germain, «El poder de la Palabra hablada», en *La ciencia de la Palabra hablada,* págs. 38-44.

55. Mateo 4:7.

56. Zacarías 2:5.

57. 1 Corintios 15:31.

58. 1 Corintios 3:13.

59. Efesios 5:26.

60. Mateo 3:11. Lucas 3:16.

61. Josué 6:20.

62. Kuthumi (3 de julio de 1962).

63. 1 Corintios 3:16.

64. Juan 11:41- 43.

65. Marcos 1:22.

66. Salmos 46:1.

67. Juan 14:6.

68. Disponible en Summit University Press.

69. Mateo 6:7.

70. Señor Maitreya, «Vencer el temor por medio de los decretos», en *La ciencia de la Palabra hablada,* págs. 23-24.

71. 1 Tesalonicenses 5:17.

72. Mateo 16:25. Marcos 8:35. Lucas 9:24.

73. Marcos 1:35; 4:38. Lucas 6:12. Juan 6:15.

74. Juan 12:31; 14:30; 16:11.

75. La atención de vuestra mente controla y dirige el flujo de la energía de Dios en vuestro mundo.

76. Alfred, Lord Tennyson, *The Passing of Arthur* [*La muerte de Arturo*], línea 414.

77. Jesús, «Oración incesante», en *Oración y meditación,* págs. 8-10, 12.

78. Saint Germain (4 de julio de 1984), «¡Superad todas las pruebas!», en Mark L. Prophet y Elizabeth Clare Prophet, *Señores de los siete rayos* (II), págs. 254-55, 257-59.

79. Job 3:25.

80. Señor Maitreya, «La superación del temor con los decretos», en *La ciencia de la Palabra hablada,* págs. 20-21, 22.

81. *Ibid.,* pág. 24.

Capítulo 2 • Magia negra

Cita inicial: Mateo 11:12.

1. Hechos 17:22-25, 27-28.
2. Romanos 7:23, 25; 8:2. 1 Juan 3:4.
3. Romanos 7:19.
4. Génesis 1:26, 28.
5. Juan 8:44.
6. El Morya (17 de abril de 1964), «Nuevas líneas de batalla en la santa causa de la libertad», en *Perlas de Sabiduría*, vol. 7, n.º 16.
7. Lucas 23:34.
8. Génesis 3:1.
9. Mateo 10:16.
10. Proverbios 29:18.
11. Lucas 16:8.
12. El Morya, *op. cit.*
13. Romanos 1:30.
14. La historia de Peshu Alga termina en 1984 con su juicio final y la segunda muerte. El Arcángel Miguel habla de la importancia de este evento: «Hablando ahora con el mensaje de la Corte del Fuego Sagrado, la Estrella Divina Sirio, hablando en nombre de los Veinticuatro Ancianos, os anuncio, oh hijos del Sol, el día de los días. Así, en esta hora, ha llegado el juicio (el juicio final y la segunda muerte) de aquel al que habéis conocido como Peshu Alga.

«Así, el Guardián de los Pergaminos ha leído estas semanas, registro a registro, acerca de la infamia del caído en el juicio en la Corte del Fuego Sagrado; aquel que fue a tentar a Lucifer para apartarlo del servicio de Luz, aquel que por siempre juró venganza contra el Todopoderoso por la muerte de su único hijo, no comprendiendo la Vida eterna y la reaparición del hijo. Así, su jurada enemistad fue uno de los puntos cruciales (si no el punto crucial) en la rebelión de aquellos ángeles caídos que como él han ido a la Corte del Fuego Sagrado...

«Amados, este juicio, esperado desde hace mucho, tiene ramificaciones de largo alcance a través de las galaxias. Y en esta misma hora, amados, se produce la liberación de una libertad desconocida hasta ahora para muchos de vuestros hermanos y hermanas, que parecen estar muy, muy lejos...

«¡Hoy es un día de liberación cósmica y un estallido de alegría para el Señor Cristo en todos los corazones! Es la hora del regocijo para atar a la vieja bruja y la brujería; al viejo dragón y al tentador y la progenie de Satanás. Esta es la hora y el día en que la Luz que sale del corazón de Helios y Vesta en esta morada consigue de verdad para Dios muchas almas perdidas, perdidas por perder sus amarras en Dios, perdidas porque siguieron el maya y el magnetismo y las bravatas de estos caídos.

«Hemos alcanzado, por tanto, el punto cumbre de la oscuridad, y la oscuridad ahora debe retroceder. Y ahora tendréis el impulso acumulado de la victoria de nuestro Dios, la victoria de nuestros grupos y la eliminación de la Oscuridad como ímpetu para el empuje, para avanzar, para actuar por la Luz y por el Hogar, y para limpiar el camino para que los muchos seres de Luz desciendan a la Tierra por los portales del nacimiento.

«Es un momento para el cambio cósmico si lo queréis. Pero os debo decir, verdaderamente con el honor de Dios, como en todo el tiempo y el espacio, la Ley exige la Palabra hablada, el mantra, el llamado a mí y el llamado a Dios para que la Luz entre. Porque Dios os ha dado el libre albedrío absoluto en la octava física. Si deseáis cambios debéis llamar al Señor, vuestra poderosa Presencia YO SOY, y pedirnos refuerzos a nosotros como agentes de Luz y del complemento *Padre-Hijo-Espíritu Santo-Madre de la Divinidad*». («El juicio de Peshu Alga», en *Perlas de Sabiduría*, vol. 28, n.º 2, 13 de enero de 1985).

15. Juan 8:44.
16. Juan 3:19.
17. En su audiencia general del 15 de noviembre de 1972, el papa Pablo VI hizo la pregunta: «¿Cuáles son las necesidades más grandes de la Iglesia en la actualidad?». Y dijo: «No dejen que nuestra respuesta les sorprenda como simplista o incluso supersticiosa e irreal: una de las mayore necesidades es la defensa contra ese mal que se llama Demonio. El mal no es simplemente una falta de algo, sino un agente eficaz, un ser espiritual, vivo, pervertido y pervertidor. Una realidad horrible. Es contraria a la enseñanza de la Biblia y la Iglesia se niega a reconocer la existencia de una realidad tal o explicarla como una pseudorrealidad, una personificación conceptual y rocambolesca de las causas desconocidas de nuestras desgracias. Que no es una cuestión de un demonio, sino de muchos, lo indican los varios mensajes del Evangelio (Lucas 8:30, Marcos 5:9). Pero el principal es Satanás, que significa adversario, enemigo, y con él muchos, criaturas de Dios pero caídas debido a su rebelión y maldición. Todo un mundo misterioso, perturbado por el drama infeliz del cual sabemos bien poco» (*L'Osservatore Romano*, 23 de noviembre de 1972, citado en Benedict Heron, *Rezar pidiendo curación: el desafío*, cap. 7, en christendom-awake .org/pages/dombenedict/book-healing/healing-home.html).

18. Saint Germain, «La puerta de Luz», en *Lección de Guardianes de la Llama 15*, págs. 28-29, 30.

19. «*Velad conmigo*». *Vigilia de las horas de Jesús*, pág. 21.

20. 2 Tesalonicenses 2:12.

21. Marcos 5:9. Lucas 8:30.

22. Lewis Spence (1960), *An Encyclopedia of Occultism*, New York: University Books, pág. 68.

23. Palas Atenea, «Sobre la Verdad y el autoengaño», en *Lecciones de Guardianes de la Llama 15*, pág. 10.

24. Mateo 6:24. Lucas 16:13.

25. Se sugiere como lectura C. S. Lewis (1968), *Cartas del diablo a su sobrino*, New York: Macmillan.

26. Para encontrar más enseñanza sobre el cultivo del discernimiento, véase Señor Maitreya (14 de diciembre de 1975), «Integración con Dios», en *Perlas de Sabiduría*, vol. 18, n.º 50; y Señor Maitreya (18 de julio de 1965) «A los pies de la razón santa para el autodiscernimiento», en *Perlas de Sabiduría*, vol. 8, n.º 29.

27. Sobre los documentos erróneos supuestamente publicados por los Maestros y la necesidad que hay de discernimiento por parte de los estudiantes, véase Saint Germain (14 de agosto de 1964), «La Verdad os hará libres», en *Perlas de Sabiduría*, vol. 7, n.º 33.

28. «Porque se levantarán falsos Cristos, y falsos profetas, y harán grandes señales y prodigios, de tal manera que engañarán, si fuere posible, aun a los escogidos» (Mateo 24:24).

29. Palas Atenea, «Sobre la Verdad y el autoengaño», en *Lección de Guardianes de la Llama 15*, págs. 11-12.

30. Mateo 27:51. Marcos 15:38.

31. Juan 19:30.

32. Virgen María (20 de septiembre de 1963), en *Perlas de Sabiduría*, vol. 6, n.º 38.

33. Mateo 6:23.

34. Efesios 6:12. 2 Corintios 11:14.

35. Mateo 6:24. Lucas 16:13.

36. Mateo 7:16.

37. Marcos 1:24. Lucas 4:34.

38. El Morya (17 de abril de 1964), «Nuevas líneas de batalla en la santa causa de la libertad»), en *Perlas de Sabiduría*, vol. 7, n.º 16.

39. *El martirio de una emperatriz*, págs. 188-90.

40. Mateo 6:23. Maha Chohán (4 de octubre de 1975), «Dones del Espíritu: factores y facultades a considerar en la educación acuariana».

41. Lucas 8:43-46. Marcos 5:25-31.

42. Algunas de las enseñanzas de Serapis Bey sobre este tema se pueden

encontrar en su libro *Actas de la ascensión.*

43. El ritmo natural del chakra de cuatro pétalos de la base es el compás 4/4. En la música rock el 4/4 está sincopado. Con ese cambio en el ritmo, la energía de la columna no se eleva con un fluir natural, sino que cae. La vibración de la energía descendente se convierte en una experiencia sintética o una experiencia invertida de la elevación del fuego Kundalini. Para una mayor explicación de la ciencia del ritmo y los efectos espirituales de la música rock, véase el libro 6 de la serie Escala la montaña más alta, *Senderos de Luz y Oscuridad.*

44. La inserción de mensajes subliminales en la publicidad se ha analizado en tres libros de Wilson Bryan Key: *Seducción subliminal: la manipulación de los anuncios publicitarios de una América no tan inocente, Sexplotación mediática y La orgía del plato de almejas* (New York: New American Library, 1973, 1976, 1980, respectivamente). El edición de la primavera de 1983 de la revista Heart incluye un resumen de la obra de Key y un informe sobre la rección que provocó en los medios de comunicación. Esta revista también incluye un informe sobre una reunión con un artista comercial especializado en la inserción de imágenes subliminales y una demostración de sus técnicas.

45. Mateo 16:26.

46. Mateo 10:16.

47. Mateo 7:22.

48. Génesis 6:5.

49. Salmos 91:1.

50. Génesis 3:22.

51. Mateo 24:15-16. Marcos 13:14.

52. Apocalipsis 3:11.

53. 1 Pedro 5:5. Santiago 4:6.

54. Salmos 139:7-10.

55. Saint Germain, «La puerta de Luz», en *Lección de Guardianes de la Llama 15,* págs. 32-35, 36-37, 40, 41-43, 30-32.

Capítulo 3 • Anticristo

Cita inicial: 1 Juan 2:22.

CAPÍTULO 3 • PRIMERA SECCIÓN • LA FALSA JERARQUÍA

1. 1 Juan 2:18.

2. 2 Pedro 2:20.

3. Juan 8:58.

4. Apocalipsis 13:8.

5. Éxodo 7:8-12.

6. 2 Corintios 11:13-15.

7. Una de las mayores debilidades en la conciencia de los que han

tomado el sendero de la izquierda es que, por orgullo, creen que ellos son su forma (yin) y sus experiencias (yang). No se identifican con el Espíritu de Dios, sino con los modelos personales de su conciencia mortal. Esta es su gran perdición. La identificación con la forma y la experiencia es la base del orgullo humano. Hasta que el hombre no venza esta propensión, estará encadenado al mundo de maya.

Cuando el hombre se identifica con su propia forma, automáticamente se identifica con la forma de todo el mundo (la conciencia de las masas es una sola). Por tanto, será susceptible a todas las limitaciones y enfermedades de las que la carne es heredera. No estará exento a no ser que se identifique con la Llama, porque solo entonces serán consumidas las sugestiones agresivas de la conciencia de las masas antes de penetrar en la conciencia de la forma, donde exteriorizarían la enfermedad, el decaimiento y la muerte.

A menos que el hombre rechace conscientemente los pensamientos y sentimientos de las masas, los exteriorizará en el plano de la Materia. El hombre debe permanecer en guardia a la puerta de su conciencia como el vigilante por la noche, negando la entrada a las formas del Anticristo, todo lo que traicione los modelos del Cristo en él.

La Vida es una sola. Por tanto, cuando identificamos a otras personas con su forma (caracterizando a este de gordo, a otro como feo, a aquel como débil), nosotros mismos pronto nos convertiremos en aquello que aceptamos o reconocemos como su identidad. Nos atraparemos a nosotros mismos en las matrices que concebimos sobre los demás. Por consiguiente, es de un interés propio iluminado el ver a los demás como la Llama, tal como nos vemos a nosotros mismos como la Llama. La práctica de este aspecto de la Regla de Oro se asegura de que tanto nosotros como nuestra posteridad heredemos nuestro destino inmortal.

Al renunciar a su forma y sus experiencias, el hombre renuncia a su ego y alcanza un estado de carencia de deseos. Es una llama uniéndose a la Gran Llama; por tanto, no es consumido. Es un observador tanto del yo inferior como del Yo Superior. Está suspendido entre los dos como el Cristo, y su destino inmortal se conserva.

8. Marcos 5:9. Lucas 8:30.

9. Si no tienen éxito atrapando a los inocentes mediante la manipulación y la imitación, siguen el camino de la Verdad pura y la lógica durante un tiempo, hasta que sus seguidores están tan seguros de que van por buen camino, que abandonan la cautela de examinar cada entrega.

A los individuos no les resulta difícil hacerse con las escrituras sagradas del mundo, estudiarlas, citarlas y usarlas según sus propósitos. Incluso la profecía más reciente, disponible hoy día como nuestro material, publicado a través de The Summit Lighthouse y otras actividades constructivas, está disponible al público y pueden estudiarlo los individuos conectados con la hermandad falsa y las actividades del Anticristo. Al estudiar cualquiera de estas publicaciones reales y genuinas, poco les cuesta elaborar otros materiales o engañarse a sí mismos en el uso de tales publicaciones, como si ellos mismos les dieran origen.

El «agua como un río» profetizado en el Apocalipsis arrojada contra el Cristo, la Palabra de Dios, es el enorme refrito de material espiritual hecho público por las falsas hermandades a fin de destruir a la humanidad. Con frecuencia utilizan páginas de literatura beneficiosa para enredar al lector con tan solo uno o dos argumentos que pueden ser peligrosos, mientras que aparentemente suavizan la amarga píldora con una montaña de material engañoso, escrito de forma parecida a la Verdad, las Leyes de los Maestros Ascendidos y las Leyes de Dios, que son una sola cosa.

Del mismo modo, una ley injusta puede ser aprobada por el Congreso o por el cuerpo legislativo de un país simplemente por estar vinculada a otra que sirve al bien del pueblo. «Dado que esta ley habría sido aprobada de todos modos por demanda pública —razonan— ¿por qué no forzar alguna ley no deseada que nosotros sí queremos que se apruebe?», así, obligan al hombre a dar un paso atrás cada vez que da uno al frente.

10. Paramahansa Yogananda (1946), *Autobiografía de un yogui*, (2.ª ed.), Los Angeles: Self-Realization Fellowship, pág. 138.
11. Romanos 3:10.
12. Mateo 7:1.
13. 1 Juan 4:2-3.
14. Juan 6:56.
15. Juan 1:14.
16. Lucas 15:11-32.
17. Lucas 17:21 (versión bíblica del Rey Jacobo).
18. Proverbios 4:7.
19. Lucas 23:34.
20. Mateo 25:40.
21. Éxodo 13:21-22; 14:24.
22. Colosenses 3:1.
23. Juan 10:30.
24. Juan 1:3.
25. Juan 3:14.
26. Génesis 3:15.

27. John Emerich Edward Dalberg, 1.ᵉʳ Barón Acton, carta, 3 de abril de 1887, al obispo Mandell Creighton, en *Vida y cartas de Mandell Creighton*, Louise Creighton (ed.) (1904) vol. 1, cap. 13.

CAPÍTULO 3 • SEGUNDA SECCIÓN • LOS NEFILÍN Y LA ÉLITE DE PODER

1. Eclesiastés 1:11.
2. Zechariah Sitchin (1976), *El Duodécimo Planeta*, New York: Avon Books, pág. 49.
3. *Ibid.*, pág. 52.
4. *Ibid.*, pág. 89.
5. *Ibid.*, pág. 99.
6. «Los Nefilín existían en la tierra por aquel entonces (y también después), cuando los hijos de Dios se unían a las hijas de los hombres y ellas les daban hijos». (Génesis 6:4, Biblia de Jerusalén)
7. «...Estos fueron los valientes que desde la antigüedad fueron varones de renombre». (Génesis 6:4, versión bíblica Reina Valera 1960)
8. Sitchin, *El Duodécimo Planeta,* págs. 139-53.
9. La Biblia Septuaginta, una traducción tardía de las escrituras hebreas, tradujo la palara hebrea *Nefilín como* «gigantes» y el término ha sido utilizado en la versión del Rey Jacobo y otras traducciones. Con el tiempo, parece que el significado original de la palabra *Nefilín* se generalizó más y se aplicó a todo lo que fuera malvado. Este término se vuelve a utilizar en Números 13:33: «También vimos allí a los Nefilín, hijos de Anac, raza de los Nefilín, y éramos nosotros, a nuestro parecer, como langostas; y así les parecíamos a ellos» (versión bíblica Young's Literal Translation).
10. A principios del siglo xx, cuando la Anglo-American Corporation se preparaba para comenzar sus operaciones mineras en el país africano de Zambia, equipos de arqueólogos se enviaron a la región para examinarla en busca de hallazgos arqueológicos antes de comenzar la actividad minera. Sus reconocimientos iniciales mostraron evidencias de minería prehistórica en 7 690 a. C. Los arqueólogos se quedaron sorprendidos por la antigüedad de los hallazgos y extendieron los reconocimientos a otros yacimientos. La datación por carbono en Lion Peak movió la fecha a 41 250 a. C. Los científicos sudafricanos entonces investigaron antiguos yacimientos mineros en el sur de Suazilandia, donde hallaron artefactos fechados en aproximadamente 50 000 a. C. Los científicos estimaron que la minería comenzó en estos yacimientos al menos hace 70 000 años. Sitchin, basándose en su interpretación de los textos antiguos, pone el principio de las operaciones mineras a más de 300 000 años en el pasado. El reto que tienen los arqueólogos es explicar cómo y por qué los hombres

extraían metales en una antigüedad tan remota en lo que se piensa convenientemente como la Edad de Piedra. Véase Sitchin, *El duodécimo planeta*, págs. 324-25.

11. *Ibid.*, págs. 333-335, 341.

12. Muchas mitologías contienen historias parecidas sobre la creación del hombre por los dioses. El Popul Vuh maya hace constar los experimentos de estos «creadores». En esta narrativa Quiché, los seres divinos echan al hombre en un «molde de muñecos». Ahí, como en otras versiones de la historia, los dioses necesitaron varios intentos para lograr el producto adecuado. Al principio los trabajadores eran ciegos y no podían volver la cabeza; podían hablar (es decir, tenían una laringe bien desarrollada, de la que carecían los ancestros primates del hombre) pero no eran inteligentes. Después de varios experimentos, los demiurgos del Popul Vuh crearon finalmente a la humanidad. Pero hubo un problema. Las nuevas criaturas estaban dotadas en demasía, sabían demasiado. Los dioses no estaban complacidos. «¡Esto no está bien! Su naturaleza no será la de simples criaturas; serán como dioses... ¿Acaso competirán con nosotros, que las hemos creado, cuya sabiduría se extiende mucho y conocemos todas las cosas?». Y así, los dioses «oscurecieron la visión» de su nueva creación, reduciendo importantemente su conocimiento y sabiduría. Véase Hartley Burr Alexander (1920), *La mitología de todas las razas en trece volúmenes: latinoamericana*, Boston: Marshall Jones Company, 11:162-163, 165-166.

13. El relato de Sitchin sobre la creación de un trabajador primitivo contiene paralelos con las revelaciones de Edgar Cayce, quien habló de una raza de seres sin alma que fueron creados en la Atlántida para realizar labores manuales. Él los llamó «autómatas» o «cosas». Véase Edgar Cayce (1968), *Sobre la Atlántida*, New York: Paperback Library, págs. 101-106.

14. Werner Keller (1964), *La Biblia como historia*, William Neil (trd.), 2.ª ed., New York: William Morrow and Company, págs. 38-39. Además del relato bíblico, historias del gran diluvio aparecen en fuentes tan diversas como las leyendas nórdicas, griegas, chinas, indias, indonesias, incas y de los indios norteamericanos.

15. Génesis 6:5.

16. Génesis 6:1-2.

17. Sitchin, *El Duodécimo Planeta*, pág. 372.

18. Génesis 1:28.

19. Sitchin, *El Duodécimo Planeta*, pág. 391.

20. *Ibid.*, pág. 401. Los Maestros Ascendidos han equiparado el Diluvio bíblico con el hundimiento de la Atlántida, el continente isleño que

existió donde actualmente tenemos el océano Atlántico. Platón ha descrito el continente muy vívidamente, visto y descrito por Edgar Cayce en sus lecturas y recordado en escenas por el libro de Taylor Caldwell, *Romance de la Atlántida*. James Churchward deduce del relato de Platón que el continente se hundió hace aproximadamente 11 600 años, lo cual se acerca mucho a la fecha que Sitchin determinó a partir del registro geológico. [James Churchward (1931), *El continente perdido de Mu*, New York: Crown Publishers, pág. 264].

21. Según Sitchin, el Duodécimo Planeta tiene una órbita elíptica alargada a través del sistema solar. La órbita lleva al planeta mucho más allá de Plutón en su punto más lejano y al interior de la órbita de la Tierra en su mayor acercamiento al Sol. El período de la órbita es de 3 600 años. Así, una vez cada 3 600 años, la órbita del Duodécimo Planeta cruza la de la Tierra.

22. Sitchin, *El Duodécimo Planeta*, pág. 397.

23. *Ibid.*, pág. 102.

24. *Ibid.*, pág. 398.

25. *Ibid.*, pág. 400.

26. Génesis 8:17; 9:1-7.

27. Sitchin, *El Duodécimo Planeta*, págs. 420-421.

28. Mateo 23:27.

29. Génesis 3:4.

30. 1 Corintios 3:16.

31. Salmos 82:6-7.

32. Juan 8:44.

33. Josué 23:7, 12. Véase también Éxodo 33:16; Levítico 20:24-26; Ezra 10:11; Nehemías 9:2; 2 Corintios 6:17.

34. Para obtener una exposición detallada sobre el relato del Jardín del Edén, véase *El sendero de la autotransformación*, libro 2 de la serie Escala la montaña más alta.

35. Isaías 14:12.

36. Proverbios 14:12.

37. Saint Germain (29 de abril de 1984), «La antigua historia de la conspiración de las drogas», en Elizabeth Clare Prophet, *Saint Germain sobre profecía*, libro 4, págs. 96-97.

38. Existe un relato de la Caída de Lucifer en el texto de la Iglesia primitiva, *Vitae Adae et Evae*. En los capítulos 11 a 16, dice: «Y ella [Eva] exclamó y dijo: 'Ay de ti, demonio. ¿Qué tienes tú que ver con nosotros? ¿Qué te hemos hecho? Porque nos persigues con astucia. ¿O por qué nos acosa tu malicia? ¿Acaso te hemos quitado tu gloria y hemos hecho que no tengas honor? ¿Por qué nos hostigas, enemigo (y nos persigues) hasta la muerte en maldad y envidia?'

«Y con un gran suspiro, el demonio habló: '¡Oh Adán! Toda mi hostilidad, envidia y tristeza es por ti, puesto que por ti he sido expulsado de mi gloria, que poseía en los cielos en medio de los ángeles y por ti fui echado a la tierra'. Adán contestó: '¿Qué me dices? ¿Qué te he hecho o qué culpa tengo yo de haberte hecho algo? Viendo que no has recibido daño alguno ni perjuicio de nosotros, ¿por qué nos persigues?'

«El demonio replicó: 'Adán, ¿qué me dices? Por ti me expulsaron de ese lugar. Cuando fuiste formado, me echaron de la presencia de Dios y me expulsaron de la compañía de los ángeles. Cuando Dios sopló en ti el aliento de la vida y tu rostro y semejanza fue hecho a imagen de Dios, Miguel también te trajo y (nos) hizo aforarte ante los ojos de Dios; y Dios el Señor habló: Aquí está Adán. Te he creado a nuestra imagen y semejanza'.

«'Y Miguel fue y llamó a todos los ángeles, diciendo: Adorad la imagen de Dios el Señor. Y yo contesté: No tengo (necesidad) de adorar a Adán. Y puesto que Miguel continuó instándome a que adorara, le dije: ¿Por qué me instas? No adoraré a un ser inferior y más joven (que yo). Soy mayor que él en la Creación, antes de que él fuera creado, yo ya había sido creado. Su deber es adorarme a mí'.

«'Cuando los ángeles, que estaban bajo mi mando, oyeron esto, se negaron a adorarle. Y Miguel dijo: Adorad la imagen de Dios, pero si no quieres, el Señor Dios se enojará contigo'. Y yo dije: 'Si Él se enojara conmigo, pondré mi asiento por encima de las estrellas del cielo y seré El Más Alto'.

«'Y Dios el Señor se enojó conmigo y nos expulsó a mí y a mis ángeles de nuestra gloria; y por ti fuimos expulsados de nuestras moradas a este mundo y echados sobre la tierra. Y enseguida nos sobrecogió el dolor, puesto que nos habían acostumbrado a una gloria tan grande. Y nos dolió verte en tal gozo y lujo. Y con astucia engañé a tu mujer y causé que te expulsaran a través de (lo que hizo) ella de tu gozo y lujo, tal como yo he sido expulsado de mi gloria'» [(R. H. Charles (1913), *Los apócrifos del Antiguo Testamento*, Oxford: Clarendon Press.

39. Isaías 14:12-15.
40. Apocalipsis 12-13 y 20.
41. Apocalipsis 12:7-9.
42. 1 Corintios 15:47.
43. Apocalipsis 12:4.
44. Daniel 12:7. Apocalipsis 12:14. Hay un ciclo parecido en Apocalipsis 11:9-11.
45. Isaías 9:6.

46. 1 Samuel 17.
47. Apocalipsis 12:12.
48. Daniel 7.
49. Mateo 28:18.
50. Juan 5:30.
51. Véase «La llegada de los rezagados», en el primer libro de la serie *Escala la montaña más alta*, *El sendero del Yo Superior.*
52. Sanat Kumara (del sánscrito *sanat*, «de antaño», «siempre», y *kumara*, «siempre joven») es reverenciado en el hinduismo como uno de los cuatro o siete hijos de Brahma, a quienes se representa como jóvenes que han permanecido puros. Se dice que Sanat Kumara es el progenitor de la humanidad más antiguo; en el Mahabharata se lo llama «el mayor nacido de Brahman». En algunos relatos se lo considera como hijo de Shiva. En el Chandogya Upanishad, Sanat Kumara es el instructor del sabio Narada, quien aprende de él que la verdad superior se puede alcanzar solo a través del verdadero conocimiento del Yo. Sanat Kumara también asume el papel de dios de la guerra y comandante en jefe del ejército divino de los dioses en su manifestación como Karttikeya o Skanda. Con frecuencia está representado sosteniendo una lanza y cabalgando sobre un pavo real; algunas veces se lo muestra con doce brazos sosteniendo armas. Se dice que lo criaron las seis Pléyades, de donde se deriva el nombre Karttikeya («Hijo de las Pléyades»). Algunas obras también aclaman a Karttikeya como el dios de la sabiduría y el aprendizaje.
53. Juan 3:17.
54. Juan 1:12.
55. Mateo 7:20.
56. El Gran Director Divino, «Hombre», en Mark L. Prophet, *El ser carente de alma*, pag. 108.
57. Véase Apolo, «Un incremento de Luz de los Santos Kumaras», en Elizabeth Clare Prophet, *La Gran Hermandad Blanca en la cultura, historia y religión de los Estados Unidos.*
58. Mateo 10:28.
59. Mateo 7:15-20.
60. Mateo 13:37-43.
61. Mateo 7:1. Lucas 6:37.
62. «Porque no tenemos lucha contra sangre y carne, sino contra principados, contra potestades, contra los gobernadores de las tinieblas de este siglo, contra huestes espirituales de maldad en las regiones celestes» (Efesios 6:12).
63. Romanos 8:17.
64. Saint Germain habla de las creaciones de la ingeniería genética en la

Atlántida, en la que se realizó la mezcla de vida humana y animal: «El uso destructivo de la fuerza de Vida en Lemuria y la Atlántida es bien conocido entre los estudiantes de historia cósmica. A la creación de formas animales por parte de los magos negros que llegaron con los rezagados... siguió la infusión en esas formas creadas con Energía Solar durante el proceso de mezcla de seres humanos con la vida animal. Esto dio como resultado una horrorosa distorsión del plan divino que violó todas las Leyes del cielo y produjo el Diluvio de Noé. La destrucción de esas formas mediante el Diluvio fue la manera en que la naturaleza eliminó de la pantalla de la vida esas toscas y malvadas 'imaginaciones del corazón de los hombres', las cuales eran muy distintas a la creación de Dios (Génesis 6:1-9, 17).

«En el recuerdo de la raza queda algún conocimiento de la existencia de tales formas, algunas de las cuales eran, por ejemplo, mitad caballo y mitad hombre. Finalmente, los consejos cósmicos tomaron medidas para frenar los poderes creativos de la humanidad. Se decretó por tanto que cada semilla desde entonces 'diera fruto según su clase'; y así se instituyó por ley cósmica la prevención de una recurrencia de esta actividad nefasta» [Saint Germain, «La ciencia de la ascensión», *en Lecciones de Guardianes de la Llama 13,* pág. 30.

65. Juan 1:1-3.
66. Apocalipsis 19:11.

CAPÍTULO 3 • TERCERA SECCIÓN • EL ENEMIGO INTERIOR

1. El Morya (2 de julio de 1984), «Mensaje a los Estados Unidos sobre la misión de Jesucristo», en *Perlas de Sabiduría,* vol. 27, n.º 47, 23 de septiembre de 1984.

2. El Morya (4 de abril de 1997), «¡Permaneced, afrontad y conquistad el mundo del yo!», en *Perlas de Sabiduría,* vol. 40, n.º 40, 5 de octubre de 1997.

3. Algunos comentaristas han interpretado los cuartetos de Nostradamus como una predicción de la venida de tres Anticristos. Los intérpretes han especulado que los dos primeros fueron Napoleón y Hitler y que el tercer Anticristo será un árabe de turbante azul.

4. Jeremías 23:6; 33:16.

5. 1 Corintios 3:13-15. 1 Pedro 1:7; 4:12.

6. Véase Señor Maitreya (1 de enero de 1986), «El sendero del Señor del Mundo de la estrella de seis puntas», en *Perlas de Sabiduría,* vol. 29, n.º 22, 1 de junio de 1986.

7. Isaías 34:8; 61:2; 63:4. Jeremías 50:15; 28; 51:6-11. Lucas 21:22.

8. Mateo 14:28-31.

9. Génesis 4:3-8.

10. Jesús y Kuthumi, *Oración y meditación*.
11. Kuthumi (27 de enero de 1985), «Recordad el antiguo encuentro», en *Perlas de Sabiduría*, vol. 28, n.º 9, 3 de marzo de 1985.
12. Hechos 7:58-60; 8:1-3; 9:1-31; 13:28.
13. Romanos 8:6-7.
14. Josué 24:15.
15. Mateo 4:1-11.
16. Juan 14:30.
17. 1 Timoteo 5:24.
18. Juan 6:53.
19. Juan 10:30.
20. El relato corto de Rudyard Kipling, «El hombre que quiso reinar», cuenta la historia de dos aventureros británicos que viajan a un lejano reino asiático y consiguen convencer a los nativos de que son dioses, estableciéndose uno de ellos como rey. Al final son desenmascarados; la tribu se revuelve contra ellos, persiguiéndolos por las montañas colindantes. El exrey es obligado a caminar por una cuerda sobre un gran barranco, y cae al abismo cuando cortan las cuerdas que sostienen el puente. En 1975 se produjo una película protagonizada por Sean Connery y Michael Cain.
21. Lucas 22:53.
22. Romanos 8:7. Apocalipsis 2:9; 3:9.
23. Juan 7:24.
24. Mateo 7:2. Marcos 4:24.
25. Mateo 8:12; 22:13; 25:30. Apocalipsis 2:11; 20:6, 14; 21:8. Para profundizar más en la explicación sobre la segunda muerte, véase «Inmortalidad», en *El sendero hacia la inmortalidad*, libro 7 de la serie Escala la montaña más alta, .
26. 1 Corintios 2:14-16.
27. Mateo 23:15. Lucas 11:52.
28. Colosenses 1:27.
29. Los Vigilantes son un grupo específico de ángeles caídos cuya historia consta en el libro de Enoc. Véase Elizabeth Clare Prophet, *Ángeles caídos y los orígenes del mal*.
30. Marcos 4:25.
31. Salmos 94:3.
32. *Escogido es el término utilizado en el Libro de Enoc para designar al Avatar que juzgará a los ángeles caídos*. Véase Enoc 45:3-4; 50:3-5; 51:5-10; 54:5; 60:7, 10-13; 61:1, en Elizabeth Clare Prophet, *Ángeles caídos y los orígenes del mal*. El manuscrito original griego de Lucas 9:35 hace uso de este término en referencia a Jesús: «Este es mi Hijo, el Escogido. Escuchadle».

33. Juan 9:39.
34. Apocalipsis 19:11.
35. Mateo 6:23.
36. Lucas 16:8; Mateo 10:16.
37. *Kundalini*: lit. «serpiente enroscada»; energía enroscada latente en el chakra de la base de la columna; sello del átomo semilla; polaridad negativa en la Materia del fuego-Espíritu positivo, que desciende de la Presencia YO SOY al chakra del corazón. Cuando la Kundalini se despierta (mediante técnicas yóguicas específicas, disciplinas espirituales o un amor intenso a Dios), esta comienza a ascender por la columna vertebral a través de los canales *ida, pingala* y *sushumna,* penetrando en cada chakra y activándolo. El iniciado que ha tomado el sendero de la izquierda en la Y utiliza la Kundalini para aumentar su condición de adepto en las artes negras. El gurú falso inicia a los incautos en los ritos de la elevación de la Kundalini antes de que hayan tenido lugar los rituales para la purificación del alma y la transmutación de los chakras. Ello puede dar como resultado la locura, la posesión demoníaca o el deseo sexual exacerbado e incontrolado o una perversión de la fuerza vital en todos los chakras. El Enviado da la mano a sus discípulos y los guía con gentileza por las disciplinas de la maestría sobre sí mismos, hasta que estos puedan afrontar los grandes poderes que la Diosa Kundalini confiere y utilizarlos para bendecir y curar a toda la vida emitiendo el fuego sagrado por todos los chakras, centrados en el corazón, que en el verdadero iniciado se convierte en el cáliz del Sagrado Corazón de Jesucristo. La Kundalini es la fuerza vital, la energía Madre. Cuando el chakra de la base y la Kundalini se dominan, estos se convierten en recipientes de la llama de la ascensión en aquel que se está preparando para esa iniciación.
38. Mateo 13:24-30, 36-43.
39. Juan 10:10.
40. Deuteronomio 4:24.

CAPÍTULO 3 • CUARTA SECCIÓN • EL JUICIO

1. Apocalipsis 20:12, 13. Para obtener más enseñanza sobre el juicio final, véase «Inmortalidad», en *El sendero hacia la inmortalidad*, libro 7 de la serie Escala la montaña más alta.
2. Apocalipsis 20:14, 15.
3. Lucifer fue atado el 16 de abril de 1975 y llevado a la Corte del Fuego Sagrado, donde fue procesado ante los Veinticuatro Ancianos por un período de diez días. Fue sentenciado a la segunda muerte el 26 de abril de 1975, por voto unánime de los Veinticuatro Ancianos.

Su juicio se anunció en un dictado de Alfa del 5 de julio de 1975. Véase Alfa, «El juicio: el selle de las corrientes de vida de toda la galaxia»; y Elizabeth Clare Prophet (6 de julio de 1975), «Anticristo: el dragón, la bestia, el falso profeta y la gran ramera», en *La Gran Hermandad Blanca en la cultura, historia y religión de los Estados Unidos*, págs. 234-236, 239-249.

4. Apocalipsis 12:10.
5. Apocalipsis 16:14-16.
6. Apocalipsis 11:3-13.
7. Apocalipsis 12:1.
8. Apocalipsis 12:5.
9. Apocalipsis 22:18-19.
10. Daniel 7:12.
11. Apocalipsis 13:1-11.
12. 2 Timoteo 2:15.
13. Mateo 24:11, 23-24. Marcos 13:21-22. Véase también 1 Juan 2:18-22; 1 Pedro 2:1.
14. Juan 5:17-30; 14:10.
15. Proverbios 4:5-9.
16. Pureza y Astrea (25 de mayo de 1975), «La liberación de la Luz de la Madre en vosotros», en Elizabeth Clare Prophet, *La Gran Hermandad Blanca en la cultura, historia y religión de los Estados Unidos*, pág. 264.
17. Juan 14:26.
18. Hechos 2:2.
19. Mateo 7:20.
20. Mateo 13:24-30, 36-43.
21. Alfa (5 de julio de 1975), «El juicio: el selle de las corrientes de vida de toda la galaxia», en Elizabeth Clare Prophet, *La Gran Hermandad Blanca en la cultura, historia y religión de los Estados Unidos*, págs. 234-37.
22. Daniel 12:1-3.

CAPÍTULO 3 • QUINTA SECCIÓN • LA VICTORIA DE CRISTO

1. Corintios 15:50.
2. Mateo 10:16.
3. Ezequiel 18:20.
4. Colosenses 3:3.
5. Lucas 12:32.
6. Mateo 13:24-30, 36-43.
7. Juan 9:39.
8. Juan 5:22.

Capítulo 4 • La cima

Cita inicial: Apocalipsis 21:10. Isaías 2:2-3.

1. Juan 1:5 (versión bíblica del Rey Jacobo).
2. El Morya (8 de agosto de 1958), «Carta a los *Chelas míos*», en *Morya I*, pág. xxv.
3. Hebreos 11:5.
4. El Morya (3 de julio de 1965), «Oh Excálibur», en Mark L. Prophet y Elizabeth Clare Prophet, *Morya: El maestro de Darjeeling habla a sus chelas sobre la búsqueda del santo Grial*, págs. 298-299.
5. Hay más información sobre las encarnaciones de El Morya en Mark L. Prophet y Elizabeth Clare Prophet, *Señores de los siete rayos* (I), págs. 21-78.
6. Zacarías 4:6.
7. John Robinson (julio de 1620), «Discurso de despedida a los peregrinos en Leyden», en *New Encyclopedia Britannica* (1945), 15.ª ed., New York: Time-Life Books, pág. 127.
8. Los Mensajeros Mark L. Prophet y Elizabeth Clare Prophet estuvieron encarnados como Akenatón y Nefertiti, quienes gobernaron Egipto en el siglo XIV a. C. Akenatón introdujo una religión revolucionaria en ese país basada en el culto al Dios único. Este Dios, conocido como «Atón», estaba representado en el símbolo de un disco solar con rayos divergentes, cada uno de los cuales terminaba en una mano que condecía bendiciones a toda la vida. Akenatón prohibió el culto a los antiguos dioses (Nefilín) de Egipto, especialmente a Amón, el dios principal, y ordenó que sus nombres e imágenes se borraran de los monumentos. Akenatón construyó una nueva ciudad en Tell el-Amarna como capital religiosa y administrativa de su imperio. Los sacerdotes negros de Amón conspiraron malvadamente contra Akenatón y Nefertiti, asesinándolos y, finalmente, y restablecieron a los dioses anteriores y eliminaron por completo de los monumentos y los templos de todo Egipto el nombre y la imagen de Atón y Akenatón.
9. Arcángel Jofiel (14 de octubre de 1967), en Mark L. Prophet y Elizabeth Clare Prophet, *Señores de los siete rayos,* págs. 66-68.
10. Hechos 1:11.
11. Mateo 7:14.
12. Mateo 5:14.
13. Marcos 4:39 (versión bíblica del Rey Jacobo).
14. El Morya (8 de agosto de 1958), «Carta a los *Chelas míos*», pág. xxvii; Reina de la Luz (3 de julio de 1969). Para obtener más enseñanza sobre la ascensión, véase libro 3 de esta serie, *Los Maestros*

y el sendero espiritual, capítulo 2; *El sendero hacia la inmortalidad,* libro 7 de la serie Escala la montaña más alta, capítulo 3, y *Actas de la ascensión.*

15. Apocalipsis 14:6.
16. Éxodo 3:14.
17. Juan 1:1-3.
18. Juan 14:6; 11:25.
19. Hechos 2:2.
20. El Morya, en *Perlas de Sabiduría,* vol. 3, n.º 34, 19 de agosto de 1960.
21. El Morya, en *Perlas de Sabiduría,* vol. 3, n.º 36, e de septiembre de 1960.
22. Lanto, en *Perlas de Sabiduría,* vol. 4, n.º 20, 19 de mayo de 1961.
23. El Morya (10 de noviembre de 1959), carta a «My Beloved Friends of Light and Love».
24. El Morya (31 de enero de 1961), carta a «Amados chelas de la voluntad de Dios».
25. Génesis 4:9.
26. Saint Germain, «Conoce a Dios, conócete a ti mismo, conoce la ley de tu ser», en *Perlas de Sabiduría,* vol. 10, n.º 38, 17 de septiembre de 1967.
27. Morya explica que «los Guardianes de la Llama son responsables ante la junta espiritual de la fraternidad, que está encabezada por el Maha Chohán, el Guardián de la Llama, y el Caballero Comandante, Saint Germain. La junta directiva la forman siete Chohanes, que dirigen los varios aspectos del desarrollo de la Ley, tanto en la enseñanza impresa como en la formación individual que los Guardianes de la Llama reciben en los retiros etéricos de la Gran Hermandad Blanca. Un comité especial para la Guía del Niño, formado para la preparación de padres de almas venideras y para la adecuada educación de los niños, está encabezado por los Instructores del Mundo, Jesús y Kuthumi, junto con la Virgen María» [*El discípulo y el sendero,* pág. 103].
28. El Morya, «Declaración de política», en *Lecciones de Guardianes de la Llama 1,* págs. 6-7.
29. El Morya, en *Perlas de Sabiduría,* vol. 4, n.º 41, 13 de octubre de 1961.
30. En el trigésimo tercer aniversario de The Summit Lighthouse, El Morya habló de la concesión original de Helios y Vesta para la fundación de la actividad y su renovación. Véase El Morya (11 de agosto de 1991), «¡Pronúnciese la Palabra!», en *Perlas de Sabiduría,* vol. 34, n.º 51, 23 de octubre de 1991.

31. El Morya, en *Perlas de Sabiduría*, vol. 4, n.º 32, 11 de agosto de 1961.

32. Lanto, «La estrella de la universalidad», en *Perlas de Sabiduría*, vol.10, n.º 40, 1 de octubre de 1967.

33. En 1982, Saint Germain explicó que el foco de Santa Bárbara, conocido como *Motherhouse*, había cumplido su propósito: «Recordaréis cuando los Arcángeles dijeron que guardaríamos la llama de *Motherhouse* en Santa Bárbara hasta que su finalidad se hubiera cumplido. Y un fin clave de esa casa era guardar una Luz para que la oscuridad que se acumulaba en San Francisco y Los Ángeles no se encontrara en el punto intermedio sobre esa costa y provocara un cataclismo. Por tanto, nuestros testigos, junto con Guardianes de la Llama decididos, pusieron en un mapa una pirámide de Luz muy pequeña en el chakra de un rayo secreto de esa antigua ciudad. Por tanto, la oscuridad no ha pasado ni del norte al sur ni del sur al norte.

«Después, con la ascensión del Mensajero y la expansión, gracias a su corazón de la reunión de fuerzas, envié el llamado para los Centros de Enseñanza y las joyas amatista. Por tanto, se han establecido unos fuertes focos en San Francisco y en Los Ángeles que mantienen el equilibrio contra una acumulación de karma y una perturbación creciente en la vida elemental debido a la inhumanidad del hombre hacia el hombre...

«Poniendo todas las cosas en la balanza, vemos que se ha producido un cumplimiento de ciclos cósmicos dentro de esa propiedad. Y, por tanto, estamos preparados para la alquimia de la que ha hablado la Mensajera: retirar la Luz de esa propiedad y consagrarla a la construcción de un sitio nuevo y más útil al que todos vosotros podáis ir, y comprender que aquí, en el Corazón del Retiro Interno y allí, en el rancho externo, la necesidad de tener una *Motherhouse* es más grande de lo que lo es en Santa Bárbara». (*Perlas de Sabiduría*, vol. 25, n.º 63, 1982).

34. Diosa de la Libertad (3 de julio de 1980), «La meta superior de la vida: el establecimiento del Retiro Interno a través de la conexión cósmica con la Estrella Divina», en *Perlas de Sabiduría*, vol. 23, n.º 34, 24 de agosto de 1980.

35. Véase libro 2 de la serie Escala la montaña más alta, *El sendero de la autotransformación*.

36. Jesús (31 de mayo de 1984), «La Escuela de Misterios del Señor Maitreya», en *Perlas de Sabiduría*, vol. 27, n.º 36, 8 de julio de 1984. El Rancho Royal Teton se encuentra en Paradise Valley, en Montana, en la frontera norte del parque Yellowstone.

37. Señor Maitreya (31 de diciembre de 1986), en *Perlas de Sabiduría,* vol. 29, n.º 22, 1 de junio de 1986.
38. Señor Maitreya (31 de diciembre de 1985), «¡Marco la raya!», en *Perlas de Sabiduría,* vol. 29, n.º 19, 11 de mayo de 1986.
39. Para obtener más información sobre los retiros de los Maestros, véase Mark L. Prophet y Elizabeth Clare Prophet, *Los Maestros y sus retiros.*
40. El Morya (3 de julio de 1970).

Glosario

Los términos resaltados se encuentran definidos en otra parte del glosario.

Alfa y Omega. La totalidad divina del Dios Padre-Madre que el Señor Cristo afirmó como «el principio y el fin» en el Apocalipsis. *Llamas gemelas* ascendidas de la conciencia del *Cristo Cósmico* que mantienen el equilibrio de la polaridad masculina/femenina de la Deidad en el *Gran Sol Central* del cosmos. Así, a través del *Cristo Universal*, la Palabra encarnada, el Padre es el origen y la Madre es la realización de los ciclos de la conciencia de Dios expresada a través de la creación *Espíritu/Materia*. Véase también *Madre*. (Apocalipsis 1:8, 11; 21:6; 22:13).

Anciano de Días. Véase *Sanat Kumara*.

Antahkarana. (Sánscrito, «órgano sensorial interno») La red de la vida. La red de luz que se extiende por el *Espíritu* y la *Materia*, sensibilizando y conectando a toda la creación dentro de sí misma y con el corazón de Dios.

Ascensión. El ritual por medio del cual el alma se reúne con el *Espíritu* del Dios vivo, la *Presencia YO SOY*. La ascensión es la culminación del viaje victorioso en Dios del alma en el tiempo y el espacio. Es la recompensa de los justos que supone el regalo de Dios después del último juicio ante el gran trono blanco, en el que cada hombre es juzgado según sus obras.

La ascensión fue experimentada por Enoc, de quien está escrito que «caminó, pues, con Dios, y desapareció, porque le llevó Dios»; por Elías, que subió al cielo en un torbellino; y por Jesús. Las escrituras dicen que Jesús fue llevado al cielo en una nube. Esto se denomina comúnmente la ascensión de Jesús. Sin embargo, el *Maestro Ascendido* El Morya ha revelado que Jesús vivió muchos años después de este acontecimiento y que ascendió después de fallecer en Cachemira a los 81 años.

La reunión con Dios mediante la ascensión, que significa el fin de las rondas de karma y renacimiento, y el regreso a la gloria del Señor, es la meta de la vida para los hijos y las hijas de Dios. Jesús dijo: «Nadie subió al cielo, sino el que descendió del cielo; el Hijo del Hombre, que está en el cielo».

Gracias a su salvación (autoelevación), la elevación consciente del Hijo de Dios en su templo, el alma se viste con el vestido de bodas para cumplir el cargo del Hijo (sol o luz) de la manifestación. Siguiendo el sendero iniciático de Jesús, el alma, por la gracia de él, se hace digna de llevar su cruz y su corona. Ella asciende a través del *Ser Crístico* a su Señor, la Presencia YO SOY, de donde descendió. (Apocalipsis 20:12-13; Génesis 5:24; 2 Reyes 2:11; Lucas 24:50-51; Hechos 1:9-11; Juan 3:13).

Átomo semilla. El foco de la Madre Divina (el rayo femenino de la Deidad) que afianza las energías del *Espíritu* en la Materia en el chakra de la base.

Calamita. El foco del Padre, el rayo masculino de la Deidad, que afianza las energías del *Espíritu* en la *Materia* en el chakra de la coronilla.

Cámara secreta del corazón. El santuario de la meditación, el sitio al que se retiran las almas de los portadores de luz. Es el núcleo de la vida donde el individuo se sitúa cara a cara con el Gurú interior, el amado Santo *Ser Crístico*, y recibe las pruebas del alma que preceden a la unión alquímica con ese Ser Crístico, el matrimonio de la Novia (el alma que se convierte en la esposa del Cordero).

Es el sitio donde las leyes del cosmos se escriben en las partes internas del hombre, porque la *Ley* está inscrita como el Sendero Óctuple del Buda sobre las paredes interiores de la cámara. Los ocho pétalos de esta cámara secundaria del corazón (el chakra de ocho pétalos) simbolizan la maestría de los siete rayos a través de la llama del Cristo, la *llama trina*, y la integración de esa maestría en el octavo rayo.

Chela. (Hindi: *cela*, del sánscrito: *ceta*, «esclavo»). En India, discípulo de un instructor religioso o gurú. Vocablo utilizado generalmente para referirse a un estudiante de los *Maestros Ascendidos* y sus enseñanzas. Específicamente, un estudiante con una autodisciplina y devoción mayor a lo común, iniciado por un Maestro Ascendido y que presta servicio a la causa de la *Gran Hermandad Blanca*.

Chohán. (Tibetano: «señor» o «maestro»; un jefe). Cada uno de los *siete rayos* tiene un chohán que concentra la conciencia Crística del rayo, que es de hecho la *Ley* del rayo que gobierna su uso justo en el hombre. Habiendo animado y demostrado su Ley del rayo a lo largo de muchas encarnaciones y habiendo pasado iniciaciones tanto antes como después de la *ascensión*, el candidato es asignado al cargo de chohán por el Maha Chohán, el «Gran Señor», que es asimismo es el representante del Espíritu Santo en todos los rayos. El nombre de los chohanes de los rayos (siendo cada uno de ellos un *Maestro Ascendido* que representa uno de los siete rayos para las evoluciones de la Tierra) y la ubicación de sus focos físicos/etéricos se dan a continuación.

Primer rayo: El Morya; Retiro de la Voluntad de Dios, en Darjeeling (India). Segundo rayo: Lanto; Retiro Royal Teton, Grand Teton, en Jackson Hole, Wyoming (EE: UU.). Tercer rayo: Pablo el Veneciano; Château de Liberté, en el sur de Francia, con un foco de la *llama trina* en el monumento a Washington, en la Ciudad de Washington (EE. UU.). Cuarto rayo: Serapis Bey; Templo de la Ascensión y Retiro en Lúxor (Egipto). Quinto rayo: Hilarión (el apóstol Pablo); Templo de la Verdad, en Creta. Sexto rayo: Nada; Retiro Árabe (o Retiro de Arabia), en Arabia Saudí. Séptimo rayo: Saint Germain; Retiro Royal Teton, Grand Teton, en Wyoming (EE: UU.) y la Cueva de los Símbolos, Table Mountain, en Wyoming (EE. UU.). Saint Germain también trabaja en los focos del Gran Director Divino: la Cueva de la Luz (India) y la Mansión Rakoczy (Transilvania), donde Saint Germain preside como jerarca.

Cinturón electrónico, círculo electrónico. El cinturón electrónico contiene la energía negativa o mal cualificada del mal karma o pecado. Tiene forma de timbal y rodea los *cuatro cuerpos inferiores* desde la cintura hacia abajo. El círculo electrónico es el depósito en la *Materia* de toda la energía jamás cualificada por el alma. Contiene energía tanto positiva como negativa. La energía positiva corresponde al buen karma del alma, la luz del *Cuerpo Causal* (los tesoros del alma en el cielo) en un flujo en forma de ocho, como Arriba, así abajo.

Ciudad cuadrangular. La Nueva Jerusalén; arquetipo de las ciudades de luz etéricas de la era de oro que existen, actualmente, en el *plano etérico* (en el cielo) y que esperan a que se las haga descender a la manifestación física (en la tierra). San Juan de Patmos vio el descenso de la Ciudad Santa como la geometría inmaculada de aquello que debe ser y que ahora está en los reinos invisibles de la luz: «Y yo Juan vi la santa ciudad, la nueva Jerusalén, descender del cielo, de Dios». Así, para que esta visión y profecía se cumpla, Jesús nos enseñó a rezar con la autoridad de la Palabra hablada: «¡Venga tu reino a la tierra como es en el cielo!».

Metafísicamente hablando, la Ciudad Cuadrangular es el *mandala* de los cuatro planos y los cuadrantes del universo de la *Materia;* los cuatro lados de la Gran Pirámide de la conciencia Crística concentrados en las esferas de la Materia. Las doce puertas son puertas de la conciencia Crística que marcan las líneas y los grados de las iniciaciones que él ha preparado para sus discípulos. Estas puertas son las entradas hacia las doce cualidades del *Cristo Cósmico* sostenidas por las doce *jerarquías solares* (que son emanaciones del *Cristo Universal*) por todos quienes estén dotados del amor ígneo omniconsumidor del

Espíritu, todos quienes deseen, en la gracia, «entrar por sus puertas con acción de gracias, por sus atrios con alabanza».

Las almas no ascendidas pueden invocar el mandala de la Ciudad Cuadrangular para la realización de la conciencia Crística, como Arriba, así abajo. La Ciudad Cuadrangular contiene el patrón original de la identidad solar (del alma) de los 144 000 arquetipos de los hijos y las hijas de Dios necesarios para concentrar la plenitud divina de la conciencia de Dios en una dispensación dada. La luz de la ciudad se emite desde la *Presencia YO SOY*; la del Cordero (el Cristo Cósmico), desde el *Ser Crístico*. Las joyas son los 144 focos y frecuencias de luz afianzados en los chakras del Cristo Cósmico. (Apocalipsis 21:2, 9-27; Salmos 100:4).

Ciudades etéricas. Véase *Plano etérico*.

Consejo de Darjeeling. Un consejo de la *Gran Hermandad Blanca* que está compuesto de *Maestros Ascendidos* y *chelas* no ascendidos, dirigido por El Morya y con sede en Darjeeling (India), en el *retiro etérico* del Maestro. Entre sus miembros están la Virgen María, Kuan Yin, el Arcángel Miguel, el Gran Director Divino, Serapis Bey, Kuthumi, Djwal Kul y muchos otros, cuyo objetivo es preparar a las almas para que presten servicio al mundo en el gobierno Divino y la economía, mediante las relaciones internacionales y el establecimiento del Cristo interior como base para la religión, la enseñanza y un regreso a la cultura de la era de oro en la música y las artes.

Consejo Kármico. Véase *Señores del Karma*.

Cordón cristalino. La corriente de la luz, vida y conciencia de Dios que alimenta y sustenta al alma y sus *cuatro cuerpos inferiores*. También llamado *cordón de plata*. Véase también *Gráfica de tu Yo Divino*; ilustración a color frente a pág. 12. (Eclesiastés 12:6).

Corriente de vida. La corriente de vida que surge de la Fuente, de la *Presencia YO SOY* en los planos del *Espíritu*, y que desciende a los planos de la *Materia* donde se manifiesta como la *llama trina* afianzada en la *cámara secreta del corazón* para sustentar al alma en la Materia y alimentar a los *cuatro cuerpos inferiores*. Se utiliza para denotar a las almas que evolucionan como «corrientes de vida» individuales y, por consiguiente, es sinónimo del vocablo *individuo*. Denota la naturaleza continua del individuo a través de los ciclos de la individualización.

Cristo. (Del griego *Christos*, «ungido»). *Mesías* (del hebreo y arameo, «ungido»). Un individuo Crístico es aquel al que se dota y se infunde completamente, se unge, de la **luz** (del Hijo) de Dios, de la *Palabra*, el *Logos,* la Segunda Persona de la Trinidad. En la Trinidad hindú de Brahma, Vishnú y Shiva, el término *Cristo* corresponde o es la encarnación de Vishnú, el Preservador, Avatara, hombre Dios, el que despeja la oscuridad, el *Gurú*. El término *Cristo* o *individuo Crístico* también es un cargo en la *jerarquía* que ostentan aquellos que han alcanzado la maestría de sí mismos en los siete rayos y los siete *chakras* del Espíritu Santo. La maestría Crística incluye el equilibrio de la *llama trina*, los atributos divinos de poder, sabiduría y amor para la armonización de la conciencia y la implementación de la maestría de los siete rayos en los chakras y en los *cuatro cuerpos inferiores* a través de la Llama de la Madre (la *Kundalini* elevada).

Cristo Cósmico. Un cargo de la *jerarquía*, actualmente ocupado por el Señor Maitreya, en el cual se mantiene el foco del *Cristo Universal* por toda la humanidad.

Cristo Universal. El mediador entre los planos del *Espíritu* y los de la *Materia*. Personificado como el *Ser Crístico*, es el mediador entre el Espíritu de Dios y el alma del hombre. El Cristo Universal sostiene el nexo de (el flujo en forma de ocho de) la conciencia a través del cual pasan las energías del Padre (Espíritu) hacia sus hijos para la cristalización (realización Crística) de la Llama Divina mediante los esfuerzos de su alma en el vientre (matriz) cósmico de la *Madre* (Materia).

La fusión de las energías de la polaridad masculina y femenina de la Deidad en la creación tiene lugar a través del Cristo Universal, el *Logos* sin el cual «nada de la que sido hecho, fue hecho». El flujo de luz desde el *Macrocosmos* hacia el *microcosmos*, desde el Espíritu (la *Presencia YO SOY*) hacia el alma y de vuelta por la espiral en forma de ocho, se realiza a través de este bendito mediador que es Cristo el Señor, la verdadera encarnación del YO SOY EL QUE YO SOY.

El término *Cristo* o *ser Crístico* también denota un cargo en la *jerarquía* que ocupan quienes han alcanzado la maestría sobre sí mismos en los *siete rayos* y los siete chakras del Espíritu Santo. Maestría Crística incluye el equilibrio de la *llama trina* (los atributos divinos de poder, sabiduría y amor) para la armonización de la conciencia y la aplicación de la maestría de los siete rayos en los chakras y en los *cuatro cuerpos inferiores* a través de la Llama de la Madre (Kundalini elevada).

En la expansión de la conciencia del Cristo, el ser Crístico avanza para lograr la realización de la conciencia Crística a nivel planetario y es capaz de mantener el equilibrio de la Llama Crística por las evoluciones del planeta. Una vez logrado esto, ayuda a los miembros de la jerarquía celestial que sirven bajo el cargo de los Instructores del Mundo y el Cristo planetario. Véase también *Gráfica de tu Yo Divino* (pág. 12) (Juan 1:1-14; 14:20, 23. Compárese Apocalipsis 3:8; Mateo 28:18; Apocalipsis 1:18).

Cuatro cuerpos inferiores. Los cuatro cuerpos inferiores son cuatro fundas compuestas de cuatro frecuencias distintas que rodean al alma: física, emocional, mental y etérica; proporcionan vehículos para el alma en su viaje por el tiempo y el espacio. La funda etérica (de vibración superior a las demás) es la entrada a los tres cuerpos superiores: el *Ser Crístico*, la *Presencia YO SOY* y el *Cuerpo Causal*. Véase también *Gráfica de tu Yo Divino* (pág. 12).

Cuerpo Causal. El cuerpo de Primera Causa; siete esferas concéntricas de luz y conciencia que rodean a la *Presencia YO SOY* en los planos del *Espíritu*, cuyos impulsos acumulados, a los cuales se añade lo Bueno (la Palabra y las Obras del Señor manifestadas por el alma en todas las vidas pasadas), son accesibles hoy, a cada momento, según lo necesitemos.

Uno puede acceder a los propios recursos y la creatividad (talentos, gracias, dones e ingenio reunidos mediante un servicio ejemplar en los *siete rayos*) en el Cuerpo Causal mediante la invocación a la Presencia YO SOY en el nombre del *Ser Crístico*.

El Cuerpo Causal es el almacén de toda cosa buena y perfecta que forme parte de nuestra verdadera identidad. Además, las grandes esferas del Cuerpo Causal son la morada del Dios Altísimo, al que Jesús se refirió cuando dijo: «En la casa de mi padre muchas moradas hay… Voy a preparar lugar para vosotros… Vendré otra vez, y os tomaré a mí mismo; para que donde yo estoy [donde YO, el Cristo encarnado, SOY en la Presencia YO SOY], vosotros también estéis».

El Cuerpo Causal es la mansión o morada del Espíritu del YO SOY EL QUE YO SOY al que el alma regresa a través de Jesucristo y el Ser Crístico individual mediante el ritual de la *ascensión*. El apóstol Pablo se refirió al Cuerpo Causal como la estrella de la individualización de la Llama Divina de cada hombre cuando dijo: «Una estrella es diferente de otra en gloria». Véase también *Gráfica de tu Yo Divino* (pág. 12) (Mateo 6:19-21; Juan 14:2-3; 1 Corintios 15:41).

Cuerpo solar imperecedero. Véase *Vestidura sin costuras.*

Decretar. v. tr. Resolver, decidir, declarar, determinar; ordenar, mandar; invocar la presencia de Dios, su luz/energía/conciencia, su poder y protección, pureza y perfección.

Decreto. n. Voluntad predeterminada, edicto o fíat, decisión autorizada, declaración, ley, ordenanza o regla religiosa; orden o mandamiento.

Está escrito en el libro de Job: «Determinarás asimismo una cosa, y te será firme, y sobre tus caminos resplandecerá luz». El decreto es la más poderosa de todas las solicitudes a la Deidad. Es el «mandadme» de Isaías 45:11, la primera orden dada a la luz que, como el *«lux fiat»*, es el derecho natural de los hijos y las hijas de Dios. Es la Palabra de

Dios autorizada que, en el hombre, es pronunciada en el nombre de la *Presencia YO SOY* y el Cristo vivo para producir cambios constructivos en la tierra a través de la voluntad de Dios y su conciencia, venidas a la tierra como lo son en el cielo, en manifestación aquí abajo como Arriba. El decreto dinámico, ofrecido como alabanza y petición al Señor Dios con la ciencia de la Palabra hablada, es la «oración eficaz del justo» que puede mucho. Es el medio por el cual el suplicante se identifica con la Palabra de Dios, el fíat original del Creador: «Sea la luz; y fue la luz». A través del decreto dinámico pronunciado con alegría y amor, fe y esperanza en las alianzas de Dios cumplidas, la Palabra es injertada en el suplicante y este sufre la transmutación mediante el *fuego sagrado* del Espíritu Santo, la «prueba de fuego» con la que se consume todo pecado, enfermedad y muerte, pero se conserva el alma justa. El decreto es el instrumento y la técnica del alquimista para efectuar la transmutación personal y planetaria, así como su autotrascendencia. El decreto puede ser corto o largo y normalmente va precedido de un preámbulo formal y un cierre o aceptación. (Job 22:28; Santiago 5:16; Génesis 1:3; Santiago 1:21; 1 Corintios 3:13-15; 1 Pedro 1:7).

Dharma. (Sánscrito, «ley»). La realización de la Ley de la individualidad mediante la adherencia a la Ley Cósmica, incluyendo las leyes de la naturaleza y el código espiritual de conducta, como el camino o dharma del Buda o el Cristo. El deber de una persona de cumplir su razón de ser a través de la ley del amor y la labor sagrada.

Dictados. Se considera *dictado* a aquel mensaje de los *Maestros Ascendidos*, Arcángeles y otros seres espirituales avanzados que se producen mediante la ministración del Espíritu Santo y llegan a través de un *Mensajero* de la Gran Hermandad Blanca.

Elementales. Seres de la tierra, el aire, el fuego y el agua; espíritus de la naturaleza que son siervos de Dios y del hombre en los planos de la *Materia* para el establecimiento y mantenimiento del plano físico como plataforma para la evolución del alma. Los elementales que sirven al elemento fuego se llaman salamandras; los que sirven al elemento aire, silfos; los que sirven al elemento agua, ondinas; los que sirven al elemento tierra, gnomos. Véase también *Elemental del cuerpo, Elohim.*

Elemental del cuerpo. Un ser de la naturaleza (por lo común invisible y que opera sin que se lo observe en la octava física) que presta servicio al alma desde el momento de su primera encarnación en los planos de la *Materia* para cuidar del cuerpo físico. El elemental del cuerpo mide un metro de altura y se asemeja a la persona a quien sirve. Trabajando con el ángel de la guarda bajo el *Ser Crístico* regenerativo, el elemental del cuerpo es el amigo y ayudante invisible del hombre. Véase también *Elementales*.

Elohim. (Plural del hebreo *Eloah*, «Dios»). Uno de los nombres hebreos de Dios o de los dioses; utilizado en el Antiguo Testamento unas 2500 veces, significa «Ser Poderoso» o «Ser Fuerte». *Elohim* es un nombre que se refiere a las *llamas gemelas* de la Deidad de que se compone el «Divino Nosotros». Cuando se habla específicamente o bien de la mitad masculina o bien de la femenina, se retiene la forma plural ya que se entiende que una mitad de la Totalidad Divina contiene y es el Yo andrógino (el Divino Nosotros).

Los Siete Poderosos Elohim y sus equivalentes femeninos son los constructores de la forma; por consiguiente, Elohim es el nombre de Dios utilizado en el primer versículo de la Biblia: «En el principio creó Dios los cielos y la tierra». Directamente bajo los Elohim sirven los cuatro seres de los elementos (las cuatro fuerzas cósmicas) que ejercen dominio sobre los *elementales*.

Los Siete Poderosos Elohim son los «siete Espíritus de Dios» nombrados en el Apocalipsis, y las «estrellas del alba» que alababan juntas en el principio, como lo reveló el SEÑOR a su siervo Job. También hay cinco Elohim que rodean el núcleo de fuego blanco del *Gran Sol Central*. En el orden jerárquico, los Elohim y los *Seres Cósmicos* son portadores de la mayor concentración (la vibración más elevada) de luz que nosotros podemos comprender en nuestro estado de evolución.

Junto con los cuatro seres de la naturaleza, sus consortes y los constructores elementales de la forma, ellos representan el poder de nuestro Padre como Creador (rayo azul). Los Siete Arcángeles y sus complementos divinos, los grandes serafines, querubines y todas las huestes angélicas representan el amor de Dios con la intensidad de fuego del Espíritu Santo (rayo rosa). Los Siete Chohanes de los Rayos y todos los *Maestros Ascendidos*, junto con los hijos y las hijas de Dios no ascendidos, representan la sabiduría de la *Ley* del Logos bajo el cargo del Hijo (rayo amarillo). Estos tres reinos forman una tríada de manifestación, trabajando en equilibrio para reducir las energías de la Trinidad. La entonación del sonido sagrado «Elohim» emite el enorme poder de su autopercepción Divina, reducido para nuestro bendito uso a través del *Cristo Cósmico* (Apocalipsis 1:4, 3:1, 4:5, 5:6; Job 38:7).

A continuación, se dan los nombres de los Siete Elohim, los rayos en los que sirven y la ubicación de sus *retiros etéricos*.

Primer rayo: Hércules y Amazonia; Half Dome, Sierra Nevada, parque nacional Yosemite, California (EE. UU.). Segundo rayo: Apolo y Lúmina; en Baja Sajonia occidental (Alemania). Tercer rayo: Heros y Amora, Lago Winnipeg (Canadá). Cuarto rayo: Pureza y Astrea, cerca del Golfo de Arcángel, brazo sureste del mar Blanco (Rusia). Quinto rayo: Ciclopea y Virginia, cordillera Altái, donde convergen China, Siberia y Mongolia, cerca de Talbun Bogdo. Sexto rayo: Paz y Aloha, Islas Hawái. Séptimo rayo: Arcturus y Victoria, cerca de Luanda, Angola (África).

Entidades. Conglomerados de energía mal cualificada o individuos desencarnados que han elegido encarnar el mal. Las entidades que son focos de fuerzas siniestras pueden atacar a individuos desencarnados, así como a personas encarnadas. Existen muchos tipos distintos de entidades desencarnadas, como las entidades del licor, la marihuana, el tabaco, la muerte, el sexo y el encaprichamiento con uno mismo, la sensualidad, el egoísmo y el amor hacia uno mismo, el suicidio, la ira, los chismes, el temor, la locura, la depresión, la avaricia de dinero, los juegos de azar, el llorar, varios agentes químicos (como el flúor y el azúcar), el terror, la condenación y el sentimentalismo.

Entidades desencarnadas. Véase *Entidades.*

Espíritu. La polaridad masculina de la Deidad; la coordenada de la *Materia*; Dios como Padre, que por necesidad incluye en la polaridad de sí mismo a Dios como *Madre* y, por tanto, es conocido como el Dios Padre-Madre. El plano de la *Presencia YO SOY*, de la perfección; la morada de los *Maestros Ascendidos* en el reino de Dios. Cuando lleva minúscula, como en *espíritus*, es sinónimo de desencarnados o *entidades* astrales. Cuando es singular y lleva minúscula, *espíritu*, se utiliza igual que *alma.*

Falsa jerarquía. Seres que se han rebelado contra Dios y su Cristo, incluyendo a ángeles caídos, demonios, poderes y principados de la Oscuridad que personifican el *Mal* (el velo de energía). Quienes deifican al Mal Absoluto y lo encarnan son denominados de forma genérica como *demonio*. En las escrituras se hace referencia a los miembros de la falsa jerarquía como Lucifer, Satanás, el Anticristo, Serpiente y el acusador de los hermanos.

Fraternidad de Guardianes de la Llama. Una organización de *Maestros Ascendidos* y sus *chelas* que prometen guardar la llama de la vida en la Tierra y apoyar las actividades de la *Gran Hermanda Blanca* en el establecimiento de su comunidad y escuela de misterios, así como en la diseminación de sus enseñanzas. Fundada en 1961 por Saint Germain. Los Guardianes de la Llama reciben lecciones graduadas sobre la *Ley Cósmica* dictadas por los Maestros Ascendidos a sus *Mensajeros* Mark y Elizabeth Prophet.

Fuego sagrado. El fuego Kundalini que yace como una serpiente enroscada en el chakra de la base del alma y se eleva mediante la pureza espiritual y la maestría sobre uno mismo hasta el chakra de la coronilla, vivificando los centros espirituales a su paso. Dios, luz, vida, energía, el YO SOY EL QUE YO SOY. «Nuestro Dios es un fuego consumidor». El fuego sagrado es la precipitación del Espíritu Santo para el bautismo de las almas, para la purificación, para la alquimia y la transmutación y para la realización de la ascensión, el ritual sagrado por el cual el alma regresa al Uno, la *Presencia YO SOY* (Hebreos 12:29).

Gráfica de tu Yo Divino. En la gráfica hay representadas tres figuras, a las que nos referiremos como figura superior, figura media y figura inferior. La figura superior es la *Presencia YO SOY*, el YO SOY EL QUE YO SOY, Dios individualizado para cada uno de sus hijos e hijas. La Mónada Divina se compone de la Presencia YO SOY, rodeada de esferas (anillos de color, de luz) que forman el *Cuerpo Causal*. Este es el cuerpo de Primera Causa, el cual contiene el «tesoro en el cielo» del hombre (obras perfectas, pensamientos y sentimientos perfectos, palabras perfectas), energías que han ascendido desde el plano de la acción en el tiempo y el espacio como resultado del correcto ejercicio del libre albedrío por parte del hombre y su correcta cualificación de la corriente de vida que surge del corazón de la Presencia y desciende hasta el nivel del *Ser Crístico*.

La figura media de la gráfica es el mediador entre Dios y el hombre, llamado *Ser Crístico*, *Yo Real* o *conciencia Crística*, también se denomina *Cuerpo Mental Superior* o *Conciencia Superior*. El Ser Crístico acompaña al yo inferior, que se compone del alma en evolución a través de los cuatro planos de la *Materia* en los *cuatro cuerpos inferiores*, correspondientes a los planos de fuego, aire, agua y tierra; es decir, el cuerpo etérico, el cuerpo mental, el cuerpo emocional y el cuerpo físico.

Las tres figuras de la gráfica se corresponden con la Trinidad: Padre (figura superior), Hijo (figura media) y Espíritu Santo (figura inferior). La figura inferior tiene como finalidad convertirse en el templo del Espíritu Santo, que está indicado en la acción envolvente de la llama violeta del fuego sagrado. La figura inferior se corresponde contigo como discípulo en el *Sendero*. Tu alma es el aspecto no permanente del ser que se vuelve permanente mediante el ritual de la *ascensión*. La ascensión es el proceso por el cual el alma, habiendo saldado su karma y cumplido su plan divino, se une, primero, a la conciencia Crística y, después, a la Presencia viva del YO SOY EL QUE YO SOY. Una vez que la ascensión ha tenido lugar, el alma —el aspecto corruptible del ser— se convierte en lo incorruptible, un átomo permanente del cuerpo de Dios. La Gráfica de tu Yo Divino es, por tanto, un diagrama de ti mismo, en el pasado, el presente y el futuro.

La figura inferior representa a la humanidad evolucionando en los planos de la Materia. Así es como debes visualizarte, de pie, en la llama violeta, que has de invocar en el nombre de la Presencia YO SOY y en el nombre de tu Ser Crístico con el fin de purificar tus cuatro cuerpos inferiores como preparación para el ritual del matrimonio alquímico: la unión de tu alma con el Cordero como novia de Cristo.

La figura inferior está rodeada de un tubo de luz, que se proyecta desde el corazón de la Presencia YO SOY en respuesta a tu llamado. El tubo de luz es un campo de protección sustentado en el Espíritu y en la Materia para sellar la individualidad del discípulo. La *llama trina* dentro del corazón es la chispa de la vida proyectada desde la Presencia YO SOY a través del Ser Crístico y afianzada en los planos etéricos, en la cámara secreta del corazón, con el fin de que el alma evolucione en la Materia. También llamada *Llama Crística*, la llama trina es la chispa de la divinidad del hombre, su potencial para alcanzar la Divinidad.

El *cordón cristalino* es la corriente de luz que desciende desde el corazón de la Presencia YO SOY a través del Ser Crístico y, de ahí, a los cuatro cuerpos inferiores para sustentar a los vehículos de expresión del alma en el tiempo y el espacio. Por este cordón fluye la energía de la Presencia, entrando en el ser del hombre por la parte superior de la cabeza y proporcionando la energía para el latido de la llama trina y del corazón físico. Cuando se termina una ronda de encarnación del alma en la forma-Materia, la Presencia YO SOY retira el cordón cristalino, la llama trina regresa al nivel del Cristo y las energías de los cuatro cuerpos inferiores vuelven a sus planos respectivos.

La paloma del Espíritu Santo que desciende desde el corazón del Padre se muestra justo por encima de la cabeza del Cristo. Cuando el hombre individual, como la figura inferior, se viste con la conciencia Crística y se convierte en ella, como hizo Jesús, se produce el descenso del Espíritu Santo y las palabras del Padre (la Presencia YO SOY) son pronunciadas: «Este es mi Hijo amado, en quien [YO SOY complacido] tengo complacencia». (Mateo 3:17). Véase la página 12.

Gran Eje. Véase *Gran Sol Central.*

Gran Hermandad Blanca. Una orden espiritual de santos occidentales y adeptos orientales que se han reunido con el *Espíritu* del Dios vivo y que componen las huestes celestiales. Ellos han transcendido los ciclos de karma y renacimiento y han ascendido (acelerado) hacia una realidad superior, que es la morada eterna del alma. Los *Maestros Ascendidos* de la Gran Hermandad Blanca, unidos por los fines más altos de hermandad de los hombres bajo la Paternidad de Dios, han surgido en todas las épocas, de todas las culturas y religiones, para inspirar el logro creativo en la educación, las artes y ciencias, el gobierno Divino y la vida abundante a través de la economía de las naciones.

El término *Blanca* no se refiere a la raza, sino al aura (halo) de luz blanca que rodea la forma de los que forman la Hermandad. La Hermandad también incluye en sus filas a ciertos *chelas* de los Maestros Ascendidos. Jesucristo reveló esta orden de «santos vestidos de blanco» a su siervo Juan de Patmos. *Véase también* Jerarquía. (Apocalipsis 3:4-5; 6:9, 13-14; 19:14).

Gran Sol Central. También denominado *Gran Eje.* El centro del cosmos; el punto de integración del cosmos *Espíritu/Materia*; el punto de origen de la creación física/espiritual; el núcleo de fuego blanco del huevo cósmico. (Sirio, la Estrella Divina, es el foco del Gran Sol Central en nuestro sector de la galaxia).

El sol detrás del sol es la Causa espiritual tras el efecto físico que vemos como nuestro sol físico y las demás estrellas y sistemas estelares, visibles o invisibles, incluyendo al Gran Sol Central. El Sol detrás del sol del cosmos se percibe como el *Cristo Cósmico*: la Palabra por la cual lo informe se dotó de forma y los mundos espirituales fueron cubiertos con la característica física.

De igual modo, el Sol detrás del sol es el Hijo de Dios individualizado en el *Ser Crístico*, brillando en todo su esplendor detrás del alma y sus fundas de conciencia que se penetran mutuamente, llamadas *cuatro cuerpos inferiores*. Es el Hijo del hombre, el *Sol* de cada manifestación de Dios. El Sol detrás del sol se denomina *Sol de justicia*, que cura la mente, ilumina el alma y da luz a toda su casa. Como *gloria de Dios*, es la luz de la *Ciudad Cuadrangular.* (Malaquías 4:2; Apocalipsis 21:23).

Guardián de la Llama. El título otorgado al Señor Maha Chohán, «el Gran Señor», en el orden jerárquico de la Gran Hermandad Blanca, también es el representante del Espíritu Santo, el Maha Chohán presta servicio a la humanidad alimentando la *llama trina* de la vida que está afianzada en el corazón. Él está presente en todos los nacimientos, para encender la llama trina correspondiente a esa encarnación en particular, y en todas las muertes, para retirar la llama trina del cuerpo físico. El término también refiere a un miembro de la *Fraternidad de Guardianes de la Llama.*

Jerarquía. La cadena de seres individualizados y libres en Dios que cumplen los atributos y aspectos de la infinita Individualidad de Dios. Parte del esquema cósmico jerárquico son los *Logos Solares*, los *Elohim*, los Hijos y las Hijas de Dios, los Maestros ascendidos y no ascendidos con sus círculos de *chelas*, los *Seres Cósmicos*, las doce *jerarquías del sol*, los Arcángeles y ángeles del fuego sagrado, los niños de la luz, los espíritus de la naturaleza (llamados elementales) y las *llamas gemelas* de la polaridad *Alfa/Omega* que patrocinan los sistemas planetarios y galácticos.

Este orden universal de la autoexpresión del Padre es el medio por el cual Dios, en *el Gran Sol Central*, reduce la Presencia y el poder de su ser/conciencia universal para que las evoluciones sucesivas en el tiempo y el espacio, desde el menor hasta el mayor, puedan llegar a conocer la maravilla de su amor. El nivel del logro espiritual/físico que se posea —medido por la propia autopercepción equilibrada, *escondida con Cristo en Dios*, y demostrando su *Ley*, por su amor, en el cosmos Espíritu/Materia— es el criterio que establecerá el posicionamiento que uno tenga en la escalera de la vida llamada jerarquía.

En el siglo III, Orígenes de Alejandría estableció su concepción de una jerarquía de seres, desde ángeles a seres humanos pasando por demonios y bestias. Este erudito y teólogo de renombre de la Iglesia primitiva, que estableció la piedra angular de la doctrina de Cristo y sobre cuyas obras posteriores los Padres, doctores y teólogos de la Iglesia edificaron sus tradiciones, enseñó que las almas están asignadas a sus respectivos cargos y deberes en base a acción y méritos anteriores, y que cada cual tiene la oportunidad de ascender o descender de rango.

En el libro del Apocalipsis se nombra a muchos seres de la jerarquía celestial. Aparte de la *falsa jerarquía* anti-Cristo, incluyendo a los ángeles réprobos, algunos de los miembros de la Gran Hermandad Blanca que Jesús mencionó son *Alfa y Omega,* los siete Espíritus, los ángeles de las siete iglesias, los Veinticuatro Ancianos, las cuatro criaturas vivientes, los santos vestidos de blanco, los dos testigos, el Dios de la Tierra, la mujer vestida del sol y su hijo varón, el Arcángel Miguel y sus ángeles, el Cordero y su esposa, los 144 000 que tienen escrito el nombre del Padre en la frente, el ángel del Evangelio Eterno, los siete ángeles (es decir, los Arcángeles de los *siete rayos*) que estuvieron ante Dios, el ángel vestido con una nube y un arco iris sobre su cabeza, los siete truenos, el Fiel y Verdadero y sus ejércitos, y el que se sienta en el gran trono blanco. Véase también *Elohim*. (Apocalipsis 1:4, 8, 11, 20; 2:1, 8, 12, 18; 3:1, 4-5, 7, 14; 4:2-10; 5:2, 6, 11; 6:9-11; 7:1-2, 9, 13-14; 8:2; 10:1, 3, 7; 11:3-4; 12:1, 5, 7; 14:1, 3-6, 14-19; 15:1; 16:1-4, 8, 10, 12, 17; 17:1; 18:1, 21; 19:4, 7, 11-17, 20:1; 21:6, 9; 22:13).

Jerarquías del sol. Se refiere a los *Seres cósmicos* que forman un anillo de conciencia cósmica alrededor del *Gran Sol Central*. Cada una de las doce jerarquías, una por cada línea del *Reloj Cósmico*, se compone de millones de Seres Cósmicos que animan la virtud de la línea del Reloj. Por ejemplo, la jerarquía de Capricornio concentra la virtud del poder Divino; la jerarquía de Acuario concentra la virtud del amor Divino; y así sucesivamente.

Todos los meses recibes la antorcha y la llama de una jerarquía del sol según tus ciclos del Reloj Cósmico. Tú llevarás esa llama a través de una serie de iniciaciones bajo esa jerarquía. Así, por ejemplo, durante el mes correspondiente a la línea de las doce, pasarás por las iniciaciones del poder Divino y se te pondrá a prueba en relación con la capacidad que tengas de evitar caer en la crítica, la condenación o el juicio. *Véase también* Apéndice.

K-17. Jefe del Servicio Secreto Cósmico. Mencionado como «Amigo», asume cuerpo físico cuando debe ayudar a miembros de los varios servicios secretos de las naciones del mundo. Su campo energético protector es un *anillo impenetrable*, un anillo de fuego blanco que puede estar teñido de los colores de los rayos de acuerdo con la necesidad del momento. K-17 traza el círculo de llama viva alrededor de personas y lugares para proteger y sellar la identidad y el campo energético de quienes están dedicados al servicio a la luz.

Tanto K-17 como su hermana fueron capaces de mantener su cuerpo físico con vida durante más de 300 años antes de ascender en la década de 1930. Continuando con su evolución y servicio a la humanidad, ahora tienen una villa en París y focos en otras partes del mundo para la preparación de maestros no ascendidos. K-17 y las legiones que tiene a su mando deben invocarse para desenmascarar, gracias al poder del Ojo Omnividente de Dios, a las fuerzas y los complots que quieren socavar el plan de Saint Germain para el gobierno Divino en la era de oro. La llama de K-17 es verde azulado y blanco.

Kali Yuga. Término sánscrito de la filosofía mística hindú que se refiere al último y el peor de los cuatro yugas (eras del mundo), caracterizado por la lucha, la discordia y el deterioro moral.

Ley. En este libro se hace una distinción entre *Ley* y *ley*. Cuando va con mayúscula, se refiere al diseño original del ser de Dios, activado a través de la *corriente de vida* (la corriente de luz) que fluye por el corazón del Santo *Ser Crístico*, quien atiende al alma en evolución. Cuando va con minúscula se refiere a los preceptos de la Ley de Dios tal como se aplican a un tiempo y lugar determinados.

Ley del Uno. La propiedad que tiene la plenitud de Dios que permite que el cuerpo de Dios sea partido (como demostró Jesús en la Última Cena) y que siga siendo Uno. De la misma forma, el Hijo de Dios puede personificarse en cada niño de Dios en la persona del Santo *Ser Crístico*. A través de esta luz, cada alma puede aceptar la opción de convertirse en el hijo de Dios, unirse a Cristo y ascender de vuelta al corazón de Dios, el corazón de su poderosa *Presencia YO SOY.*

Llama gemela. El equivalente del alma, masculino o femenino, concebido a partir del mismo cuerpo de fuego blanco, el ovoide ígneo de la *Presencia YO SOY.*

Llama trina. La llama del Cristo que es la chispa de la vida que arde dentro de la *cámara secreta del corazón* (un chakra secundario dentro del corazón). La sagrada trinidad —poder, sabiduría y amor— que es la manifestación del *fuego sagrado.*

Llama violeta. Aspecto del séptimo rayo del Espíritu Santo. El *fuego sagrado* que transmuta la causa, el efecto, el registro y la memoria del pecado o karma negativo. También denominada llama de la transmutación, de la libertad y del perdón. Se invoca con la Palabra hablada, con visualizaciones para la transmutación del karma negativo personal y planetario. Véase también *Decreto.*

Logos. (Griego, «palabra», «habla», «razón»; la divina sabiduría manifiesta en la creación). Según la antigua filosofía griega, es el principio que controla el universo. El libro de Juan identifica la Palabra o Logos con Jesucristo: «Y la Palabra se hizo carne, y habitó entre nosotros». Por consiguiente, Jesucristo se considera como la encarnación de la razón divina, la Palabra Encarnada.

Del vocablo Logos se deriva la palabra *lógica*, definida como «la ciencia de los principios formales del razonamiento». De la lógica tenemos la geometría y el desarrollo y la articulación de la original Palabra de Dios al descomponerse esta en lenguaje y materia para la comunicación clara del conocimiento. Así, todo el conocimiento se basa en la Palabra original (con *P* mayúscula). Los comunicadores del conocimiento original, el Logos, son los comunicadores de la Palabra.

La Palabra también significa *Shakti*, que en es un vocablo sánscrito que significa «energía», «poder», «fuerza». Shakti es la fuerza dinámica y creativa del universo, el principio femenino de la Deidad, que emite el potencial de Dios desde el *Espíritu* a la *Materia.* Jesucristo, la Palabra Encarnada, también es la Shakti de Dios. Por tanto, vemos que *comunicar la Palabra* es comunicar el conocimiento original de Dios transmitido al hombre a través de su aspecto femenino. También es comunicar autoconocimiento. Al comunicar este conocimiento, nos convertimos en transmisores de la Palabra y en instrumentos de la Palabra.

Logos Solares. Se refiere a los *Seres Cósmicos* que transmiten las emanaciones de luz de la Deidad que fluyen desde *Alfa y Omega* en el *Gran Sol Central* hacia los sistemas planetarios. En esta capacidad, ellos determinan qué cociente de luz puede confiarse a las evoluciones de la Tierra.

Macrocosmos. (Griego, «gran mundo»). El cosmos más grande; toda la urdimbre de la creación, a la que llamamos huevo cósmico. También se utiliza como contraste entre el hombre como *microcosmos*, «mundo pequeño», y el telón de fondo del mundo más grande en el que vive.

Madre. La polaridad femenina de la Deidad, la manifestación de Dios como Madre. Términos alternativos: *Madre Divina, Madre Universal* y *Virgen Cósmica*. La *Materia* es la polaridad femenina del *Espíritu*, y el término se utiliza igual que Mater (latín, «madre»). En este contexto, todo el cosmos material se convierte en el vientre de la creación en el cual el Espíritu proyecta las energías de la vida. La Materia, por tanto, es el vientre de la Virgen Cósmica, la cual, como la otra mitad de la Totalidad Divina, también existe en el Espíritu como polaridad espiritual de Dios.

El propio Jesús reconoció a *Alfa y Omega* como los representantes más altos del Dios Padre-Madre y con frecuencia se refirió a Alfa como Padre y a Omega como Madre. Quienes asumen la polaridad femenina de la conciencia después de la *ascensión* son conocidas como Maestras Ascendidas. Junto con todos los seres femeninos (polarizados femeninamente) de las octavas de luz, concentran la llama de la Madre Divina por las evoluciones de la humanidad que evolucionan en muchos sistemas de mundos. Sin embargo, siendo andróginas, todas las huestes celestiales concentran cualquiera de los atributos de la Deidad, masculinos o femeninos, a voluntad, pues han entrado en las esferas de la plenitud divina. Véase también *Materia*.

Madre de la Llama. Cargo de la *jerarquía*. Saint Germain ungió a Clara Louise Kieninger como primera Madre de la Llama cuando se fundó la *Fraternidad de Guardianes de la Llama*, en 1961. Durante años ella hizo una vigilia diaria de meditación, comenzando a las 5 de la mañana y rezando de dos a cuatro horas por los jóvenes, los niños a punto de entrar en este mundo, sus padres y los profesores. Al transferir el manto de Madre de la Llama a Elizabeth Clare Prophet, el 9 de abril de 1966, se hizo Madre de la Llama Regente. Clara Louise Kieninger ascendió a los 87 años desde Berkeley (California), el 25 de octubre de 1970.

El 1 de enero de 1973, Gautama Buda anunció que la Maestra Ascendida Clara Louise, «antes de que pasara la noche, daría a la actual Madre de la Llama una antorcha cargada con los fuegos vitales del altar celestial de Dios y le transmitiría una gran misión para iluminar a los niños del mundo y producir la bendición de la verdadera cultura para la era y para toda la gente por doquier».

Maestra Ascendida Venus. Ella es la consorte y *Llama gemela* de Sanat Kumara. El foco de la Maestra Ascendida Venus y su llama de la belleza se afianzaron en el continente de Europa donde actualmente se encuentra la ciudad de Viena (Austria). A través del rayo afianzado allí, encarnaron muchos de los venusianos, trayendo consigo su cultura. La cultura, el arte y la sensación romántica de esta ciudad de ensueño evocan el hogar planetario de su fundadora. Véase también *Sanat Kumara*.

Maestro Ascendido. Alguien que, a través de Cristo y vistiéndose con la Mente que había en Jesucristo, ha dominado el tiempo y el espacio y, durante ese proceso, ha conseguido la maestría sobre el yo en los *cuatro cuerpos inferiores* y en los cuatro cuadrantes de la *Materia*, en los chakras y en la *llama trina* equilibrada. Un Maestro Ascendido también ha transmutado al menos el 51 por ciento de su karma, ha cumplido su plan divino y ha pasado las iniciaciones del rayo rubí hasta el ritual de la *ascensión*: la aceleración mediante el *fuego sagrado* hacia la Presencia del YO SOY EL QUE YO SOY (la *Presencia YO SOY*). Los Maestros Ascendidos habitan en los planos del *Espíritu* —el reino de Dios (la conciencia de Dios)— y pueden enseñar a las almas no ascendidas en un *templo etérico* o en las ciudades del *plano etérico* (el reino del cielo).

Maldek. Un planeta de nuestro sistema solar que ya no existe. Las fuerzas oscuras destruyeron Maldek con las mismas tácticas que usan actualmente los manipuladores en la Tierra para degradar la conciencia de la gente. Sus oleadas de vida libraron una guerra que terminó en una aniquilación nuclear; el cinturón de asteroides entre Marte y Júpiter es lo que queda del planeta. Los rezagados son almas que vinieron a la Tierra de Maldek.

Mandala. (Sánscrito, «círculo», «esfera»). Grupo, compañía o asamblea; círculo de amigos; asamblea o reunión de Budas y Bodisatvas. Un diseño circular compuesto de imágenes de deidades que simbolizan el universo, la totalidad o la plenitud; utilizado en la meditación por hindús y budistas.

Manú. (Sánscrito). El progenitor y legislador de las evoluciones de Dios en la Tierra. El Manú y su complemento divino son *llamas gemelas* ascendidas asignadas por el Dios Padre-Madre a patrocinar y animar la imagen Crística de cierta evolución u oleada de vida, conocida como raza raíz: almas que encarnan como grupo y poseen un único patrón arquetípico, plan divino y misión a realizar en la Tierra.

Según la tradición esotérica, existen siete agregaciones principales de almas, desde la primera hasta la séptima raza raíz. Las primeras tres razas raíz vivieron en la pureza e inocencia sobre la Tierra en tres eras de oro, antes de la caída de Adán y Eva. Mediante la obediencia a la *Ley Cósmica* y una identificación total con el *Yo Real*, esas razas raíz consiguieron su libertad inmortal y ascendieron desde la Tierra.

Fue durante la cuarta raza raíz, en el continente de Lemuria, que tuvo lugar la alegórica Caída bajo la influencia de los ángeles caídos conocidos como *Serpientes* (porque utilizaron las energías serpentinas de la columna para engañar al alma o principio femenino en la humanidad, como medio para conseguir bajar el potencial masculino, emasculando así a los Hijos de Dios).

La cuarta, quinta y sexta raza raíz (este último grupo de almas aún no ha descendido completamente a encarnar físicamente) siguen encarnadas en la Tierra actualmente. El Señor Himalaya y su Amada son los Manús de la cuarta raza raíz, el Manú Vaivasvata y su consorte son los Manús de la quinta raza raíz, y el Dios y la Diosa Merú son los de la sexta. La séptima raza raíz está destinada a encarnar en el continente de Suramérica en la era de Acuario, bajo sus Manús, el Gran Director Divino y su complemento divino.

Los Manús son los amados padrinos Divinos que responden instantáneamente al llamado de sus niños. La consoladora presencia de su luz está dotada de un poder/sabiduría/amor tan grande que hace que los éteres se estremezcan y que cada uno de los pequeños se sienta como en casa en los brazos de Dios, aun en la hora más oscura.

Manvantara. (Sánscrito, de *maver*, «hombre», y *antara*, «intervalo», «período de tiempo»). En el hinduismo, uno de los catorce intervalos que constituyen un kalpa: duración de tiempo desde el origen hasta la destrucción de un sistema de mundos (un ciclo cósmico). En la cosmología hindú, el universo evoluciona continuamente pasando por ciclos periódicos de creación y disolución. Se dice que la creación se produce durante la exhalación del Dios de la Creación, Brahman; la disolución ocurre durante su inhalación.

Materia. La polaridad femenina (negativa) del *Espíritu* masculino (positivo). La Materia actúa como cáliz del reino de Dios y es la morada de las almas en evolución que se identifican con su Señor, su Santo *Ser Crístico*. La Materia se distingue de la materia (con minúscula), que es la sustancia de la tierra, terrenal, de los reinos de *maya*, que bloquea en vez de irradiar luz divina y el Espíritu del YO SOY EL QUE YO SOY. Véase también *Madre*.

Maya. (Sánscrito, «ilusión», «engaño», «apariencia»). Algo creado o inventado, que finalmente no es real; el mundo fenoménico no permanente visto como realidad; el principio de la relatividad y dualidad por el cual la realidad única aparece como el universo variado. Los *Maestros Ascendidos* enseñan que maya es el velo de energía mal cualificada que el hombre impone a la *Materia* con su abuso del *fuego sagrado*.

Mensajero. Evangelista; alguien que precede a los ángeles llevando a la gente de la Tierra las buenas nuevas del evangelio de Jesucristo y, en el momento designado, el Evangelio Eterno. Los Mensajeros de la *Gran Hermandad Blanca* están ungidos por la *jerarquía* como apóstoles suyos («alguien enviado en misión»). Ellos dan a través de sus *dictados* (profecías) de los *Maestros Ascendidos* el testimonio y las enseñanzas perdidas de Jesucristo con el poder del Espíritu Santo a la progenie de Cristo, las ovejas perdidas de la casa de Israel y a todas las naciones. Un Mensajero ha recibido la preparación de un Maestro Ascendido para poder recibir, mediante varios métodos, las palabras, los conceptos, las enseñanzas y los mensajes de la Gran Hermandad Blanca. Alguien que transmite la *Ley*, las profecías y las dispensaciones de Dios para un pueblo y una época. (Apocalipsis 14:6; Mateo 10:6; 15:24).

Microcosmos. (Griego, «mundo pequeño»). 1) El mundo del individuo, sus *cuatro cuerpos inferiores*, su aura y el campo energético de su karma. 2) El planeta. *Véase también Macrocosmos*.

Mónada divina. Véase *Presencia YO SOY*.

Mónada humana. Todo el campo energético del yo, las esferas de influencia conectadas entre sí (hereditarias, del entorno, kármicas) que componen esa autopercepción que se identifica a sí misma como humana. El punto de referencia de percepción inferior o percepción nula a partir del cual debe evolucionar toda la humanidad hacia la realización del Yo Real como el *Ser Crístico*.

Morador del umbral. El antiyo, el yo irreal, el yo sintético, antítesis del *Yo Real*, el conglomerado del ego creado a sí mismo, al concebido con el uso indebido del don del libre albedrío. Se compone de la mente carnal y una constelación de energías mal cualificadas, campos energéticos, focos y magnetismo animal que forman la mente subconsciente. El contacto del hombre con este yo reptiliano y antimagnético —que es enemigo de Dios y su Cristo y contrario a la reunión del alma con ese Cristo— se produce a través del cuerpo emocional (el cuerpo emocional o astral) y a través del chakra del plexo solar.

El morador del umbral es el núcleo del vórtice de energía que forma el *cinturón electrónico*. A veces se ve la cabeza serpentina del morador emergiendo del estanque negro del inconsciente. Cuando la serpiente dormida del morador se despierta debido a la presencia del Cristo, el alma debe de usar su libre albedrío para tomar la decisión de matar lo anti-Cristo que tiene voluntad propia, mediante el poder de la *Presencia*

YO SOY, y convertirse en la defensora del Yo Real hasta que el alma esté totalmente reunida con ese Yo Real.

El morador se aparece al alma en el umbral de la percepción consciente, donde llama a la puerta para conseguir entrada al reino *legítimo* de la individualidad autoreconocida. El morador quiere entrar para convertirse en el dueño de la casa. Pero tú debes responder solo a la llamada a la puerta de Cristo y solo Cristo; solo a él has de dar entrada.

La iniciación más seria del sendero del discípulo de Cristo es la confrontación con el yo irreal. Porque si el alma no lo mata (unida a la Mente Crística), aquel emergerá para devorar al alma con toda la ira de su odio a la luz. La necesidad de tener al instructor en el *Sendero* y al Gurú *Sanat Kumara* con nosotros, manifestado físicamente en la *Mensajera* de Maitreya, es para que mantenga el equilibrio en la octava física por cada persona a medida que esta se acerca a la iniciación del encuentro, cara a cara, con el morado del umbral.

Omega. Véase *Alfa y Omega.*

Oleada de vida. Véase *Manú.*

Palabra. Véase *Logos.*

Plano astral. Frecuencia del tiempo y el espacio más allá del plano físico, pero por debajo del mental, correspondiente al cuerpo emocional del hombre y al inconsciente colectivo de la raza. Es el depósito de los patrones colectivos de pensamiento/sentimiento, conscientes e inconscientes, de la humanidad. El propósito prístino de este plano es la amplificación de los pensamientos y sentimientos puros de Dios en el hombre. En cambio, se ha contaminado con registros y vibraciones impuras de la memoria de la raza. Véase también *Cuatro cuerpos inferiores.*

Plano etérico. El plano más alto en la dimensión de la *Materia*; un plano que es tan concreto y real como el físico (y aún más) pero que se experimenta a través de los sentidos del alma en una dimensión y conciencia más allá de la percepción física. El plano en el que los *registros akáshicos* de toda la evolución de la humanidad constan individual y colectivamente. Es el mundo de los *Maestros Ascendidos* y de sus *retiros*, de las ciudades etéricas de luz donde las almas de un orden superior evolutivo residen entre encarnaciones. Es el plano de la realidad.

Ahí es donde está en progreso la era de oro, donde el amor es la plenitud de la presencia de Dios por doquier y los ángeles y elementales, junto con los niños de Dios, sirven en armonía para manifestar el reino de Cristo en la era universal, por los siglos de los siglos. Como tal, es el plano de transición entre los reinos tierra/cielo y el reino de

Dios, *Espíritu*, o lo Absoluto. El plano etérico inferior se traslapa con los cinturones astral/mental/físico. Está contaminado por esos mundos inferiores, ocupados por la *falsa jerarquía* y la conciencia de las masas a la que controlan, incluyendo sus matrices y emociones.

Presencia electrónica. *Véase* Presencia YO SOY.

Presencia YO SOY. El YO SOY EL QUE YO SOY; la Presencia individualizada de Dios focalizada para cada alma individualizada. La identidad Divina del individuo; la Mónada Divina; la Fuente individual. El origen del alma focalizado en los planos del *Espíritu* justamente por encima de la forma física; la personificación de la Llama Divina para el individuo (Éxodo 3:13-15). Véase también *Gráfica de tu Yo Divino*, pagina 182.

Rayo femenino. La emanación luminosa que sale del aspecto de Dios *Madre*.

Rayo masculino. La emanación luminosa que sale del aspecto de Dios Padre.

Raza raíz. Véase *Manú*.

Reencarnación. La acción de reencarnar; el estado de estar reencarnado. Renacimiento en nuevos cuerpos o formas de vida, especialmente el renacimiento de un alma en un cuerpo humano nuevo. El alma continúa regresando al plano físico en un nuevo templo corporal hasta que ha saldado su karma, ha logrado maestría sobre sí misma, ha vencido los ciclos del tiempo y el espacio y, finalmente, se reúne con la *Presencia YO SOY* mediante el ritual de la *ascensión*.

Registros akáshicos. Todo lo que acontece en el mundo de un individuo se registra en una sustancia y dimensión conocida como *akasha* (sánscrito, de la raíz *kā*, «ser visible», «aparecer», «alumbrar brillantemente», «ver claramente»). Akasha es la sustancia primordial, la esencia más sutil y etérea, que llena todo el espacio; energía *etérica* que vibra en cierta frecuencia como para absorber o registrar todas las impresiones de la vida. Estos registros pueden ser leídos por los adeptos o por quienes poseen unas facultades del alma (psíquicas) desarrolladas.

Reloj Cósmico. La ciencia de delinear los ciclos del karma y las iniciaciones del alma bajo las doce *jerarquías del sol*. Enseñanza impartida por la Virgen María a Mark y Elizabeth Prophet para los hijos y las hijas de Dios que están regresando a la *Ley del Uno* y a su punto de origen más allá de los mundos de la forma y la causación inferior. También el diagrama que representa los ciclos de karma bajo las doce jerarquías solares.

Retiros. Véase *Templos etéricos.*

Retiros etéricos. Véase *Templos etéricos.*

Rezagados. Véase *Maldek.*

Sanat Kumara. El Anciano de Días, que se ofreció a venir a la Tierra hace miles de años procedente de su hogar en Venus. En aquel momento, los consejos cósmicos habían decretado la disolución de la Tierra, tanto se había desviado la humanidad de la *Ley Cósmica.* Los Señores Solares habían decidido que no se le concediera más oportunidad a los hombres quienes habían ignorado conscientemente y olvidado la Llama Divina dentro de su corazón. El requisito de la *Ley* para salvar a Terra era que alguien que estuviera cualificado para ser el Cordero encarnado estuviera presente en la octava física para mantener el equilibrio y guardar la *llama trina* de la vida por todas las almas vivientes. Sanat Kumara se ofreció a ser ese ser.

En su dictado d l 8 de abril de 1979, *Perla de Sabiduría,* Sanat Kumara contó la historia de cómo los devotos venusianos se ofrecieron a acompañarlo y encarnar entre la humanidad para ayudarlo a guardar la llama:

> La alegría de la oportunidad se mezcló con la tristeza que trae el sentimiento de separación. Había elegido un exilio voluntario en una estrella oscura, y aunque estaba destinada a ser la Estrella de la Libertad, todos sabían que sería para mí una larga noche oscura del alma.
>
> Entonces, súbitamente, de los valles y las montañas apareció una gran reunión de mis hijos. Eran las almas de los ciento cuarenta y cuatro mil acercándose a nuestro palacio de luz. Se acercaron más y más en espirales, como doce compañías, cantando la canción de libertad, de amor y de victoria. Su potente canto coral resonó en toda la vida elemental, y los coros angélicos rondaron cerca. Venus y yo, al mirar por el balcón, vimos la decimotercera compañía vestida de blanco. Era el real sacerdocio de la Orden de Melquisedec...
>
> Cuando todos sus efectivos se hubieron reunido, anillo tras anillo tras anillo, rodeando nuestra casa, y su himno de alabanza y adoración hacia mí hubo concluido, su portavoz se puso ante el balcón para dirigirse a nosotros en nombre de la gran multitud. Era el alma de aquel a quien hoy conocéis y amáis como el Señor del Mundo, Gautama Buda.
>
> Y se dirigió a nosotros, diciendo: «¡Oh, Anciano de Días, hemos sabido de la alianza que Dios ha hecho contigo hoy y de tu compromiso para guardar la llama de la vida hasta que algunos de entre las evoluciones de la Tierra sean acelerados y renueven una

vez más su voto de ser portadores de la llama! Oh, Anciano de Días, para nosotros eres nuestro Gurú, nuestra vida, nuestro Dios. No te dejaremos sin consuelo. Iremos contigo».

Así, vinieron a la Tierra con Sanat Kumara y legiones de ángeles, precedidos de otra comitiva de portadores de luz que prepararon el camino y establecieron el retiro de Shambala —*Ciudad de Blanco*— en una isla del mar de Gobi (ahora del desierto de Gobi).

Allí Sanat Kumara afianzó el foco de la llama trina, estableciendo el hilo de contacto inicial con todo el mundo en la Tierra extendiendo rayos de luz desde su corazón al de ellos. Y ahí encarnaron los voluntarios de Venus en densos velos de carne para ayudar a las evoluciones de la Tierra hasta la victoria de su promesa.

De entre estos portadores de luz no ascendidos, el primero en responder desde la octava física a la llamada de Sanat Kumara fue Gautama, y con él estaba Maitreya. Ambos siguieron el sendero del Bodisatva hasta la Budeidad, con Gautama terminando el curso primero y Maitreya segundo. Así, los dos se convirtieron en los discípulos principales de Sanat Kumara. El primero terminó sucediéndolo en el cargo de Señor del Mundo, el segundo como *Cristo Cósmico* y Buda Planetario. Véase también *Maestra Ascendida Venus*.

Segunda muerte. La total anulación de la identidad, que tiene lugar en la Corte del Fuego Sagrado en la Estrella Divina Sirio. Esta es la suerte de las almas que han convertido totalmente en oscuridad la luz que Dios ha invertido en ellas. En la segunda muerte, todo lo que era del individuo (causa, efecto, registro y memoria tanto del alma como de sus creaciones, incluyendo el *morador del umbral*) se disuelve en el fuego blanco de *Alfa y Omega*. El alma se autoanula debido a su negación del ser en Dios. (Apocalipsis 2:11; 20:6, 11-15; 21:7-8).

El Sendero. La angosta entrada y la estrecha senda que conduce a la vida. El sendero de iniciación por el cual el discípulo que busca la conciencia Crística supera, paso a paso, las limitaciones de la individualidad en el tiempo y el espacio, y logra la reunión con la realidad mediante el ritual de la ascensión. (Mateo 7:14).

Señores del Karma. Los Seres Ascendidos que componen el Consejo Kármico. Sus nombres y los rayos que representan en el consejo son así: primer rayo, el Gran Director Divino; segundo rayo, la Diosa de la Libertad; tercer rayo, la Maestra Ascendida Nada; cuarto rayo, el Elohim Ciclopea; quinto rayo, Palas Atenea, Diosa de la Verdad; sexto rayo, Porcia, Diosa de la Justicia; séptimo rayo, Kuan Yin, Diosa de la Misericordia. Vairóchana también tiene un asiento en el Consejo Kármico.

Los Señores del Karma dispensan justicia en este sistema de mundos, adjudicando karma, misericordia y juicio para cada *corriente de vida*. Todas las almas deben pasar ante el Consejo Kármico antes y después de cada encarnación en la Tierra, para recibir su tarea y asignación kármica correspondiente a cada vida antes y para hacer una revisión de su rendimiento a su término.

Mediante el Guardián de los Pergaminos y los ángeles registradores, los Señores del Karma tienen acceso a los registros completos de todas las encarnaciones de las corrientes de vida de la Tierra. Ellos deciden quién encarnará, así como cuándo y dónde; y asignan a las almas a familias y comunidades, midiendo los pesos kármicos que deben equilibrarse como la «jota y tilde» de la *Ley*. El Consejo Kármico, actuando en consonancia con la *Presencia YO SOY* y el *Ser Crístico* individual, decide cuándo el alma se ha ganado el derecho a ser libre de la rueda del karma y la ronda de renacimientos. Los Señores del Karma se reúnen en el Retiro Royal Teton dos veces al año, en el solsticio de invierno y de verano, para revisar las peticiones de los hombres no ascendidos y para conceder dispensaciones por su ayuda.

Ser Cósmico. 1. *Maestro Ascendido* que ha logrado la conciencia cósmica y que anima la luz/energía/conciencia de muchos mundos y sistemas de mundos por las galaxias hasta el Sol detrás del *Gran Sol Central*. 2. Ser de Dios que nunca ha descendido más bajo que el nivel del Cristo, que nunca ha encarnado físicamente, incurrido en karma humano ni en pecado, sino que ha permanecido como parte de la Virgen Cósmica y mantiene un equilibrio cósmico para el regreso de las almas del valle (velo) de las aflicciones al Corazón Inmaculado de la Bendita Madre.

Ser Crístico. El foco individualizado del «unigénito del Padre, lleno de gracia y verdad». El *Cristo Universal* individualizado como la verdadera identidad del alma; el Yo Real de todo hombre, mujer y niño al cual ellos han de elevarse. El Ser Crístico es el mediador entre el hombre y su Dios. Es el instructor personal del hombre, Maestro y profeta, que oficia como sumo sacerdote ante el altar del Sanctasanctórum (*Presencia YO SOY*) del templo del hombre hecho sin manos.

Los profetas predijeron el advenimiento de la conciencia universal del Ser Crístico en el pueblo de Dios en la Tierra como el descenso de El Señor, Justicia Nuestra, también denominado La Rama, en la era universal que está cerca. Cuando alcanza la plenitud de la identificación del alma con el Ser Crístico, tal persona es llamada un *ser Crístico* («ungido»), y el Hijo de Dios se ve brillando a través del Hijo del hombre. (Juan 1:14; Isaías 11:1; Jeremías 23:5-6; 33:15-16; Zacarías 3:8; 6:12). Véase también Gráfica de tu Yo Divino, página 182.

Servicio Secreto Cósmico. Véase *K-17*.

Siete rayos. Las emanaciones luminosas de la Deidad. Los siete rayos de luz blanca que emergen del prisma de la conciencia Crística y que concentran particulares dones, gracias y principios de autopercepción en el *Logos* que pueden desarrollarse a través de la vocación en la vida. Cada rayo concentra una frecuencia o color, y cualidades específicas: Rayo azul: fe, voluntad, poder, perfección y protección. Rayo amarillo: sabiduría, entendimiento, iluminación, inteligencia e iluminación. Rayo rosa: compasión, amabilidad, caridad, amor y belleza. Rayo blanco: pureza, disciplina, orden y alegría. Rayo verde: verdad, ciencia, curación, música, abundancia y visión. Rayo morado y oro: asistencia, servicio, paz y hermandad. Rayo violeta: libertad, misericordia, justicia, transmutación y perdón.

Los *Maestros Ascendidos* enseñan que cada uno de los siete rayos de Dios se engrandece un día de la semana: lunes, rayo rosa; martes: rayo azul; miércoles: rayo verde; jueves: rayo morado y oro; viernes: rayo blanco; sábado: rayo violeta; domingo: rayo amarillo.

Los siete rayos de los Elohim, constructores de la forma, están enclaustrados en el Retiro Royal Teton, un antiguo foco de luz congruente con la montaña Gran Teton, en el estado de Wyoming de los Estados Unidos. Los rayos están concentrados y afianzados en una gran imagen del Ojo Omnividente de Dios que se encuentra en una sala de consejos del retiro.

Templos etéricos. Retiros de los *Maestros Ascendidos* focalizados en el *plano etérico* o en el plano de la tierra; puntos de anclaje de las energías cósmicas y las llamas de Dios; sitios donde los Maestros Ascendidos preparan a sus *chelas* y a los cuales viajan los hombres cuando están fuera de su cuerpo físico.

Vestidura sin costuras. Sustancia de luz del Hijo (sol) de Dios tejida como túnica de conciencia y vestida por un ser Crístico. El Espíritu Santo, como un gran coordinador unificador, teje la vestidura sin costuras a partir de hilos de la luz y el amor de Dios. El Maha Chohán enseña: «La atención de Dios sobre el hombre, como una lanzadera, impulsa radiantes haces de luz descendente, centelleantes fragmentos de pureza y felicidad, hacia la Tierra y el corazón de sus hijos, mientras esperanzas, aspiraciones, invocaciones y llamados de ayuda de los hombres se elevan tiernamente buscando a la Deidad en su gran refugio de pureza cósmica».

Jesús compara el tejer de la vestidura sin costuras con la preparación para el matrimonio: «A cada hombre y cada mujer se ofrece la oportunidad de que se prepare para la *ascensión*. Y a nadie se le priva del privilegio de prepararse. Tal como una novia se prepara para el día de la boda, llenando el baúl de esperanza con los más preciados linos y bordados, el alma se prepara para su reunión acumulando virtudes florales, cualidades flamígeras con las que hace apliques sobre la vestidura sin costuras. Y nadie puede participar en la fiesta de bodas sin la vestidura sin costuras».

De esta vestidura, Serapis Bey dice: «Cuando el hombre opera bajo dirección y actividad divinas ya sea dentro como fuera del cuerpo, toma la energía que se le dispensó y que, en ignorancia, pudo haberla usado mal y crear, en su lugar, un gran cuerpo de luz llamado la inmaculada vestidura sin costuras del Cristo vivo, que algún día se convertirá en el gran esférico cuerpo solar imperecedero».

Yo Real. Véase *Ser Crístico*.

Yod. Véase *Yod llameante*.

Yod llameante. Un centro solar, un foco de perfección, de conciencia Divina. La Yod llameante es la capacidad de la divinidad dentro de ti de transformar tu ser en una avanzada de tu Poderosa *Presencia YO SOY*.

MARK L. PROPHET y ELIZABETH CLARE PROPHET son escritores reconocidos mundialmente, instructores espirituales y pioneros en la espiritualidad práctica. Entre sus libros más vendidos se encuentran los siguientes títulos: *Las enseñanzas perdidas de Jesús, El aura humana, Saint Germain sobre alquimia, Los ángeles caídos y los orígenes del mal;* y la serie de libros de bolsillo para la espiritualidad práctica, que incluye *Cómo trabajar con los ángeles, Tus siete centros de energía* y *Almas compañeras y llamas gemelas.* Sus libros se han publicado en más de treinta idiomas y están disponibles en más de treinta países.

The Summit Lighthouse®
63 Summit Way
Gardiner, Montana 59030 USA
1-800-245-5445 / 406-848-9500
Se habla español.
TSLinfo@TSL.org
SummitLighthouse.org

www.ingramcontent.com/pod-product-compliance
Lightning Source LLC
Chambersburg PA
CBHW060245100426
42742CB00011B/1643